乡村振兴战略研究丛书

北京乡村振兴系列研究报告集（下）

Collection of Research Reports on Beijing Rural Revitalization

龚　晶 等◎著

中国经济出版社
CHINA ECONOMIC PUBLISHING HOUSE
北 京

图书在版编目（CIP）数据

北京乡村振兴系列研究报告集．下 / 龚晶等著．--
北京：中国经济出版社，2022.12
ISBN 978-7-5136-7179-8

Ⅰ．①北… Ⅱ．①龚… Ⅲ．①农村-社会主义建设-
研究报告-北京 Ⅳ．①F327.1

中国版本图书馆 CIP 数据核字（2022）第 231445 号

责任编辑　叶亲忠
责任印制　马小宾
封面设计　华子设计

出版发行　中国经济出版社
印 刷 者　河北宝昌佳彩印刷有限公司
经 销 者　各地新华书店
开　　本　710mm×1000mm　1/16
印　　张　15.5
字　　数　250 千字
版　　次　2022 年 12 月第 1 版
印　　次　2022 年 12 月第 1 次
定　　价　88.00 元
广告经营许可证　京西工商广字第 8179 号

中国经济出版社 **网址** www.economyph.com **社址** 北京市东城区安定门外大街 58 号 **邮编** 100011
本版图书如存在印装质量问题，请与本社销售中心联系调换（联系电话：010-57512564）

前言
PREFACE

实现乡村振兴的目标，就是要实现经济、政治、文化、社会、生态多方面的振兴，其中，“坚持以绿色发展为导向”是乡村振兴战略的一项基本原则。党的十八大以来，我国将生态经济建设的认识程度、实践深度和推进力度都提到了前所未有的高度，生态经济建设被摆在了更加重要的战略位置。习近平总书记指出：“自然是生命之母，人与自然是生命共同体，人类必须敬畏自然、尊重自然、顺应自然、保护自然。”保护生态环境和保护生产力的辩证关系是人类可持续发展的焦点问题。我们要以生态振兴为抓手，建设美丽乡村，推进乡村振兴。

“绿水青山就是金山银山”，美丽乡村建设事关农村百姓生活，是推进生态文明建设及美丽中国建设的重要举措，也是改善农村生态环境、提升乡村建设水平的需要。党的十九大关于乡村振兴战略的提出更是赋予了美丽乡村建设更丰富、更饱满的内涵。2018 年，中共中央办公厅、国务院办公厅印发的《农村人居环境整治三年行动方案》进一步指出：“改善农村人居环境，建设美丽宜居乡村，是实施乡村振兴战略的一项重要任务，事关全面建成小康社会，事关广大农民根本福祉，事关农村社会文明和谐。”美丽乡村建设既是美丽中国建设的基础和前提，也是乡村振兴战略的必然要求和内容。

目前，我国乡村振兴战略已取得明显成效，但生态经济与美丽乡村的协调发展仍存在思想认识不足、科学规划滞后、参与主体单一、农村生态环境保护不够、乡村文化传承与保护面临挑战等突出问题。针对此，本书从生态经济与美丽乡村协调发展的角度出发，分析了宏观经济逆周期调节下的农业发展路径，研究了农业的社会文化功能与农业美学、北京美丽乡村建设规划问题与对策、乡村振兴背景下的农村居民点用地结构与优化途径、乡村振兴战略下“园—县（镇）—村”一体化发展，汇总了国外乡村振兴之产业发展与乡村文化建设的典型案例。

本书总计编撰七章，第一章宏观经济逆周期调节下的农业发展，由杜洪燕副研究员撰写；第二章农业的社会文化功能与农业美学研究，由陈玛琳副研究员撰写；第三章北京市美丽乡村建设规划问题与对策研究，由钟春艳副研究员撰写；第四章乡村振兴背景下的农村居民点用地结构分析与优化途径研究，由姜翠红副研究员撰写；第五章乡村振兴战略下“园—县（镇）—村”一体化发展研究由钟春艳副研究员和姜翠红副研究员撰写；第六章国外乡村振兴之产业发展研究、第七章国外乡村振兴之乡村文化建设研究，由王爱玲正高经济师撰写。

尽管课题组成员做了很大努力，但受时间和水平所限，书中仍有许多不完善之处，一些内容有待今后进一步深入研究探讨，恳请读者对本书提出宝贵意见。

著　者

2022 年 5 月于北京

目录
CONTENTS

第一章　宏观经济逆周期调节下的农业发展

第一节　宏观经济逆周期调节的政策安排

一、财政政策

（一）财政政策的概念

财政政策是指国家根据一定时期政治、经济、社会发展的任务而规定的财政工作的指导原则，通过财政支出与税收政策来调节总需求（姜伟，2008；张俊莲，1999）。根据财政政策调节国民经济总量和结构中的不同功能来划分，财政政策分为扩张性财政政策、紧缩性财政政策和中性财政政策（宋新中，1986）。扩张性财政政策（又称积极的财政政策）是指通过财政分配活动来增加和刺激社会的总需求，依靠增加国债、支出大于收入，出现财政赤字来实现（李志海，2011）。紧缩性财政政策（又称稳健的财政政策）是指通过财政分配活动来减少和抑制总需求（宋海粟，2008）。中性财政政策是指财政的分配活动对社会总需求的影响保持中性（马蔡琛，2005）。

（二）农业财政政策的调控目标

理论和实际经验表明，政府的财政政策对于一国的农业生产发展来说，有着极为重要的意义（郭杰等，2019；侯石安，2004）。财政政策的目标之一就是补齐农业农村发展短板：现代农业发展落后、农业竞争力弱、农业供给对需求变化回应不足，等等。在财力丰足的多数发达国家和地区，如美国、欧盟、日本等，财政政策作为市场经济条件下政府进行收入再分配和宏观经济调控的主要渠道，是国家调控农业生产供求和农民收入增减的一个基本工具。在我国这样财力不够充足的发展中国家，财政政策对农业发展的意义在于它提供了一种重要的农业投入来源，特别是具有广泛外部性的基础设施建设投资。农业生产所要求的许多基础设施建设以及防疫减灾等，由于存在广泛的外部性，很大程度上需要通过财政以提供公共产品的方式来解决。

农业财政政策的调控效果仍未达成一致结论。在理论研究层面，对于财税政策如何对“三农”产生影响的问题，李俊生（2018）回溯了改革开放以来我国农业财政政策的发展脉络、演进趋势和具体特点，归纳了当前我国农业财政政策的问题和不足；对于在高速增长向高质量发展转变阶段如何发挥农业财政政策的作用推动农业高质量发展，也从未来发展趋势层面进行了研究与展望。何代欣（2018）通过对国内外相关文献的梳理，论证了财税政策对乡村振兴的重要性，并从现代国家与现代财政制度的关系、乡村振兴与脱贫发展关系方面，对世界性难题下的中国探索进行了回顾和讨论。刘成奎（2018）基于乡村振兴战略的背景和意义，论述了农村公共服务供给的现状和问题，认为虽然我国农村公共服务供给水平明显提升，但各类公共服务提升的水平依然差距较大，财税政策对“三农”的支持力度依旧落后于全国平均水平。基于问题的分析，作者提出了相应的政策建议，主要包括公共财政更多向“三农”倾斜、财政政策要优先安排农村公共服务、完善农村公共服务的需求表达机制等。

在实证研究层面，龚斌磊（2019）采用变系数生产模型，将全要素生产率中涉及各生产要素质量提升的部分剥离，从而识别财政支出通过不同途径影响农业增长的内在机制，并利用省级面板数据（1978—2015 年 31 个省份）和县级面板数据（1993—2010 年 2495 个县），从宏观和中观视角，实证考察和比较了各改革阶段财政支出通过不同途径对农业产出的影响及其长期总体回报率。研究发现，每 1 个单位当期农业财政支出的增加，能提高 0. 4 个单位的当期农业产出，其中通过全要素生产率途径的影响占到一半，通过提升化肥和农机质量的影响各约占 1/4，而通过改变劳动力和土地质量的影响很小。王秋苏（2019）选取 2010—2017 年的省级面板数据，运用两层 Logistic 回归模型对财政支农支出的减贫效应进行实证分析。结果显示，财政支农支出对农村贫困发生率的影响，一方面来源于财政支农支出的主效应，另一方面来源于财政支农支出与农业科技进步水平的交互效应。财政支农支出对农村贫困发生比减少最大的省份为江苏，减少最小的为广西和新疆，这与各地区的农业科技进步水平有极大的关联。此外，张维刚（2018）分析了财政支农支出对农业供给结构优化的影响，通过对省际层面的面板数据的实证分析，得出了支农支出可以促进农业供给结构优化的结论。

二、货币政策

（一）货币政策的概念

货币政策指中央银行为实现既定的经济目标运用各种工具调节货币供给和利率，进而影响宏观经济的方针和措施的总合（白岐海，2007）。货币政策工具主要包括公开市场业务、存款准备金、再贷款或贴现以及利率政策和汇率政策等。货币政策的最终目标，一般有 4 个：稳定物价、充分就业、促进经济增长、平衡国际收支。货币政策分为扩张性和紧缩性两种。扩张性的货币政策是通过提高货币供应增长速度来刺激总需求，在这种政策下，取得信贷更为容易，利息率会降低。紧缩性的货币政策是通过削减货币供应的增长率来降低总需求水平，在这种政策下，取得信贷较为困难，利息率也随之提高。因此，当总需求与经济的生产能力相比很低时，使用扩张性的货币政策较合适；在通货膨胀较严重时，采用紧缩性的货币政策较合适。

（二）农业货币政策的调控目标

货币政策在缓解农村金融融资约束方面，具有靶向“精准”、成本不高、副作用小的优势（楚尔鸣、石华军，2014；汪仁洁，2014）。Galbis（1980）验证了经济发展与金融发展关系的“供给引导”（Supplyleading）和“需求追随”（Demand-following）理论，即在经济增长的初期阶段，金融发展的“供给引导”居主导地位；在经济成熟阶段，金融发展的“需求追随”模式占据主导地位。Goldsmith（1990）提出了金融发展理论的“金融结构论”。受上述理论影响，在 20 世纪 80 年代以前，农村金融发展理论流行“农业信贷补贴论”，认为需要从外部向农村注入资金，促进资本形成，达到推动农业发展、缓解农村贫困的目的。据此，一些学者找到了政府支持农村金融发展的理论依据（冉光和等，2008）。

从已有文献来看，农业货币政策的调控效果存在截然相反的两种观点。一种观点认为，政府干预是产生农村金融抑制的原因，货币政策定向调控类似政府的金融干预。Fukuchi（2010）构建了市场分割模型和储蓄管制模型，从理论上证明了行政干预对农村造成的福利损失。尹志超等（2014）研究发现，货币政策的调整变化对银行体系的贷款违约风险有直接影响，而且对涉农贷款违约的影响显著大于对非涉农贷款违约的影响。如果相应的配套改革跟不上，如农业信贷支持的主体缺位和激励机制不足，风险分担机制滞后，那么，货币政策定向调控的效果将打折扣（曹崇福，2007）。另一种观点认为，发展中国家金融市场的市场机制失灵，需要政府通过“引导—扩张”机制推进培育农村金融市场，通过非市场化手段干预，如政策支持、信息引导、前期注资等，促进农村经济发展（陈雨露，2010）。还有学者从金融排斥角度，认为政府需要加大对农村金融支持力度（朱正、陶岚，2015）。

第二节　宏观经济逆周期调节对农业发展的影响

一、积极影响

（一）财政政策投入具有长期的积极意义

从长期来看，财政投入对中国农业增长起到了积极的支持作用，这种积极作用体现在两个方面：一是财政政策是国家调控农业生产供求和农民收入增减的一个基本工具；二是农业基础设施建设以及防疫减灾存在广泛的外部性，需要通过财政以提供公共产品的方式来解决。

（二）货币政策短期变化具有反周期特点

一般来说，由于生产波动引起市场供求形势发生变化，对此做出最快最直接反应的是价格因素。在中国的农产品市场中，尽管改革开放以来市场自由调节部分不断扩大，但是国家收购仍然占据主导地位，特别是对于大宗的粮、棉、油等农产品来说，国家收购价格仍然是最为重要的一种市场指南和政策导向。由于市场力量的存在，以及受制于财政补贴、仓储能力以及管理等因素的影响，国家收购价格也会更多地反映市场供求形势的变化。因此，在诸多政策工具中应首先选择农产品的国家收购价格政策来与财政支农政策进行对比。

二、消极影响

（一）财政支农推动而不是平减了农业短期波动

1. 财政支农与农业产出同步波动

从长期来看，财政支农作为一种投入因素对农业生产的积极贡献是显而易见的。那么，这种财政政策对于农业的短期周期性波动会有什么影响呢？众所周知，农业生产由于受多种因素特别是自然因素的影响，不可避免地会发生短期性的周期波动。在我国，农业特别是粮食生产一向就有“一丰、一平、一歉”之类的短期波动现象。作为一种外生变量，又是国家可以主动调控的宏观政策工具，农业财政政策如果能够平减这种波动现象，使农业生产的增长在年度之间能够更加平稳，对于整个国民经济的平稳发展、对于控制物价波动乃至减少农业生产和流通中的不必要浪费（如减少仓储投资、减少损耗等），都是十分理想的状况。但是，从有关指标的指数变动来衡量，我国的财政支农政策可能并未起到平减农业周期波动的作用，将其作为一种支持产出的短期投入因素考虑，很可能还起到了推波助澜的作用。

2. 财政支农与自然灾害同步波动

农业生产的短期波动很大程度上取决于自然条件的变化，比如自然灾害的大小。如果财政支农政策有意平减这方面的周期性波动，就应该与自然灾害的年度变动趋势之间保有一定的相互对应关系。实际上，在大多数情况下，当自然灾害变大时（以受灾和成灾面积衡量），我国财政支农支出的增幅反而变小；当自然灾害变小时，财政支农支出的增幅反而升高。

（二）货币政策与财政政策之间没有协调一致

改革开放以来，只有 1979 年财政支农力度和农产品国家收购价格同时提高，1980 年两者增幅同时下降，之后的多数年份里，两者增减变化方向基本相反。特别是 1985 年、1988 年和 1994 年，当财政支农按不变价计算的年度增长大幅下降甚至负增长时，农产品收购价格指数反而处于升幅高峰，而这几年都是粮食减产年份。由此可见，财政支农政策对农业生产起着推波助澜的作用，而国家收购价格政策则倾向于反向平抑生产的波动，两种政策之间的相互矛盾和对立是显而易见的。

第三节　研究结论和政策建议

一、研究结论

从长期发展角度考察，国家的财政支农支持了很多农田基本建设和水利气象等事业的发展，这些都为我国农业抵御自然灾害提供了良好的基础和条件，是必须肯定的。但是从短期变动方面来衡量，上面所表明的情况却不是非常理想，甚至可以说是很不理想。从短期分析来看，国家财政支农支出并非持续稳定地增长，财政支农支出的年度间波动恰好与农业特别是粮食生产的短期波动相一致，作为一种短期投入要素的话，这种财政支农的波动实际上不仅未能平减农业生产的波动，反而可能起到了推波助澜的作用。财政支农支出的变动也未能对自然灾害的变化做出应有的积极反应。相比之下，农产品国家收购价格等政策工具的短期变化却能够体现出较为明显的反周期特点，它们与财政支农支出的变化也不是协调一致的，而是相互矛盾和对立的。

要促进农业可持续发展，财政货币政策有效配合至关重要。其模式及运行机制如图 1-1 所示，国家通过财政预算和金融市场，运用财政货币政策工具，调控农业宏观经济，保障农业有效供给，促进农民收入稳定增长，提高农业产出效率，确保农业生态环境优化，实现农业可持续发展。财政货币政策要密切协调配合，保障农业有效供给，确保粮食安全，这是农业可持续发展的基础。灵活运用财政货币政策手段，使农民收入不断增长，逐步缩小城乡收入水平的差距和城乡差别。实施积极的财政货币政策，优化配置农业资源，提高农业生产效率，保护农业生态环境，最终目标是实现农业可持续发展。财政货币政策要密切配合，防止财政货币政策变化对农业发展影响的负效应；财政支出结构要优化，合理安排农业与其他部门投资的比例关系；农业投资比重要适度，货币供应结构中要优化农业与其他部门的货币供应比例，合理增加农业的货币供应。

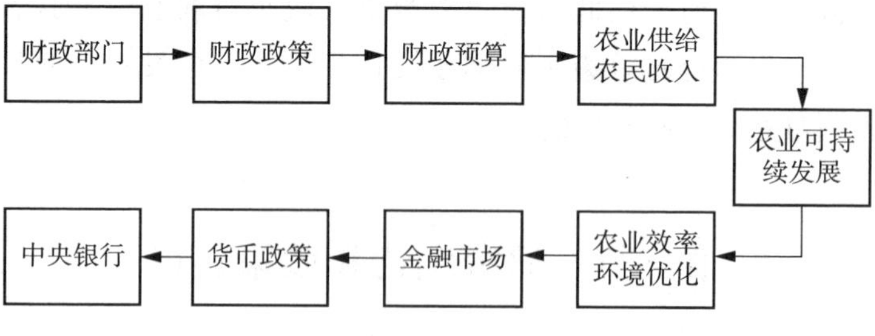

图 1-1　农业可持续发展的财政货币政策运行机制

二、政策建议

（一）财政政策措施

1. 实施更大规模的减税降费

通过与其他国家的比较，我国农业企业面临着综合税费成本过高的问题。综合税费成本包括税收、社会保险费用、灰色隐性寻租成本和各种制度交易成本。此外，还包括高昂的土地、物流和电力成本等。我国农业企业综合税费成本过高的原因在于政府与市场边界不清晰，政府干预过多，导致支出规模巨大，只能通过较高的税收加以解决。同时，社保欠账也依赖税收征缴。因此，目前需要大力推动减税政策，降低社保费率，以国有资本充实社保，增加企业利润和居民收入，以此带动投资能力和消费水平。

2. 加大财政支农力度

在国家总体财力提高的前提下，必须加大财政对农业的投入和支持。应该说，在我国农业的许多领域中政府的支持还是有提升空间的。比如，具有明显社会公益性的农业科研和推广，理应得到政府强有力的财政支持。世界银行建议发展中国家农业科研经费应占农业总产值的1%~2%，且推广经费应高于科研经费，但我国农业科研投资仅占农业总产值的0.1%~0.2%，推广经费也仅占农业总产值的0.2%。即便如此，近年来在一些地方政府机构改革中，推广事业经费还遭到了大幅度削减。如果连这些固定的具有较强约束力的基本人头经费都不能够保证，那么，不确定的将用于农业生产调控的一些支持和补贴手段就更谈不上了。这种情况的出现表明我国财政支农的总体投入力度还相当不够，而且没有得到稳定的保障。

3. 调整财政支农结构

在获得较大财政支持的情况下，还要根据新的形势，研究和改善财政支农的具体政策和内部结构。在这方面，可以借鉴其他一些国家的经验和做法。以美国为例，政府对农业的干预仅仅限于通过财政出资来支持农业灌溉设施建设、农业教育、农业科研以及农业技术推广，并不是直接利用价格支持或收入支持来调控农业生产。美国政府所考虑的农业政策目标，主要是着眼于稳定农产品供给、防止农产品过剩、保障农产品价格和保证农民收入，采用的基本上都是针对性较强、能够有效控制某种农产品生产的支农政策工具，如与农业生产计划挂钩的差价补贴政策。我国的农业生产形势虽然不同于美国，不是处于长期过剩的状态，但是近几年农产品销售严重不畅的情况也已经表明，有效地调控农产品供求关系也是我们所面临的迫切任务。在加入WTO之后，调整现行的财政支农政策和结构、增强政府的宏观调控力度将会变得更加重要。

（二）货币政策措施

1. 疏通价格型货币政策传导机制

货币政策传导机制是否畅通，直接决定着货币政策的有效性。长期以来，我国一直坚持数量型货币政策传导机制，该调控框架发挥了良好的促进经济发展的作用。但随着我国市场机制的不断完善和金融体系的不断发展，数量型货币政策操作目标与中间目标、最终目标之间的相关性在不断减弱，且数量型目标的可控性也在减弱，数量型货币政策调控框架的不足不断显现。要保持货币政策调控的有效性，就要让市场在金融资源的配置中起决定性作用，让价格成为调节供需的自动稳定器。具体来说，货币政策操作目标要逐步转变为货币市场短期利率，让货币政策操作目标去影响中间目标，进而影响最终目标。在中央银行的调控路径上，应进一步探索“利率走廊”调控机制，以市场化的间接调控手段而非行政手段来调控货币市场短期利率，影响信贷市场的定价，最终推动货币政策调控框架从以数量型为主向以价格型为主转型。疏通价格型货币政策传导机制，需要中央银行灵活运用各类数量、价格型货币政策工具，尤其是要根据不同阶段流动性形势和金融市场发展情况，优化操作工具组合，合理安排工具品种、规模和期限结构，不断提高货币政策的前瞻性和准确性。

2. 构建农村社会信用体系

信用是市场经济的基石，也是现代金融的核心。从这些年农村金融运行的情况来讲，征信体系建设是解决农业顺周期性风险的一项重要措施。一是必须高度重视征信体系建设。征信体系建设是金融运行的重要前提，要深入开展诚信光荣、失信可耻的宣传教育。二是要探索建立征信长效体系。该体系包括完善的社会诚信文化体系、社会信用服务体系、信用法律体系、从业人员诚信监管体系和行业诚信自律规则等。三是要开展“惩戒失信”专项行动。对诚信者要大力表彰，对不守诚信者要在多方面进行惩治。在金融监管中，要设置人民银行征信监管中心，实现政府、法院、社会、金融等信息系统共享互动，对失信对象分批次在媒体上进行公开曝光，公安机关也将失信对象列入打击范围。四是为诚信企业创造宽松的投融资环境。对符合国家产业政策、经营管理水平高、产品市场前景好、还本付息能力强的民营中小企业加大信贷支持力度。

3. 完善农业政策性金融

农业产业是促进现代农村经济发展的主导力量，农村经济发展的关键环节是依赖金融体系的支撑，两者相互共存。充分调动金融体系的活力，消除农村经济发展目前所面临的金融抑制现象，已经成为一个影响颇深的现实难题。自 20 世纪农村信用社与农业银行实现了体系上的分离后，农业发展银行分支机构开始进入农村，一时间在农村金融领域出现了农村信用社、农业银行、农业发展银行“三强角逐”的情形，农村金融机构呈现出多元发展趋势，也同时意味着新农业发展的金融支持度将得到大力扶持。发展我国现代农村经济，金融支持至关重要，若单独依靠市场的调节，难以解决目前金融支持薄弱的现实问题，而农业部门本身的产业调整和优化也会出现停滞的局面。借助于西方发达国家的经验，在国家工业化进程中为实现农业产业化，政府对农业投入的力度和广度均有着重量级的表现。故而，推进农业政策性金融机构的发展显得尤为重要。

（三）其他农业政策措施

1. 加强财政和货币政策工具之间的协调配合

在我国，政出多门、各自为政的现象一直存在。比如在农业的短期波动方面，国家收购价格政策和财政支农政策之间存在着不协调的现象。今后，应该尽量避免这种情况的出现。要改进和完善政策的制定和执行过程，使之更加系统化和统一化。各部门之间应该加强信息交流和沟通，注意相互配合和补充，而不是只考虑自身的情况和利益，造成各种政策之间互相对立和冲突。财政政策通过参与市场资源的配置，解决市场失灵问题，兼顾社会公平，调整经济结构，促进经济增长；货币政策的主要目标是稳定物价，并以此促进经济增长。财政政策通过支出和税率变化直接影响社会总需求；货币政策则通过对货币供给量的控制来影响利率，从而间接影响投资与消费。财政货币政策在功能方面的差异，决定了它们不能相互替代，既要相互分工又要协调配合。

2. 根据农业生产波动规律，改进预测，争取主动调节

首先，应该总结和了解我国农业生产发展中存在的短期波动现象，根据农业波动规律和相应的自然及气象条件方面的监测和预报，更为准确地预测未来几年中的农业生产情况。其次，综合考虑国内市场和国际市场方面的供求变化，包括积累性因素和即期生产因素等所导致的各种市场变化。掌握了充分的信息之后，还应该采取积极应对、争取主动和事先调节的态度，合理、有效地运用财政手段和工具，尽可能平减农业生产的周期性波动，减少这种波动给国家和农民所带来的各种经济和社会效益损失。

3. 在财政投入之外进行综合性政策调整

单纯依靠财政投入促进农业发展难以为继，需要在财政投入之外做相应的综合性政策调整，可以从以下两个方面入手：一是提高农民的组织化程度，减少交易成本。政府财政金融的支农投入作为普惠制的公共品只能用于村社成员股份合作制的综合性合作社，所有村域内的资源和政府项目投入皆做集体股，其收益用于增加公积金以促进扩大再生产。因此，能够借综合性合作社建设来提高农民的组织化程度，形成对外谈判的对等地位。二是政府支持基层综合性合作社抓好农村经济三产化开发，把外部定价改为内部定价。各级政府应以免税、贴息和财政专项免配套等优惠政策帮助基层合作社抓好乡村经济和社会各类资源的综合性开发和资本化利用，重点促进合作社在多功能的“两型农业”及农村二三产业的发展，形成收益反哺一产，利润返还农民“股东”。

第二章　农业的社会文化功能与农业美学研究

第一节　农业的社会文化功能

一、农业的多功能性

农业多功能性的提出可以追溯到20世纪80—90年代，随着日本提出的“稻米文化”的兴起，1992年联合国环境与发展大会通过的《21世纪议程》中正式采用了“农业多功能性”这一提法。1996年通过的《罗马宣言和行动计划》明确提出要考虑农业的多功能特点，借此来实现农业和乡村可持续发展。日本学者于1999年首先总结性地提出了农业多功能性概念，并提出农业具有“保证食品安全、形成自然风景、保护土地和自然环境、增强农村地区的社会经济生存能力”的功能（王汉民，2004）；同年日本颁布的《食品·农业和农村基本法》，指出了农业除具有经济功能外，还体现出了多功能性，比如社会功能、生态功能、政治功能等多种功能。

结合国内外研究结果，农业多功能性可以定义为：农业不仅具有经济功能、社会功能、文化功能、政治功能、生态功能，这些功能主要表现在提供农户产品的基本功能、提供劳动就业和社会保障、保护文化的多样和休闲、保持社会和政治稳定、对生态环境的支撑和改善等方面，还表现出了多种分功能；且农业的多种功能表现出相互依存、相互制约、相互促进的有机系统特性。

二、农业社会文化功能的构成

农业具有丰富的社会文化功能，随着社会经济的不断发展，农业的社会文化功能不断增多。最初，农业是人类的衣食之源、生命之源；接着，农业成为促进劳动者新陈代谢的工具，还充当人类家园的生物链和生态链，维护着生态平衡、保护着自然环境；后来，成为延续农业文明的主要途径。综合起来，农业的社会文化功能主要表现在两大方面。

（一）农业的社会稳定保障功能

1. 农业生产的生活娱乐性

农作物生长是一个漫长的增值过程，农业生产是一个充满弹性时间的劳动过程，这就意味着在农业生产过程中劳动者有较灵活的休息时间，劳动者可以在从事农业生产过程中兼而开展一些娱乐活动。这就赋予了农业生产的生活情趣性。正因如此，一些文人把农业劳动称为田园生活。农业的生活性和娱乐性表现在：一是当以群体形式进行农业劳动时，劳动者可以一边干活一边聊天甚至一边抽烟。二是在集体协作性较强的劳动中唱劳动号子，以组织和指挥集体劳动，统一步伐，鼓舞精神，调节情绪，释放身体负重。劳动号子被提炼成歌曲就成为山歌、秧歌、牧歌、渔歌、樵歌等。三是一些民族或地区，在生产的某一过程或环节上举行一定的生活仪式。例如，云南哈尼族每年在栽秧时要举行“开秧门”仪式。

2. 乡村生活的稳定性

乡村生活，在劳动内容上以种植栽培、养殖为主。在作息安排上以季节、昼夜变换为据，其生活节奏具有自控性。生活的人文环境大多表现为安逸和谐、悠闲缓慢。生活的自然环境表现为空气清新、视野开阔、生机勃勃、景色多样。较之现代化工业的高速发展，农业的缓慢发展给人一种安全稳定、千年平衡的印象，乡村始终哺育着恬静美满、安全永恒的田园牧歌式的梦幻。乡村生活尤其是这种和谐的日常社交生活为城市居民所羡慕。农业生产的重复进行使生产经营者产生了安居乐业的心态。农民在交往中显现出来的大方善良不是因为富有，而是因为他们天生热情、纯朴和淡泊名利。

3. 食物供应保障功能

食物供应是农业与生俱来的功能。开门七件事，柴、米、油、盐、酱、醋、茶。除了盐之外，件件都靠农业提供，只有农业才能保证这些生活必需品的供应，有了这些食物供应，正如《管子》首篇《牧民》所讲“仓廪实而知礼节，衣食足而知荣辱”，社会秩序赖以建立的伦理道德、法规才能维持，社会才能稳定。随着社会进步，农业的食物供应的内涵在扩大，已从保障粮食安全发展到营养安全。只有进一步加强对耕地特别是基本农田的保护，不断扩大安全优质农产品的生产和供应，才能从“藏粮于民”“藏粮于库”向“藏粮于地”转变。

（二）农业的文化孕育与传承功能

农业的文化孕育与传承功能主要表现在孕育了人类文化、传承农耕文化，尤其是传承农村手工艺、农村风俗习惯这两种突出的农村文化。

1. 孕育人类文化

农业本身就是人类创造的最古老的文化模式，同时又孕育了多种文化模式的胚胎，成为人类文化的培育器，主要表现在以下 4 个方面：

第一，农业劳动者创制了劳动工具。农业生产离不开劳动工具，原始先民在劳动生产中发明创造了各种农耕工具。起初是木质和石质工具，后来发展到金属材料工具。制造的工具类型包括耕地工具、收割工具、加工工具、贮藏工具等。第二，孕育了建筑文化。因为农业生产要定居，所以人类必须建造房子。比如人类进入农业社会以后比较接近现代住房的最早房屋是干栏式建筑。这种房屋分上下两层，下面一层圈养家畜，上面一层住人。第三，孕育了制陶文化。定居下来后从事种植的农民需要工具贮藏谷物、水，煮食物，所以人类祖先发明了陶器。第四，孕育了精神文化。原始人为了从自然界和农业生产中获得更多食物，在自身力量和智慧不足的情况下，创造了对影响农业生产的自然因素如太阳、水、土壤、风等的自然崇拜以及原始宗教，形成了各种反映农耕生活的风俗习惯。这些文化元素的萌芽是人类农业文明的渊源，对整个人类文化体系的发生发育起了基础性作用。

2. 传承农耕文化

农耕文化是人类创造的最古老的文化类型之一，是农业生产者在从事农业生产过程中创造出来的满足农业生产需要的各种物质的、制度的、精神的结晶，是农村文化的主要组成部分。

农耕文化包括：第一，农业工具、农业土地利用、农田水利灌溉、土壤肥料、农作物栽培、耕作、林业生产、畜牧水产养殖、农时节气、农业气象、农业生态保护等农业生产方面的物质文化。第二，田地与田赋制度、农产品交易制度、耕作制度、重农政策以及相关法规等农业生产方面的制度文化。第三，农学理论、农业经营思想、农业生产观念、农书等农业方面的精神文化。

3. 传承农村手工艺

农村手工艺，是指农村实用性与审美性紧密结合的物质形态物品的制作方法。按照联合国教科文组织的观点，农村手工艺属于非物质文化遗产。农村手工艺是小农经济发展的必然结果。小农家庭大都是男耕女织的生产模式，并辅以手工制作，农村家庭的成年男子都要会一两门手艺，成为能养家糊口的匠人，如木匠、瓦匠、石匠、铁匠、泥匠、补锅匠、漆匠、染匠等。可以说手工艺是农村手工制作的精神产品，匠人是农村手工艺的传人。在农业社会农村手工艺得以传承。但随着商品经济和工业制造业的发展，传统的农村手工艺正在逐渐消失，亟须提升对传统手工艺的保护与传承。

4. 保存农村习俗

农村习俗是农民创造、传承的精神文化，为民众的日常生产和生活服务。农村习俗具有地域性也具有传承性。农村习俗是农民在生产、生活、交往中形成的，涉及农村社会的各方面，主要包括：

第一，生产活动习俗，主要有种植耕作习俗，包括农具制作、农事管理、农耕礼仪、农耕节气等风俗；手工习俗，包括各行各业工匠的行规、技艺传承、拜师、祭师祖等风俗，以及狩猎、畜牧、渔业、商贸等习俗。第二，日常生活习俗，包括衣俗，如服饰制作、装饰佩戴、服饰礼仪等习俗；饮食习俗，包括日常食制、节日饮食、风味小吃、饮茶饮酒等习俗；居住习俗，包括民居建筑风格和室内陈设等习俗；出行习俗，包括修路架桥、运载工具制作与使用等习俗。第三，交往习俗，如家庭成员交往、联姻、家族与亲族交往、同业行会交往、结义结社、乡规民约等。第四，人生习俗，包括求子、诞生、满月、抓周、家教、戴锁与解锁等生育习俗，以及停尸、报丧、祭奠、出殡与埋葬、服丧等丧葬习俗。第五，信仰习俗，主要有图腾崇拜与禁忌、神灵崇拜、祖先崇拜、庙会、巫师与巫术活动、阴阳、占卜等习俗。此外，农村民间技艺习俗也是满足农村居民精神生活需要的文化形式。

（三）农业社会文化功能的价值体现

1. 维护社会稳定

所谓“无农不稳”，这是中国人对农业的社会作用的高度概括。以保障粮食安全为目标，发展农业社会文化功能，带动农村经济发展，为农民创造了更多的就业机会，有效地就地转移了农村剩余劳力，提高了农村劳动者的文化素质、科学技术素质、市场经营素质，增加了农户收入，并为发展农村公共事业、缩小城乡差别和工农差别打下了可靠的物质经济基础，促进了社会和谐。这些农业社会文化功能的正常发挥，能削减农村社会不稳定因素，促进农村社会稳定，进而促进整个社会的稳定。

2. 提升农业农村发展内生动力

发挥农业的社会文化功能，着眼于农村社会主体即农民群体的现代化、农村社会发展的精神基础即农村非物质文化传承与发展、农村社会发展的社区条件即农村社区公共事业发展等三大社会领域。这三大社会领域都是农村社会系统内部的基本构成要素和内部条件，农业社会文化功能的发挥为农村社会发展创造了内在动力。第一，农民群体是农村社会最重要的建设力量。农民的现代化就是为农村发展培养优秀的建设大军和开发农村发展的人力资源。第二，农村非物质文化本身就是农民认识和改造世界的精神工具，也是培养和塑造农民群体的教育工具，更是农村社会运转的复合条件。农村社会文化系统中的规范因素如风俗、习惯、民约、乡规、时尚、道德、价值观念等，为农村社会主体制定了多种行为标准，使农村人们相互间的行为协调和配合。某些农村非物质文化也是农民发家致富的强力资本，能为农村经济发展提供文化资源。第三，农村社区公共事业为农村社会发展提供了生产、人文、生活、政治等多种复合条件，促进了农村的内生发展。

3. 促进可持续发展

发挥农业社会文化功能，有助于推动农村社会的综合发展，包括农村社会系统的社会主体、经济、文化、科学技术、教育、生态环境、社区物质条件等多要素的发展。在促进农村经济社会发展的同时，提升农村人文环境，为农民建设一个布局合理、设施齐全、生活便利、环境优美的居住场所，避免破坏生态环境，使农村人口、经济、资源、环境等方面得到协调发展，也与当前实施的乡村振兴战略所提出的“产业兴旺、生态宜居、乡风文明、治理有效、生活富裕”总要求相呼应，具有促使农村社会和整个人类社会可持续发展的作用。

三、农业社会文化功能与农业美学的互促作用

农业社会文化功能是农业美学的主要研究领域，对农业美学的研究可以促进农业社会文化功能的传承与拓展。农业的多功能性使农业在社会系统中

具有复合功能。农业的社会文化功能是其重要的一部分，包括农民群体的精神文化、日常生活行为规范、农业生产经验、生产环境、生产技术等诸多内容，并随着人类生产能力的提高和社会的发展不断呈现出来。如今随着快速城镇化，在乡村建设中，人们的情感需求逐渐被忽略，然而人们的乡村乡愁情绪正在逐步发酵，对农业的向往和对其审美的重视不断增强，农业的发展及农村的建设需要增加更多的体验元素，既要体现农业的自然淳朴之美，也要体现科学技术的人类智慧之美。农业社会文化功能的构成见图 2-1。

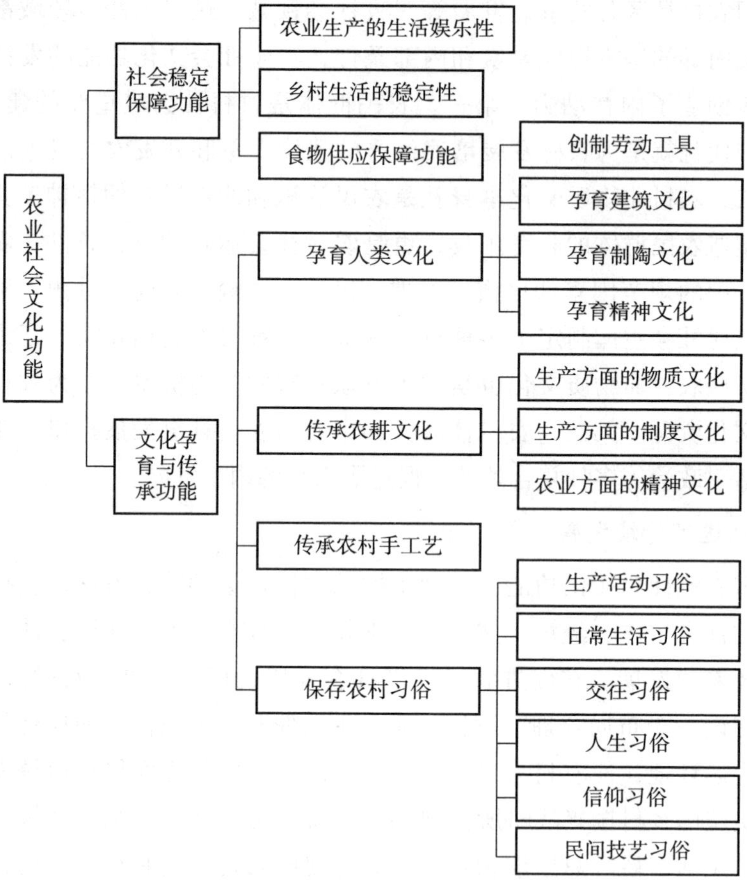

图 2-1　农业社会文化功能的构成

而农业美学注重在审美活动中的感知和投入，追求乡村建设中的家园感和人与自然的和谐，注重当地居民的审美感受。我国乡村已有 5000 年的文化历史，农业美学的发展条件得天独厚，可深度挖掘传统农耕文化，拓展现代可持续发展理念，提升农业农村发展的文化内涵，通过从农业美学角度对农业生产和生活方式的深入挖掘，发挥农业的社会文化功能，提升社会文化对农民的实践价值，满足不同群体的精神需求，使得农业文化得以继续传承。

第二节　农业美学的理论基础

农业属于自然科学，美学属于人文科学，农业美学属自然与人文的交叉。研究农业美学，需同时借鉴农业和美学两大学科门类的基本知识和原理，唯其如此，方有可能进行系统的学理性研究。

作为哲学的分支学科，美学自有繁复而深刻的理论体系，哲学家、心理学家、教育学家、艺术家们可谓各执一词。朱光潜先生说："柏拉图说的是一套，亚里士多德说的又是一套；康德说的是一套，黑格尔说的又是一套。从马克思主义立场来看，他们都可一分为二，各有对和不对的两方面。"可以说，美学史上所有研究者所提出的不同学说共同形成了美学。"美学就是美学史。"在此仅对历史发展概况及主要的几个问题进行简括性梳理。

一、21 世纪前西方美学发展简况

（一）西方古典美学研究的三大主题

"美是难的"，人人都可以明确判断出某个东西是否美的，可它就像"时间""幸福"等一样，仿佛只可意会而不可言传。关于美的研究，是古老的。尽管学界公认 1750 年德国哲学家鲍姆加登（Baumgarten）在出版的 *Asthetik* 中提出："美学作为自由艺术的理论、低级认识论、美的思维的艺术和与理性类似的思维的艺术，是感性认识的科学。"这是美学诞生的标志，但是学界同样公认，关于美的探究要比美学学科的成立早得多。

1. 对"美的本质"的追问

西方美学史需追溯至古希腊时期。古希腊第一个真正的美学观点是，毕达哥拉斯认为"美是数的和谐"。而柏拉图在他的西方第一篇系统讨论美的著作《大希庇阿斯》中，借他的老师苏格拉底之口提出了"美是什么"这一问题，开始了西方 2000 多年对美的本质的追问历史。他认为美的理念，有"美本身"所存在，"美本身把它的特质传给一件东西，才使那件东西成其为美"。

从美的概念出发去寻找美的规律，进行美的客观性研究，以古希腊罗马

美学为代表，并一直影响到近代。不同哲学家对美的本质有自己的看法，至中世纪则把一切归为神，“事物之所以美，是由于神住在它们里面”。

2. 关于“审美”的研究

文艺复兴后，经验主义和理性主义两大哲学思潮在所有的哲学领域交锋，美学同样如此。英国经验派美学代表人物夏夫兹伯里和哈奇生提出美取决于人自身的内在感官，柏克则认为美来自物体中某些能引起爱的物质，而休谟明确提出美不是事物的属性，只存在于观赏者的心里。而大陆理性主义美学以莱布尼茨、沃尔夫、狄德罗等为代表继续对美的概念和本质进行探寻，可以看出，当时美学家们探讨的主题已经逐渐由对美的本质过渡到了对审美的主体——人。正是这时，鲍姆加登在莱布尼茨派基础上进行了突破，在美学史上第一次把美学命名为“Asthetik”，即关于感性认识的科学，使其与逻辑学和伦理学区分开来。不过他并未完全突破大陆派理性美学的窠臼，只是把感性学看作一种低级的认识论。真正对美学进行了哥白尼式革命研究、被称为近代美学实际创始人的是哲学家康德。

18 世纪末，德国古典美学兴起，康德吸收并批判了经验派和理性派美学，他著有 3 部巨著：《纯粹理性批判》《实践理性批判》《判断力批判》。其中，《判断力批判》一书中专门有一部分为“审美判断力批判”。他辩证地提出了“鉴赏力”的 4 个契机：无利害而生愉快、非概念而又有普遍性、无目的的合目的性、共通感。即：鉴赏活动摆脱了利益、道德的考量，是不受拘束、无利害关系的自由的愉快；这种愉快具有人类的普遍性，不是通过抽象概念的普遍性达到而是通过共同的情感体验而形成的；审美愉快没有一个具体的目的；它建立在人类情感本身的社会共同性基础之上，通过这种共通感，达到了人类的一致。

康德美学的突出之处在于他“第一次在哲学历史中严格地、系统地为‘审美’划出一独自的领域”，美学到康德那里，才终于不再从属于认识论或伦理学，而是取得和真与善相媲美的地位。同时，他把之前所有哲学家所认为的美学应先回答“美是什么”进行了颠覆，把对美的鉴赏判断放在了第一位。“第一次试图通过解决人的问题来解决美的问题。”

3. 对于“艺术哲学”的研究

西方古典美学最后一位大师是黑格尔，他把美的本质定义为“美是理念的感性显现”，直接将自然美摒弃，认为“Asthetik”仅限于人类艺术的美，所以他的美学实为艺术哲学。将美学等同于艺术哲学的观点影响深远，因为在 20 世纪后，关于艺术定义的争论占据了美学的大部分内容。

关于美的本质的研究、审美的研究、艺术哲学的研究是西方古典美学研究的三大主题，其实也是整个西方美学的三大主题。

（二）西方现代美学的诸多派别

黑格尔之后，西方哲学和美学向两个方向转化：以马克思为代表的唯物主义和以叔本华为代表的唯意志论和直觉论。19 世纪后期以来，西方美学的总体特点是多元发展、流派众多、思潮迭起、方法多样。19 世纪 70 年代至 20 世纪 20 年代末，是西方现代美学的产生时期，叔本华的非理性主义美学、费肖尔的移情论美学、费希纳的实验美学逐步成熟，同时涌现出实用主义美学、形式主义美学、自然主义美学、精神分析美学等多个流派。20 世纪 30 年代至 50 年代是西方现代美学的展开时期，以分析美学、格式塔心理学美学、新托马斯主义美学、存在主义美学等为代表。20 世纪 60 年代后，又涌现出解释学美学、接受美学、结构主义与后结构主义美学等流派和思潮。

总的来说，西方现代美学经历了 3 个转向：20 世纪初的心理学转向、20 世纪中期的语言学转向、20 世纪中期开始一直延续至 20 世纪后期的文化学转向。其主要成果集中在两方面：一方面，是对审美心理的深入研究；另一方面，则是延续黑格尔将美学等同于艺术哲学以来的传统，对艺术进行美的研究。其中有一些学说，尤其是审美心理学的学说，具有较大的影响，在我国被以朱光潜为代表的美学家进行了翻译并产生了广泛影响。

1. “直觉”说

由意大利的克罗齐提出，他认为“直觉是离理智作用而独立自主的”，直觉和表现的关系是：表现有文字的，有线条、颜色、声音等非文字的，“直觉必须以某一种形式的表现出现”；而美与表现的关系则是：“美就是成功的表现”或者把美等同于表现，因为“不成功的表现就不是表现”，美学就是表现的科学。所以其逻辑是：直觉 = 表现 = 美 = 艺术。克罗齐是表现主义美学的创始人，表现主义美学是 20 世纪初形成的重要西方现代美学流派之一，它对其后的西方美学和艺术领域有巨大影响。

2. “移情”说

德国的立普斯是移情理论的最主要代表，他认为“我们总是按照在我们自己身上发生的事件的类比，即按照我们切身经验的类比，去看待在我们身外发生的事件”。而“一切审美的喜悦——都是一种令人愉快的同情感（移情作用）”。由此，“审美的欣赏并非对于一个对象的欣赏，而是对于一个自我的欣赏”。总之，他认为审美的对象是受到主体灌注生命的有力量、能活动的形象，审美的主体是在对象里生活着的自我，主体和对象不是对立的，主体就生活在对象里。朱光潜用比较深入浅出的语言解释何谓移情作用：“它是人在观察外界事物时，设身处在事物的境地，把原来没有生命的东西看成有生命的东西，仿佛它也有感觉、思想、感情、意志和活动，同时，人自己也受到对事物的这种错觉的影响，多少和事物发生同情和共鸣。”

3. “心理距离”说

以布洛为典型代表，他在 1912 年《作为艺术要素与审美原则的“心理距离”》中提出，美产生于审美主体与审美对象之间适当的心理距离。他以“海上的大雾”为例解释何谓“心理距离”，可以给人以烦闷、焦虑、恐惧、紧急的感觉，也可以成为浓郁的趣味和快乐的源泉。朱光潜曾进一步解释：乘船的人们遇到海上有大雾，这是因为你与海雾的距离太近了，不能以处之泰然的态度去欣赏他；若是把海雾摆在与实际生活有一定距离之处去看，反会觉得这是天海一色的绝美景致。

4. “形式”说

在 2000 多年美学发展史上，学者一直注重“形式”说，且其一直处于显著地位，形式论可追溯至古希腊毕达哥拉斯“美是数的和谐”这一论点。他认为数的形式美是万物之所以美的重要原因，并最早发现了黄金分割律。在古希腊的建筑及雕塑中，时时可以看出对于线条、比例等形式美的注重。柏拉图也记录了苏格拉底的话：“我说的形式美……是直线和圆以及用尺、规和矩绘制所形成的平面形和立体形。”亚里士多德则认为美在于形式中，即事物体现出来的秩序匀称和准确。

1753 年，荷加斯出版了西方美学史上第一部形式美学专著《美的分析》，结合自然和艺术，他提出了形式美学的六项原则：“适应”“多样”“统一”“单纯”“复杂”“尺寸”。“适应”即每个东西局部与总的意图的适应，也就是部分应适应整体；“多样”即要求美是有设计的变动；“统一”即合乎目的的整齐、统一或对称；“单纯”指单纯赋予多样以美；“复杂”指有组织的复杂形式的美，比如随风摇摆的长发；“尺寸”指巨大的形体如高大的树林、庞大的建筑物能引起人们的赞美，令人产生崇高感。他对线条、构图、色彩、色调进行了细致深入的分析，并提出“交叉的蛇形线”是最美的。他的这些观点有不少在现在看来依然有一定道理。

至西方现代美学，以克莱夫·贝尔和罗杰·弗莱为代表的形式主义美学则把对形式的注重提升到极为重要的地位。贝尔最有名的便是“有意味的形式”说，他认为艺术作品之所以能产生美，就在于作品本身具有这种“有意味的形式”。尽管对形式有片面夸大的嫌疑，并且针对的是艺术，但无疑强调了形式的第一重要性。

（三）研究西方美学对于农业美学的意义

美学的基础性研究，对于农业美学的研究方向是有着理论和实践指导意义的，譬如，美学界已经普遍认同美与审美是截然分不开的，这就提醒我们，一定要对农业美学中审美主体进行深入的研究：农业的审美主体主要是谁？他们有着怎样的审美思维？在乡村振兴大发展的过程中，如何牢牢把握住他们的审美追求？进而又涉及相辅相成的一个问题，如何在尊重审美客体自身发展规律的基础上，使其更符合审美主体的需求，进而为乡村振兴贡献力量？以上述几种理论为例，“直觉”说提醒我们，农业的美应如何做到让人眼前一亮，怦然心动？“移情”说提醒我们，农业的审美主体想在对农业的审美中移入“自我”，这种“自我”的需求应如何发掘？以何种途径实现？“心理距离”说提醒我们，有许多农业之美，是每天身处其中的人们并未察觉到的，而这些美，有可能恰恰是农业美审美主体的大多数所乐意欣赏的，如何发现这些点并对其进行放大？“形式”说则从技术层面提醒我们，在农业美的塑造中，线条、色彩、造型等客观形态是非常值得研究的课题。事实上，目前有许多案例的发展已经在对以上问题进行答案的探寻，只是我们以前并未从农业美学的角度进行学理性的研究和思考，而这种思考，必定是有着极为重要的意义的。

二、21 世纪前中国美学发展简况

（一）中国美学的发展过程

在美学界，有一种观点认为中国有“美”而无“学”，这是因为，作为一门学科，“美学”始于西方，直到新文化运动把这门学科引入后，我国才开始有了对于美学学科的意识和研究，所以对于美学学科的研究在我国只有 100

多年历史。然而，尽管中国古代没有一篇专论美的论著，但关于美的思想，对于美的研究，一直是融于我国上下五千年文化之中的，在哲学、文艺、艺术的论著中经常可以发现。比如："子谓《韶》：尽美矣，又尽善也。"（《论语》）、"夫美也者，上下、内外、大小、远近皆无害焉，故曰美。"（《国语·楚语上》）、"充实之谓美。"（《孟子·尽心下》）、"天地有大美而不言"（《庄子·外篇·知北游》）、"朴素而天下莫能与之争美。"（《庄子·外篇·天道》）、"生而美者，人与之鉴，不告则不知其美于人也。"《（庄子·杂篇·则阳）》……

在20世纪初的"五四"新文化运动中，梁启超、王国维、蔡元培、鲁迅等大家把美学、美育的普及扩散当作提升国民素质的重要途径。梁启超强调"情感教育"；蔡元培以"美育代宗教"，有史以来第一次把美育提高到国家教育方针的地位。中国近代美学开山第一人王国维则使美学获得独立价值，他所著《人间词话》，对"境界"说进行了充分阐述，可谓中国近代美学从自发状态走向自觉状态的重要标志。20世纪20年代起，吕澂、陈望道、范寿康等出版了一批著作，从美学学科本身进行了思辨和阐释，由此出现了中国最早的一批美学原理专著。

20世纪30年代后，中国美学史上出现了两位极为重要的美学大师：朱光潜和宗白华。他们都兼有西方留学背景与深厚的中国传统文化底蕴，并将现代西方美学理论与中国传统诗性文化进行了碰撞与融合。相对而言，朱光潜更注重西方美学理论的系统性介绍，他翻译了柏拉图的《文艺对话集》、黑格尔的《美学》、克罗齐的《美学原理》、莱辛的《拉奥孔》等西方经典名著，著有《西方美学史》《悲剧心理学》《诗论》等重要著作，其《给青年的十二封信》《谈美书简》等广为传播，《朱光潜全集》多达20卷。他早期受到"直觉"说、"审美距离"说、"移情"说等西方理论影响较大，对审美经验进行了中西合璧的研究。而宗白华尽管曾留学德国，深受德国古典美学的影响，但他最重要的成就是在此种思想基础上，对中国哲学、中国艺术、中国美学进行了深入分析和挖掘。他没有特别系统的美学专著，所有的作品合集仅为4卷，但他的论文集《美学散步》成为中国美学史上的一颗明珠。他对中国古代绘画、诗歌、音乐、书法、戏剧、园林建筑等艺术进行了独到的分析，对诗画的空间意识、空灵与充实、气韵风骨等概念做了深入挖掘，对中国传统美学中意境、和谐、节奏等进行了具体诠释，推动了中国传统美学向现代美学的转化。这在美学思想、研究思路上对后来的学者进行中国古代审美思想和艺术精神研究方面具有极为重要的启发性意义。

新中国成立后，我国美学界发生了3次美学大讨论。第一次发生在1956年至1962年，分为“四派”：以朱光潜为代表的“主客观统一派”，以蔡仪为代表的“客观派”，以李泽厚为代表的“客观性与社会性统一派”（后发展为“实践”说），以吕荧、高尔泰为代表的“主观派”。前期主要围绕美的本质问题进行讨论，1958年后则主要探讨了美学研究与社会实践结合的问题。第二次美学大讨论发生在20世纪七八十年代，围绕马克思的《1844年经济学—哲学手稿》展开，探讨了“人化的自然”、美的规律、异化劳动与美的生成等问题。在这场论争中，以李泽厚为代表的实践美学逐渐成了主流，他参与了20世纪50年代的那场美学大讨论，并一举成名；其80年代出版的《批判哲学的批判：康德述评》《中国近代思想史论》《美的历程》《华夏美学》《美学四讲》等，引发了实践美学热。20世纪80年代末90年代初，随着社会的变化、市场经济的出现，美学关注的焦点转向更富现实关怀的文化层面，后实践美学（生命美学、超越美学、存在主义美学等）迅速崛起，与实践美学又发生了大争论。

（二）中国传统美学的独特性

中西美学思想极为不同，中国传统美学不对美的概念、本质等做深入的追问，更重美的体悟、美的境界感受，它与中国文化、哲学、艺术相辅相成，尤其受传统的儒家、道家和禅宗的思想影响颇深。中国传统美学讲究生、天、道、意、境、象、阴、阳、形、神、虚、实、动、静。朱良志说传统与现代审美观念的差异在于：传统的观念偏向于一个“藏”字，现代观念偏向于一个“露”字。中华民族看重言外的意味，象外之象、味外之味，是非常有道理的。

“意象”是中国美学的独有范畴，由刘勰在《文心雕龙》中最早提出：“独照之匠，窥意象而运斤。”“意”指审美观照和创作构思时的感受、情志、意趣，“象”指出现于想象中的外物形象。所谓“观物取象，立象尽意”。意象与意境紧密相连，“通过由实入虚，由技入道，由明确的个体对象进入弥漫的氤氲气氛，我们就进入了意境的领域”。“意境”这一名称由唐代王昌龄首创：“诗有三境，一曰物境，二曰情境，三曰意境。”刘禹锡、严羽、郑板桥等对此多有评述。至王国维则对古代意境理论进行了总结：“何以谓之有意境？曰：写情则沁人心脾，写景则在人耳目，述事则如其口出是也。”而至宗白华，则真正赋予了意境作为中国美学核心范畴的地位。宗白华结合唐代画家张璪的“外师造化，中得心源”，提出“意境是造化和心源的凝合，成了一个有生命的结晶体，鸢飞鱼跃，剔透玲珑”，即“客观的自然景象和主观的生命情调的交融渗化”。他认为意境是情与景的结晶品。

（三）研究中国美学对于农业美学的意义

研究中国古典美学及现代美学对于农业美学的意义就在于，它可以从多方面起到借鉴作用。从历史发展的角度看，中国传统美学思想正是从传统农耕社会中发展起来的，农业的发展自然已是今非昔比，然而农业总归是有着共性的，比如它的时间性——天地有大美，节气轮换，四时不同作物不同；它的空间性——与大自然有着天然紧密亲和的联系，地域不同，南北风物各自相异。结合中国传统美学思想，深入探索与挖掘农业之美，打造或诗意，或质淳，具有独特风格的农业之美，是否能从农业美的同质化中突围？在乡村振兴发展的过程中，应如何处理农业农村的功能性与审美性之间的关系？这些都是值得思考的问题。

三、21 世纪后中西美学的转向

正如有学者分析的那样，“分析美学”尽管在 20 世纪后半叶迅猛发展，却有着巨大的理论盲区，那就是仅仅以艺术作为唯一的哲学研究对象，以至于让美学直接等同于“艺术哲学”。20 世纪末，传统美学在审美对象、审美经验、审美方式等各个层面，显得与时代脱节，产生了阐释危机，美学研究逐渐突破了以艺术为中心的态势。以 2001 年召开的世界美学大会为例，比较美学、环境美学、文化美学、美学的再定义、美与宇宙、美与自然的四种因素、建筑和建筑艺术、美学与人生、人体美、艺术与科技、全球化与审美经验等都成为研讨的主题，可以明显看出，随着时代变化的影响以及美学自身的发展，美学所关注的主题与传统的西方美学相比已经发生了巨大变化。美学正在向社会各个领域广泛渗透，走向一个“与实践结合，与多元文化的世界状况结合，与新艺术和文化潮流结合的道路”。当代美学家更为关注的是“美学的理论品格与现实功效间的关系”，在我国，则是除了实践美学，还出现了生活美学、环境美学、生态美学、身体美学、生命美学、文艺美学等多种研究方向。

（一）生活美学

从2003年开始，学者陶东风发表了一篇名为《日常生活的审美化与文化研究的兴起——兼论文艺学的学科反思》的文章，展开了争论，他提出："在今天，审美活动已经超出所谓纯艺术/文学的范围，渗透到大众的日常生活中。占据大众文化生活中心的已经不是小说、诗歌、散文、戏剧、绘画、雕塑等经典的艺术门类，而是一些新兴的泛审美/艺术门类或审美、艺术活动，如广告、流行歌曲、时装、电视连续剧乃至环境设计、城市规划、居室装修等。"国内文艺界随后围绕日常生活审美化的命题展开了长达两三年的论争。2005年，中国社科院刘悦笛出版《生活美学——现代性批判与重构审美精神》，他提出当代审美泛化包括两个逆向的运动过程：日常生活审美化，即生活艺术化，指我们衣食住行用的日渐审美化进程，以及审美日常生活化，即艺术生活化。西方美学界在2005年之后也发表了多部关于生活美学的研究著作。加强美学与生活的联系，日常生活审美化，已经成为当代中西美学的一个重要发展趋势。

（二）环境美学

西方的传统美学极少重视自然美，而环境美学的产生正是基于随着科学技术的发展，人与自然环境的矛盾日益凸显，人们开始重新审视自然环境并反观人类赖以生存的周遭世界。环境美学在西方兴起于20世纪中期；在我国从20世纪末开始研究，主要研究人与生存环境的审美关系和环境美的创造等。其开创者是英国学者赫伯恩，他在20世纪60年代发表了《对自然的审美欣赏》等论文，提出对于自然美的忽视是"一件非常糟糕的事情"，分析了自然美的研究意义和价值。之后，美国的阿诺德·柏林特、加拿大的艾伦·卡尔松、芬兰的约·瑟帕玛等在环境美学的本体论、方法论、价值论等方面做了大量研究。在我国，环境美学研究的开拓者是武汉大学的陈望衡教授。

四、中西方美学理论述评

各种美学分支学科的涌现，尽管被许多学者审慎地对待，甚至有学者认为这种审美泛化让美学失去了本真的面目，但毋庸置疑的是，回顾中西美学发展的历史会发现，美学虽诞生于哲学，但它早已走出"象牙塔"，向实用主义回归，事实已经证明美学确实已经超出所谓艺术哲学的范围，甚至早已从神坛走到普罗大众的日常生活中，同时它与各个学科互渗的程度越来越强。中西方学者对美学的阐述（依时间顺序整理）见表 2-1。

表 2-1　中西方学者对美学的阐述（依时间顺序整理）

理论提出时间	学者	基本观点	理论中心
	毕达哥拉斯 584B. C. —479B. C.	■ 美是一种和谐的比例	■ 形式美法则
	柏拉图 428B. C. —347B. C.	■ 美本身把它的特质传给一件东西，才使那件东西成其为美 ■ 美是永恒，无始无终，不生不灭，不减不增	■ 模仿原则 ■ 理式美
1780	康德 （1724—1804 年）	■ 美就是引起人们愉快的感性形式 ■ 美协调了想象力和理解力 ■ 品位判断就是审美 ■ 美具有普遍性 ■ 美是道德观念的象征 ■ 从质、量、关系、模态四方面探讨审美的判断	■ 唯心主义美学
1900	克罗齐 （1866—1952 年）	■ 精神与文化有自主性，反对历史唯物论 ■ 美是美感直觉的产物 ■ 艺术是情绪透过某种知性组合后的呈现	■ 唯心主义美学
1936 年	朱光潜 （1897—1986 年）	■ 美本是直觉（艺术即直觉） ■ 美必须经过心灵的创造 ■ 直觉活动限于创造和欣赏的刹那 ■ 艺术形式与内容要能融合一气，这种融合就是美	■ 主观唯心主义美学 ■ 美是主观意识与客观自然的交互作用
1947 年	蔡仪 （1906—1992 年）	■ 事物显现其自然的本质属性便呈现了普遍性的美感 ■ 自然美在其本身的自然条件	■ 美是典型 ■ 唯物主义美学
1950	阿多诺 （1903—1969 年）	■ 艺术所模仿的不是自然，而是自然之美 ■ 艺术的创造就在于某种盈溢与超越的表现 ■ 自然与艺术的美相互纠结	■ 以艺术创作作为美学探讨的核心

续表

理论提出时间	学者	基本观点	理论中心
1962 年	李泽厚（1930—2021 年）	■ 美以乐为中心 ■ 美是线的艺术（节奏与韵律） ■ 美是情理交融，是真与善的统一 ■ 美是天人合一（人与人、人与自然的和谐统一关系） ■ 审美三层次：悦耳悦目、悦心悦意、悦志悦神	■ 排除以唯物或唯心观点论美学 ■ 美是客观实践与主观现实的交互作用
1993 年	姚一苇（1922—1997 年）	■ 针对感觉、直觉、知觉、想象、感受（情绪）和统觉论美感经验 ■ 审美的知觉活动不仅是知性也是感性	■ 强调感觉、直觉到知觉的审美升华 ■ 从生理与心理探讨审美感知
1995 年	高尔泰（1935—）	■ 反对美与美感归结为沉淀，强调文化的创造与未来性 ■ 美感来源于感性动力，艺术则是一种生存的努力	■ 美是自由的象征
2004 年	张法（1954—）	■ 美始于“心理距离” ■ 美呈现为直觉形象 ■ 美表现为内模仿和移情 ■ 美体现为主客同构	■ 美源自人的实践活动 ■ 美在礼中孕育，并破礼而出
2004 年	汉宝德（1934—2014 年）	■ 美是精神不是物质 ■ 四阶段美感发展论 ■ 美感的核心就是形式美 ■ 美是一种价值判断 ■ 音乐与建筑是最古老的抽象美术	■ 源自心灵的美丽梦境引导着人们追寻美，对于美的追求也是肯定自我存在的价值

梳理中西方学者的美学观点发现，美与审美是不能分开的，当代美学被认为是以人与现实的审美关系为主要研究对象，研究人与现实的审美关系、美、美感、艺术的基本规律的一门人文学科，是人类在对审美生活的理性探索中发展起来的一门学问。从学科性质上说，美学与哲学、心理学、文艺学和伦理学一样，都是研究人类社会生活的某一个侧面，具有属人的性质；审美活动是人类特有的一种自觉的精神活动。研究审美现象的美学离不开对人的研究，美学与人生价值问题紧密相连，它涉及人类社会生活的各个方面。美学主要通过研究人对现实的审美关系，进而研究各种审美对象、美感经验、审美范畴、审美意识和美学思想。

而对美学的研究、审视和评价，离不开当下的历史境遇和时代要求。当下中国特色社会主义已经进入了新时代，“三农”作为“压舱石”，被党中央、国务院高度重视，乡村振兴上升为国家战略，而同时，“三农”的面貌和具体任务与以往相比有很大不同。在农村人居环境整治，发展乡村特色产业、乡村新型服务业、现代农产品加工业，乡村创新创业等乡村振兴的现实实践中，对于“美”元素的要求越来越高，对于农业中如何体现美、如何用好美、如何对审美主体一方进行更系统的研究等需求越来越强烈，在这种背景下，农业美学的呼之欲出成为必然。

五、农业美学相关研究综述

关于“美”字，一般认为有两种解释。一种是《说文解字》中的说法，“美，甘也。从羊从大”，所谓“羊大为美”；另一种是“羊人为美”，即“大人”头上顶着一只羊头表演为美。无论何种解释，从中都能看出，“美”字与农业社会有着天然的联系。农业美学目前并未上升至学科的研究角度，但实际上，农民播种、耕作、收获，在村庄中生活，并不以美为目的，但却在客观上从自然景观的层面和社会文化层面都达到了美的效果，这正是康德所提出的“无目的的合目的性”。而在中国传统文化中，“采菊东篱下，悠然见南山”“晨兴理荒秽，带月荷锄归”“即耕亦已种，时还读我书”以及“汗滴禾下土”的农事劳动也早已被赋予审美意义。随着对于中国传统美学回归的呼吁，对环境美学、生活美学研究的深入，不少研究者对农业与美学二者之间的勾连进行了学术观照。

（一）美学史角度的研究

北京师范大学刘成纪对中国美学与农耕文明之间的关系进行研究，认为农业对于我国古典美学具有根本性的意义：“中国古典美学是一种奠基于农业，并从农业出发的美学”“中国美学重质轻文或先质后文的传统，对人性素朴之美的肯定，及哲学上的实用理性，断无法忽视农耕文明的塑造”。

（二）基于环境美学的研究

武汉大学陈望衡将农业美学置于环境美学的范围之内，认为环境的本质是“家”，环境美的本质是“家园感”，人类从自然走向农村，又走向城市，因此自然、农村和城市是环境美学的三大视界。因为人类最初的“家”是农业的产物，所以他把农业在环境美学中的地位定位为“农业是环境美学之母”。他认为农业美学作为环境美学的分支学科正式出台的标志是2001年在芬兰召开的国际环境美学第五届会议，会议的主题为“农业美学”。他将农业的美总称为农业景观，并分为3种表现形式：农业产品的美、农业劳作的美、农业生活情调的美。他研究了中国古代的农业美学与中国传统文化的关系，指出古人通过艺术建构出的农业景观的特点是：突出农业风光的精神纯净性、自然生态性、亲人宜和性、恬淡朴素性，对抗世俗社会人性的异化，表现自然生命的有机联系、人与自然的和谐相处、农村人际关系的和谐。他从环境美学意义上提出了对于新农村建设的审美愿景：需保持农村农业景观特色，突出人与自然的亲和性，凸显农业劳动、农家生活等农村特点，保持村庄特色，并注意与传统文化的美的和谐。

（三）从农业出发的研究

早在1998年，北京农学院冯莛就撰文分析了美学与农业天然而原始的联系：农业是中华美学的摇篮，农业中的对称、整齐与和谐，是美学形式法则产生的根源。作者还提出了农业美学具有现实意义的观点。

广东省徐闻县农业局罗凯自2000年起就对农业美学进行了持续性研究与倡导，他认为“农业美学是农业必然的、客观的一种发展方向，必将会引发一场全新的农业革命”。在其出版的《农业美学初探》一书中，他提出对农业美学的研究是应用美学新领域的拓展，并为农业美学下了定义：农业美学就是研究人对农业的审美关系，以及通过农业动植物及其赖以生存和发展的土地、田园、水域和环境，乃至整个农村地区（包括农村地区的道路、城镇、集市、村庄、厂矿和自然环境等）等载体，进行农业劳动对象革命、农业劳动工具革命、农业劳动技能革命、农业劳动过程革命、农业劳动产品革命、农业劳动观念革命，建设美学农业，既生产农业物质产品，又生产农业审美产品，特别是通过田园景观化、村庄民俗化、自然生态化的实现，促进农业生产和农村经济发展的科学。他提出农业美学的研究对象是农业与农村；提出农业美学的研究内容为农业美学的基本问题，包括农业美、农业审美产品、农业美的创造、广义农业美、美学农业建设、农业美的欣赏。在农业审美主体分析方面，他认为农业鉴赏即对农业审美产品的欣赏，包括四个层面：对农业审美产品表现的欣赏、科技的欣赏、文化的欣赏、哲理的欣赏。农业鉴赏有农业性、田园性、季节性、地区性、实物性的特征。他从农业中实际应用的角度对农业审美产品设计与营销、农业旅游、田园景观、农业园区建设等进行了研究。他还提倡建立农业美学学科体系，即由农业美学、农业新论、美学农业规划学、农业设计、农业工具设计、农业技能美学、美学农业技术学、美学农业经济学、农业音乐学、民俗文化学、乡村生活方式、农业审美学、农业旅游学和农业美学史构成。

扬州大学农学院陈清硕也较早对农业美学的研究意义以及农业美学的特性进行了研究，他认为农业美学的特性可概括为农业的形式美、农业的结构功能美、农业的高产美、农业的优质美、农业的高效美、农业的田园景观美、农业的高科技美。

福建省农业科学院刘荣章、臧春荣从打造休闲农业的角度，分析农业的美主要表现在农产品的美、农业劳作的美、乡村生活情调的美。作者还认为农业美首先是动态美，包括动植物的生命力、荣枯兴衰繁殖延续、季节性变化、耕种游戏的组织运作等；其次是静态美，包括动物、植物、人工景观及区域美，即我国东西南北方的各具特色。

（四）农业美学需要解决的问题

可以看出，随着美学学科本身的发展——美学逐渐走下艺术与哲学的神殿，进入日常生活之中，整个社会的发展——物质生活的极大丰富，使得社会民众文化素质以及审美水平的整体性提高。在我国农业农村快速的发展进程中，诸多学者从历史、美学、农业等多角度对农业美学进行了关注。美学学者主要从哲学、文化与环境美学的角度出发，探讨农业景观的价值、特点等，而农业学者则是基于农业现实发展中的需求与趋势，看到了农业美学对于打造休闲观光农业、创意农业、农产品电商等的重要现实意义，而对农业美学进行了关于理论上的分析。从总体看，目前关于农业美学的研究主要存在以下 3 个问题：

第一，农业美学的基础性研究还不够，研究者较少。目前只是普遍地对农业美学的重要意义开始重视，但缺乏对于农业美学的概念、范畴、特征等广泛深入的探讨，以及从历史发展的角度探讨传统农业、现代农业不同发展背景中农业美自身发展的问题。

第二，缺乏结合美学的基础性研究对于农业美学相关问题学理性的分析，比如对农业审美心理、农业美学中的形式美、中国农业美学独特性等问题的深入分析。

第三，缺乏对于农业美学实际应用方面，尤其是在乡村振兴进程中农业美学对于休闲农业、农产品电商等具体作用，以及农民作为与农业美学紧密相连的主体二者之间关系等内容的系统性梳理与研究。

基于以上，农业美学研究需要解决的问题主要有：

第一，厘清农业美学的研究范畴和研究边界，农业美学与美学基础性研究的关系。

第二，结合我国农业 5000 年发展历史，分析农业发展现状，探求农业美学之“象”，领悟农业美学之“意”，追寻中国农业美学的“魂”与“根”。

第三，研究新时代乡村振兴背景下，农业审美主体的特征与审美追求。

第四，农业美学的实用性研究，即如何充分挖掘农业美学的潜力，开拓创新，打造特色，实现一二三产业融合所带来的农业价值延伸，培育农业农村发展新动能，从而成为推动乡村振兴的重要抓手。

六、农业美学的主要研究内容

从学术科研角度，美学作为一级学科哲学之下的二级学科，具有较稳定的学科体系。李泽厚在《美学三书》中，将美学学科内容按类型和形态进行了划分，包括哲学美学、历史美学、科学美学（见图 2-2）。其中，哲学美学主要研究形而上的问题，研究美的本质、内容以及形式美的一般规律。历史美学侧重流变、美学历史以及对比研究等。最多类别的是科学美学，这是与实践结合比较密切的部分，产生了大量的交叉学科，是美学最具有生命力且成果较为丰富的部分。科学美学又包括基础美学和应用美学。应用美学包括文艺美学、建筑美学、社会美学等。其中，文艺美学又包括音乐美学、书法美学、舞蹈美学、戏剧美学、造型美学等。参照其他美学分类，农业美学应该属于美学中的应用美学领域。

综合已有的农业美学相关研究，可将农业美学定义为研究农业美哲学、农业审美、农业美规则和农业美历史的一般规律的综合性人文学科，综合考虑学科的定位与性质，以及对美学知识的理解，本书构建了农业美学的主要研究内容（见图 2-3）。

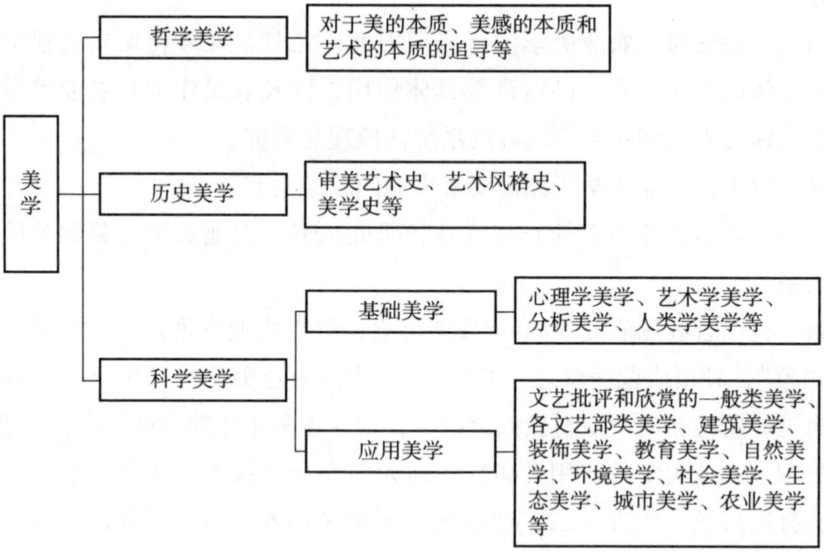

图 2-2　美学学科内容框架

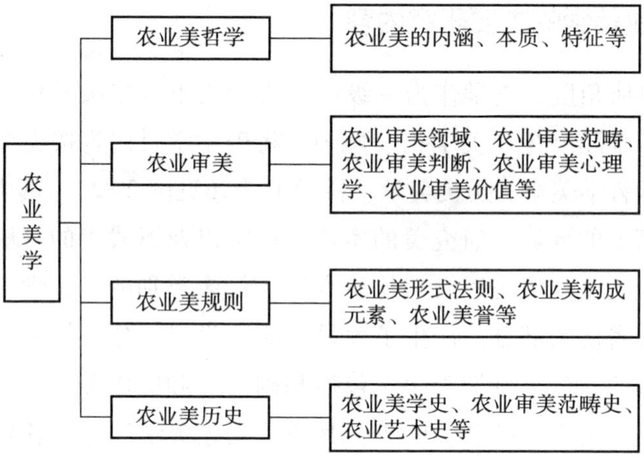

图 2-3　农业美学的研究内容框架

（一）农业美哲学

农业美哲学是农业美的思辨部分，主要包括农业美的本源、本质与特征 3 个方面，即农业美的本体论，回答农业美是什么的问题。对于农业美学而言，农业美本质的确定，能把握美学研究存在的意义与发展方向，是农业美学区别其他学科的所在。

（二）农业审美

农业审美是农业美学的主体内容。最基本的问题是审美主体、审美客体及审美主客体之间的相互关系，而相互关系主要以审美判断来体现。审美基本问题的界定是进行其他审美研究的前提，同时也是摸索、验证农业美规则的方法与手段。农业审美属于认识论范畴，农业审美侧重农业美的感受、农业美感理性的品位与评析。农业审美研究的范围包括农业美感产生、审美价值、审美体验、审美心理等。

（三）农业美规则

农业美规则即农业美实践的一般规律、原则与法则，是农业美学的生命力所在。农业美规则决定于农业美的本质，它的研究需要农业审美提供理论与方法，同时这部分研究直接指导农业农村建设、设计、评价、决策以及美育等活动。

（四）农业美历史

农业美历史包括农业美学史、农业审美范畴史、农业艺术史等。农业美学史一般指农业审美意识的理论形态在古代及近现代发生、发展的历史。相对于美学来说，农业美学理论还未形成历史，农业美学史还很薄弱，主要研究的是农业美学思想史及传统文化中的农业美学思想等。

第三节　农业美学的审美

一、农业美学的审美领域

就像苏格拉底在《大希庇阿斯》篇所指出的，“什么东西是美的”与“美是什么”是不一样的，“农业中什么东西是美的”与“农业美是什么”也是不一样的，我们可以说田野中随微风起舞的碧绿麦浪是美的，粗犷热情的农民音乐和舞蹈是美的，用谷粒做成的版画是美的，农村朴拙的建筑是美的，隆隆作响的现代化机器收获作物的场景是美的，但农业美究竟是什么呢？我们难以追寻到农业美的本质，就像朱光潜说的那样：“现在有些人放弃亲身接触过和感受过的事物不管，而去追问什么美的本质这个极端抽象的概念，我敢说他们永远抓不着所谓‘美的本质’。”但是我们可以研究农业美学的涉及领域，从而探寻“农业美”的边界之所在。

基于农业的属性，农业美学的范畴是非常广泛的。在农业美学的范畴中，我们可以看到自然美、社会美、艺术美、科技美等各类型美的身影，更值得一提的是，这些类型的美并不是割裂的，而是融合为一体，体现在人与自然的和谐中。

（一）农业美·自然美

1. 西方美学界对于自然美的研究

在西方美学史的发展历程中，自然美的发展可谓“一波三折”，它不像艺术美那样始终是美学家关注的重点。尽管自然美学在英国启蒙运动中产生后，就成了美学的基础组成部分，并在此后一个多世纪的发展中与艺术一直并肩而行，至康德时，他还认为自然美重于艺术，但从黑格尔之后，自然美学的发展历史就被打断了。黑格尔认为自然美低于艺术美，原因是艺术美是由心灵产生和再生的美，而“心灵”是比“自然”高的，自然美只是属于心灵的那种美的反映，是不完全、不完善的形态。从那之后的 19 世纪和 20 世纪，艺术美一直是美学最主要的研究对象，自然美被美学家轻视或忽略了。后来，随着美学研究的进展，美学家们也逐渐意识到美学研究的偏向，并将研究视野转向被长期忽视的自然美学，1966 年美学家赫伯恩发表《当代美学及对自然美的忽视》一文，就美学即为艺术哲学的艺术中心论以及分析美学对自然美学的轻视进行了抨击，并提出对自然的审美鉴赏方法不同于艺术的鉴赏方法。与自然美密切相关的生态美学和环境美学由此发端，在一定程度上唤醒了人们对自然美的关注。

2. 中国传统艺术中对于自然美的表达

中西对待自然的观念差异较大。不同于西方人与自然二元对立的哲学传统，中国古代美学思想中，自然的美在于它与“人”的紧密结合，自然的表现往往成为人之情操的寓托。比如，古人追求的“天人合一”境界，以及儒家以人类好的品德和自然景物去做对比的“比德”说等。

身处历史悠久的农业社会，归隐田园的农村生活常常是文人和仕宦者们的选择，他们创作了大量的农业自然美经由诗歌、绘画等艺术形式展现。中国传统艺术对于农业自然美的表达，充分体现了人与自然之间的亲和，尤其以田园诗为典型代表。如王维《积雨辋川庄作》中：“积雨空林烟火迟，蒸藜炊黍饷东菑。漠漠水田飞白鹭，阴阴夏木啭黄鹂。”再如秦观《行香子·树绕村庄》：“树绕村庄，水满陂塘；倚东风，豪兴徜徉；小园几许，收尽春光。有桃花红，李花白，菜花黄。远远围墙，隐隐茅堂；飏青旗，流水桥旁。偶然乘兴，步过东冈。正莺儿啼，燕儿舞，蝶儿忙。”范成大《四时田园杂兴·其二十五》：“梅子金黄杏子肥，麦花雪白菜花稀。日长篱落无人过，惟有蜻蜓蛱蝶飞。”（《四时田园杂兴》系列共60首）农业题材的诗歌中展现的农业自然风光有两种：有的全篇用白描的手法展现农业自然景色之美；更多的则是用“托物起兴”手法，前面描述农业自然美，紧随其后便是诗人情感的表达，以恬淡素朴之表体现诗人隐逸精神之本。

3. 农业中自然美的审美欣赏

对于农业中自然美的研究，涉及主客体两方面的问题：其一，农业中自然美主要指什么？其二，当审美者在进行农业中自然美的欣赏时，是在如何欣赏？

关于这些问题，不同的美学家有各自看法。美学家唐纳德·克劳福德认为，自然美体现在5个方面：第一类是人的身体，如“女性的优美和柔软，男性的力量或敏捷”；第二类是非人类的自然物，包括动物、植物以及展现出有序结构或紧密质地的无机复合体（如雪花）等；第三类则是自然事件和现象（如彩虹、落日、波涛拍打海岸）；第四类自然美在文艺之中，如风景画；第五类则是出于自然科学尤其是地理学、生物学和生态学提供的知识，对自然环境和生态系统的审美欣赏。

由于西方美学理论体系中不涉及“社会美”，所以像“人的身体”体现出的美，在国外会被归纳在自然美领域，而在国内一般被认为属于社会美的领域，据此，农业中自然美主要体现在4个方面：第一类是与农业有关的非人类自然物，所谓“榆柳荫后檐，桃李罗堂前”“狗吠深巷中，鸡鸣桑树颠”“野棠梨密啼晚莺，海石榴红啭山鸟”“菱荇鹅儿水，桑榆燕子梁。一畦春韭绿，十里稻花香”“稻香秫熟暮秋天，阡陌纵横万亩连”，等等，这些皆是农村中常见的自然美景。第二类则是农业生产地或者农村中发生的自然事件和现象，如“浓雾知秋晨气润，薄云遮日午阴凉”。农业本身即为大自然对人类慷慨的馈赠，在农业环境中产生的自然现象，更容易让人产生崇高、敬畏、优美等审美感受。第三类在国内外有很多，如明代文徵明描绘农忙丰收景象的《食盈丰收图》，如凡·高的《收获景象》等。第四类典型如对于龙脊梯田的欣赏，中国南方稻作梯田是全球重要农业文化遗产，欣赏龙胜梯田规模美、和谐美、线条美、节律美的同时，对其进行地理学、生物学、生态学的欣赏，同样能让人产生壮美等美的感受。

在农业自然美的欣赏过程中，各方面的审美并非孤立，而往往是交织在一起的。比如“浓雾知秋晨气润，薄云遮日午阴凉”是与“十里西畴熟稻香，槿花篱落竹丝长，垂垂山果挂青黄”处于同一个情境，“水满田畴稻叶齐”与“日光穿树晓烟低”以及“黄莺也爱新凉好，飞过青山影里啼”处于同一个情境，对于所有方面综合性的欣赏往往会让审美者进入农业自然美的意境。

关于自然美的审美，环境美学家艾伦·卡尔松就在《欣赏与自然环境》中曾探讨 3 种自然审美的模式：“对象模式”“风景或景观模式”和“环境模式”。“对象模式”即像艺术欣赏中的雕塑欣赏那样，把它当作一个实际的物理对象，欣赏其本身。“风景或景观模式”即从一定角度和距离，以欣赏一幅风景画的方式无利害地来欣赏自然，欣赏者的注意力主要集中于色彩和造型等审美特性。“环境模式”要求欣赏者把日常中习以为常的环境推到前台来进行体验，融入自身对于特定环境特征的相关知识，进行欣赏，比如“欣赏草原需要考察大草原的环境，凝视大地的精致轮廓，感受那吹过辽阔大地的高原之风，嗅嗅草原上花与草混合的芳香”。尽管卡尔松出于对“环境模式”的推崇，而否定了前两种模式用于自然欣赏的价值，但事实是前两种模式确实存在，“如画性”的欣赏甚至是 18 世纪、19 世纪景观欣赏的主流模式。我们认为，这些审美模式并不冲突，很多时候，它们甚至会在同一个人进行审美欣赏时先后出现，共同形成对于农业自然美的感受。譬如人们可以孤立地去欣赏一棵金黄的麦穗，把它当作一件艺术品一样，欣赏它本身，比如它金黄的色彩，它的造型，它坚硬的麦芒包裹的诸多麦粒所组成的内在结构；人们也可以把自己和景物稍做抽离，欣赏夕阳温暖地照耀下那一望无际的金黄的麦田，天地间洋溢着金色与红色的温暖色调，欣赏远处那高高的麦垛，整个麦田的造型与线条，就像米勒著名的画作《麦穗》中所显现得那样；当然，也可能像卡尔松说的那样，把对于环境的欣赏推向前台，细嗅空气中弥漫的谷物成熟的气味，感受扑面而来的夏日的燥热又有香气的风，聆听不时传来的布谷鸟的叫声。

农业自然美具有时间和空间多样性的特点。首先，农业生产具有地域性、季节性、连续性、周期性的特点。农业受气候、土壤等自然条件的影响极大，我国幅员辽阔，地跨亚热带、热带、温带，气候多样，地形复杂，各地的农业生产具有多样性特点。以果树为例，我国北部盛产苹果、梨、葡萄、柿子，中部盛产桃、李、枇杷、杨梅，南方盛产柑橘、香蕉、凤梨、荔枝、龙眼；

而粮食作物小麦、水稻、玉米、谷子、高粱、马铃薯以及经济作物棉花、花生、大豆、茶叶等各有主产区。其次，农作物生长对于阳光、温度、水分等自然条件的需求特征决定了农业生产具有季节性，当然现代农业通过温室等调控，让很多农作物种植脱离了季节性和地域性，但总的来说，南北东西，四时风光，景物各异，产生的美感各有特色。

特别值得一提的是，形式美是农业自然美欣赏的一个很重要的方面，农业自然美中的色彩、线条、构图等，展现出令人震撼的形式美。就像极力提倡形式美的克莱夫·贝尔提出的："哪怕生命中只有这样一次？在这一次，不是将其看作原野或者农舍，而是将其感知为纯粹的线条和色彩。"艾伦·卡尔松认为这种形式美与优雅这种美学范畴紧密相关："农业景观的形式美，经常是优雅的、精细得富于变化、精致且在色彩上'洁净'"。景观农业即是出于农业自然美的充分发掘，将农作物进行设计和搭配，在比较大的空间内形成景观，不仅实现了"人化了的自然"，更是打造"艺术化的自然"，将农业的生产性与审美性紧密结合起来，从而在实现农业生产功能的同时，可以通过乡村旅游等，实现农业的社会文化功能。

在大力推进乡村振兴战略的今天，对于农业美中自然美问题的研究，可以说有着重要的理论和现实意义。保护好"青山绿水"，充分挖掘本地农业资源，春天有花赏，夏秋有果采，对于收获"金山银山"有极大推动作用。

（二）农业美·社会美

在西方美学理论体系中，没有"社会美"，它是我国美学界独创的美学理论成果，由"客观派"美学的代表蔡仪于 20 世纪 40 年代在《新美学》一书中首先提出，在 80 年代被美学界广泛重视且得以传播。一般认为，"社会美"理论的出现，是由于马克思主义理论的影响，更重要的则是中国传统美学底蕴使然，中国具有形成社会美的文化传统，长期浸润的讲求"礼"的儒家思想、美善一体的评判标准成为滋养社会美的土壤。

各美学家对于社会美的具体诠释各有不同，蔡仪认为社会美主要就是人的美以及和人密切相关的事物的美，分为性格美、行为美、环境美 3 种样态。实践美学代表李泽厚从"真"与"善"的角度对社会美进行了阐释，认为"真"（自然界本身的规律）成了"善"（人类实践）的内容便是社会美。叶朗把社会美细分为人物美（包括人体美、人的风姿和风神、处于特定历史情景中的人的美）、日常生活的美和民俗风情的美，同时他还特别提出了节庆狂欢与休闲文化的审美意味。结合关于社会美的各种观点，我们认为与农业相关的社会美主要包括以下 4 个方面：

1. 农业人物美

从事农业生产生活的人的身体美。从事农业生产以及农业娱乐活动时所展现出的人体形态美、体型美、健康美、姿势美、肤色美、强壮美，呈现出蓬勃旺盛的生命力。就像车尔尼雪夫斯基所说的："丰衣足食而又辛勤劳动，因此农家少女体格强壮，长得很结实——这也是乡下美人的必要条件。"当然这仅是举例，从事农业的少女肯定不都是此种身材，不同人的身体美呈现不同的特点，随着时代的变迁，人们对于身体美的审美观点也是各不相同的，不同国籍、不同地域人们对于身体美的概念也是各异的，但是无疑，从事农业的男性和女性的身体美的特点是极为突出的。

与农业有关的人的神姿美。叶朗认为，人体美是人的感性生命的美，而当一个人的言行举止、声音笑貌表现出这个人内在的灵魂美、精神美时，就会形成一种风姿之美、风神之美。风姿、风神实际是一个人的内在反映到神态、姿态上，是一个整体的感觉，我们简称为神姿。与农业有关的人的神姿美是多种多样的，有收获之美，譬如农民丰收时的畅怀大笑，这种油然而生的辛勤劳作后收获的淳朴的快乐，让人感受到美。有劳作的美，譬如少女采莲的清新自然。有的少女明艳照人："若耶溪傍采莲女，笑隔荷花共人语。日照新妆水底明，风飘香袂空中举。"有的少女则娇羞可人："菱叶萦波荷飐风，荷花深处小船通。逢郎欲语低头笑，碧玉搔头落水中。"有农民的沧桑之美，譬如辛苦劳作一生的农民的沟壑纵横的脸、伛偻的身材，就像罗中立的油画《父亲》中刻画的农民形象那样。总体而言，与农业有关的人物的神姿美最大的特点便是平实、自然，这大约与农业是与自然接触最紧密的一个行业有关。

2. 农业日常生活的美

农业日常生活内容涵盖面非常广泛，衣食住行、种植养殖、婚丧嫁娶、人际交往、采桑纺织……凡是与农业生产生活有关的内容，都可涵盖其内。细究起来，农业日常生活的美可分为生活环境的美、生活方式的美、人际关系的美等。

生活环境的美。环境美学家陈望衡将农业生产基地的田野及农作物风光和为农民居住的乡村统称为农业环境，这是立足环境美学的角度，将环境作为自然环境与社会环境总括性的说法。而此处我们指的生活环境，则比较狭义，主要指从事农业生产生活的人们活动的地域，比如村落、社区、建筑等。比如，“绿树村边合，青山郭外斜”便显示了小村庄宁谧清新的美。

生活方式的美。“日出而作，日入而息，凿井而饮，耕田而食”、鸡鸣犬吠、炊烟袅袅的生存状态以及淳朴和谐的人际关系是我国几千年农耕文化的缩影，也是自给自足、怡然悠闲的农村日常生活写照，这种“法天贵真”的本真生活，是现实生活原发的、生气勃勃的、原初经验性的，也是按照美的规律来塑造的生活状态。比如最常见的男耕女织、儿女绕膝的农村生活情态：“大儿锄豆溪东，中儿正织鸡笼。最喜小儿亡赖，溪头卧剥莲蓬。”或者：“昼出耘田夜绩麻，村庄儿女各当家。童孙未解供耕织，也傍桑阴学种瓜。”再如，作家臧克家回忆自己小时候在农村瓜棚里吃西瓜的情景：“我们用指甲在瓜中间掐一道印子，左手托住，轻轻用右手掌打几下，瓜应声一裂两半，果然是沙瓤，就把瓜皮咬下一块，刮着吃起来，瓜又甜，又鲜，可口沁心。吃完了，抹一抹嘴，丢下三四个铜板，道一声谢，便踏上归途。这时，夕阳烧红了半个天，微风从禾稼声中送来，子瓜在肚里发散着清凉。”作者感慨与在都市里吃西瓜相比，“在乡村瓜棚吃瓜更有深厚的生活情味”，这些都是对于农村日常生活美的礼赞。

人际关系的美。传统的农村就像费孝通在《乡土中国》中说的那样，是“有机的团结”，是礼俗社会，乡民们平素所接触的都是生而与俱的人物，对人对物的熟悉感，遵从“习”出来的俚俗，是“土气”的一种特色。这是与现代社会完全不同的，即便在发展飞速的新农村，这种人际关系还依然存续，并且在“美善合一”标准下，有时会由“善”而生发出“美”。

不同审美者对于农村日常生活的感受不同，有的人未必觉得美，有的人觉得非常美，比如每日劳作的农民可能并不觉得美，或者很少感到美，而常年在都市生活的人乍一去农村，反而会觉得农村的日常生活很美，其中的原因可用布洛的“心理距离”说解释。该学说主张审美活动要与审美者的现实利益、特定环境保持适当的距离，这种距离不能太远，也不能太近。日常生活的美的一个重要特点就是它与实用价值结合密切。农民在田间种植、耕耘、采摘、收获，劳作的出发点是实际生活的功利性需要，农民沉浸其中，无法与这种日常生活保持一定的审美距离，从而导致这种“生活的本真”为日复一日、惯常重复、熟知自明的平日生活所“遮蔽”。所以，农民本身未必觉得这种日常生活美。但是对于从城市里来的人而言，对于农村的日常生活是从实用世界以外去看的，在“我”（即审美者）和“物”（审美对象）之间存在一种适当的“距离”，反而很容易感受到日常生活的美。就像朱光潜所说的，一般事物对于我们都有一种在实用经验中积累的“常态”，比如瓜果是用来吃的、房子是用来居住的等，我们对于常态之外的形象容易视而不见、听而不闻，如果丢开寻常看待事物的方法，于是天天看到的平淡无奇的东西，便会陡然现出奇姿异彩。为什么人在游历的时候最容易见到事物的美，这是因为那个新环境还没有变成实用的工具，所以只能观照它们的形象本身。这种无目的的合目的性以及非功利的快感、不期而至的愉悦，也正是康德所提出的审美的重要因素之一。

在挖掘旅游资源、发展乡村旅游的过程中，除了充分发掘乡村自然美的因素外，农村日常生活的美也不容忽视，不仅要创新性地拓展观赏美景、休闲住宿、生态垂钓、观光采摘、品味美食等多种体验日常生活美的形式，更要注意深层次要素的挖掘，比如让游客深层次参与并感受农村自然淳朴和谐的人际关系等。

3. 农业民俗的美

一定历史时期、一个地区的人相对固定的生活方式被称为民俗。在长期共同的农业生产实践和社会生活过程中，农业社会形成了丰富多彩的民俗，日常生活长期化、固定化之后，形成了一定模式，便会显现出民俗的美。有研究者认为，农业民俗包括种植业、林业、渔业、畜牧业、副业民俗，并以种植业民俗为核心。这主要指的是农业生产方面的民俗，范围比较狭窄，更应把广义的农业民俗的范围扩展至农业民俗文化的范围。农业民俗文化主要分为：物质民俗文化，包括生产、交通、服饰、饮食、居住等；精神民俗文化，包括语言民俗、信仰、伦理道德、各种禁忌、游艺竞技等；社会民俗文化，包括社会结构、生活礼仪、农时节气、农业节庆狂欢等。十里不同风，百里不同俗。历经几千年的繁衍生息、世代传承，许多民俗保存得相对完整、风格独特。作为几千年来农耕文明的结晶，农业民俗带有浓郁的农业质朴美。

比如农业生产习俗的美：农民根据农业耕作的时序，以直观经验为积累，进行的耕作习俗，如东北查干湖捕鱼、阿尔泰牧民的秋季“转场”等，尽管农民本身是出于实际生产的需要，但在与其有一定审美距离的人看来，却往往会因其在人与自然斗争共存过程中所产生的磅礴气势而产生崇高等美感。

比如民居的美：具有地域特点的农村传统特色建筑，往往给人以美感。像作家吴伯箫所赞赏的窑洞那样：“在这种九曲回廊似的窑前平地上，可以种菜，养花，栽树。西湖白堤的‘间株杨柳间株桃’，被称为江南绝妙景色。这种窑洞建筑的‘一层窑洞一层田’，不也可以称为塞北的大好风光吗?”一般而言，像徽派建筑类型的民居，其结构造型、门窗梁柱、雕刻技艺往往会给人优美感，而颇具气势的土楼等往往会让人产生壮美、崇高的感觉。

农业节庆狂欢的美是民俗美中最特殊的一种。我国古代以农业立国，许多民俗活动与农业生产有着紧密的关系，同时与自然崇拜有关，比如春节期间许多地方有舞龙的习俗，这是由于古代劳动人民认为龙是雨水的掌控者，因此用舞龙来祈求风调雨顺、五谷丰登。再如哈尼族的传统节日“开秧门”，即每年插秧的头一天，由主妇栽下第一把秧，之后人们打泥巴仗。“开秧门”期间姑娘们像过节一样，每天穿新衣服，打扮得漂漂亮亮，迎着太阳，身背嫩绿的秧苗走向田间；小伙子们肩扛耕耙赶着耕牛，口唱山歌去整田。到处充满了欢声笑语，田间充满勃勃生机。南方许多地区的农村都有“尝新节”，即在谷物收获时，先收割一些稻谷吃新，并进行一定的祭祀活动。山东荣成地区有“谷雨节”，每到谷雨时节，渔民们为了祈求平安和丰收，在出海前举行向海神祭拜的盛大仪式。美学家叶朗认为在进行节庆狂欢时，人们完全超脱了日常生活方式，超脱了各种功利性和实用主义，人与人融为一体，人与自然也融为了一体，是最具纯审美意义的生活。

4. 农业科技的美

科技美分为科学美与技术美，李泽厚等将它归为社会美的范围，叶朗等将其提高到与自然美、社会美、艺术美相提并论的高度进行研究。随着时代的变迁，农业科学与技术飞速发展，科学与技术高度介入并对农业产生了巨大影响，在传统农业向现代农业过渡的时期，科技美更加凸显。

科学美与技术美不同。科学美体现人对于事物本质和规律的把握，是抽象的，而技术美是人类在实践中创造的客观的工艺美，是具体的。技术美的核心是功能美，它实现了实用功能与审美的有机统一。比如以前麦收时的情景是“黄金铺地、老少弯腰”，而小麦全自动化机械收割技术实现后，“只闻机器响、不见人奔忙”，完全改变了麦收产生的美。再如在封闭的“植物工厂”中，植物的光照、温度等环境要素被全自动控制，一排排绿油油的蔬菜在 LED 灯光的照射下茁壮成长，整齐划一，颇具规模，呈现出传统大田农业甚至一般温室中难以见到的农业景象。这些都是现代高科技赋予农业的美。

（三）农业美·艺术美

固然艺术是“阳春白雪”，农业属“下里巴人”，但事实上，二者早已有交集，体现在以下方面：

1.“创意农业”形成的艺术美

创意农业也可理解为“农业上的创意”，它将科技和文化要素融入农业生产，对农业生产经营的过程、形式、工具、方法、产品进行创意和设计，通过创意把文化艺术活动、农业技术、农副产品和农耕活动，以及市场需求有机结合起来，形成彼此良性互动的产业价值体系，实现农业生产功能的拓展。创意农业起源于20世纪90年代，经过多年发展，运用创意的艺术思维，挖掘农业生产本身及农产品所蕴含的美，甚至将其打造成“艺术品”，已经成为增加农业附加值的重要手段和常规手段之一。

让农业生产变成一种艺术。比如美国的斯坦·赫德开创了一种“庄稼绘画艺术”，土地就是巨大的画布，画笔是农用工具，颜料则是各种各样的植物。他根据凡·高名画《向日葵》，在土地上创作了一幅20英亩大的同样名为《向日葵》的“庄稼画”，画面中的葵花由10多英亩盛开的向日葵构成，花瓶由蒺麻地组成，大豆地则为画中的台桌布。庄稼画不仅气势宏大，更有意思的是画面景象随气象、季节变化而变化。在我国也有类似创意，比如在宁夏贺兰县的“稻渔空间”，在稻田里用黄、红、紫等各种颜色的秧苗绘成了熊猫等图案；在浙江台州，有村民在梯田上“种”出了“中国梦”“福”等油菜花艺术字及“足球”“雄鸡”“爱心”等图案；浙江富阳则制作出了长238米、宽83米的水稻版《富春山居图》；等等。

让农产品变为艺术品。成为艺术家的农民，以及成为农民的艺术家们，一直致力于将农业与艺术进行紧密的结合，开发出别具一格的美，让农产品实现更大的功能与价值。这类做法非常多，从早期农民为使果品增值而使用贴字等方法生产印有各种字样、图样的“艺术苹果”，到使用各类植物种子和五谷杂粮，通过粘、贴、拼、雕等手段，制作五谷粮食画，用中药材制作人物画、山水画、装饰画等中药画，以及麦秆贴画、树皮贴画，用各色芽苗菜做成字匾、图匾，用豆类粘贴地球版图，鲜姜搭成“江山”，玉米装饰“长城”，以及文玩玉米、根雕空气凤梨等。可以说，用农产品在大地上“作画”以及把农产品做成“艺术品”，既蕴含了农业的勃勃生机，又在色彩、线条等方面具有强烈的形式美感，是把自然美与艺术美紧密结合的典型。

2.脱胎于农耕文化的民间艺术

民间艺术是农民的精神世界和农耕生活方式的集中体现。可以说，民间艺术是数千年来农业生产者在为生存而进行的农业生产活动之余的一种精神超脱与升华，它是超越实用功利的，是一种自发的审美表现。我国有剪纸、民间绘画、民间舞蹈、民间曲艺、民间雕塑等非常丰富的民间艺术。

民间绘画，是农民在劳动之余，用画笔来描绘生活和装饰箱柜、炕围、锅台家居以及住宅、祠堂、寺庙、庵堂等建筑所用，其题材大多来源于农业生产和农村生活，比如农舍，玉米、小麦等作物，牛、马、鸡等畜禽，老虎、龙等动物。色彩单纯，对比强烈，手法大胆，具有强烈的风格，充满了乌托邦式的浪漫主义色彩。

乡土题材可以说是世界美术史中一个重要的主题。比如法国的巴比松画派：米勒的代表作《播种者》《拾穗》《晚钟》《指导编织》《牧羊女：巴比松平原》，主要题材反映朴实的农民生活、劳作场景以及农村风情。美国乡土画派：托马斯·哈特·本顿的版画《收割麦子》和《七月的干草》等。俄国巡回展览画派：列宾等高举“艺术民族化、现实主义和人民性”的旗帜，创作了大量俄罗斯乡土风情画。而我国乡土绘画受到了国外画派的影响，兴起于20世纪80年代初，罗中立、何多苓等画家创作了《父亲》《春风已经苏醒》等乡土绘画作品。1985年之后，乡土绘画曾沉寂一时，至90年代中后期，罗中立、陈卫闽等的《巴山夜雨》《菜地旁边的房子》等新作让人们重新体会到“新乡土”绘画的力量。

民间舞蹈。舞蹈“呼吸调整得体，有如在空寂的宇宙间悠游，此乃古人所谓之‘太虚即气’的意境”。而农耕民族的舞蹈与土地的关系极其密切，甚至表现出对于大地的崇拜，“他们的双足牢靠地结合着地面，甚至，身体在进行移动时，也是重心下坠。跳跃更是为了使双足用力踏在地上。农耕民族的身体好像被种植在大地上的一株大树，任它长得如何高大，它的根依然深植在土地里”。还有研究者将我国民间舞蹈的风格细分为“农业文化”舞蹈风格和“牧业文化”舞蹈风格，认为“农业文化”舞蹈，如表现开山、伐木的瑶族长鼓舞、模拟犁田至舂谷的11种劳动动态的苗族伴嫁舞、高山族的杵舞、侗族的春牛舞、江西畲族的采茶歌舞、黎族的打柴舞、青藏高原的藏族舞等都具有农业劳动中俯首、含胸、屈膝、动作幅度小等动律特征，动作空间小，情感含蓄内在。这是我国农业舞蹈的典型美学风格。

此外，还有农民曲艺、农民雕塑、农民手工艺等。

二、农业美学的审美范畴

“范畴”是英文 category 的汉译，源于希腊文的 kategoria，由亚里士多德最早提出使用。朱立元主编的《艺术美学辞典》中认为，美学范畴与审美范畴等同，分 3 个层次：第一是美学的哲学基础范畴，如实践、存在、感性、理性、经验等；第二是美学的基本范畴，如美、艺术、形式、情趣、美育等；第三是审美、艺术与美相关的具体范畴，如优美、典雅、崇高、幽默、悲剧性、戏剧性等。我们在此探讨第三层次，即农业中与美、审美相关的具体范畴。

关于美学具体范畴的分类，说法不一而足，而且中西方有不同的划分方法，西方一般公认的美学范畴有优美、崇高、悲剧、喜剧、滑稽、荒诞等，而中国传统美学有着自身独特的范畴，具体划分方法也各有不同，有二分法、三分法、四分法、八分法、二十四分法、三十六分法、一百零八分法等，比如清朝姚鼐的阳刚与阴柔的二分法，刘勰在《文心雕龙》里的典雅、远奥、精约、显附、繁缛、壮丽、新奇、轻靡的八分法，司空图《二十四诗品》中雄浑、冲淡、纤秾等二十四分法等。事实上，这些分类中的许多提法大多存在于文学、雕塑、绘画、音乐、书法等艺术中，这是由于长久以来在美学史上美学等同于艺术哲学的缘故，然而如优美、崇高等则适用于一切领域的美。在农业美学中，这些美学范畴也同样得以凸显。

（一）优美

1. 美学中的“优美”

优美与崇高是美学上最常被提及的一对审美范畴。优美是随着美之概念的产生而一同出现的，早期如古希腊艺术中讲究的和谐匀称，就是优美的典型特征。可以说，优美就是人们对于“美”狭义的理解，传统意义上所说的美，往往指的就是优美。优美的概念与中国古代的“秀美”“阴柔美”等概念基本相通。

从审美效应上讲，优美让人产生愉悦、轻松、舒展、和谐、宁静等感觉。就像康德在《论优美感和崇高感》中提到的，“一片鲜花怒放的原野景色，一座溪水蜿蜒、布满着牧群的山谷”会给人以“愉悦的感受”，是“欢乐的和微笑的”。

优美最基本的特性是和谐，它是主客体的统一，呈现出合目的性与合规律性的浑然交融，它是形式和内容的统一，各种形式要素处在协调平和、多样统一的状态中，显得对称、均衡、有序、符合比例。在自然领域，优美以形、光、色等表现出实践主体与自然规律的和谐统一；在社会领域，则主要表现为作为社会性的主体合乎礼仪、道德规范的言行举止等呈现出的“善”。

2. 农业中的“优美”

在农业的审美中，优美是最常见的一种审美范畴，大多数人进行农业审美欣赏的目的就是感受优美，如自然环境的优美：青山绿水、春风微雨、桃花灼灼、娇莺嫩柳、小溪荷塘……人文环境的优美：阡陌交通、鸡犬相闻、黄发垂髫并怡然自乐……这些都让人感到平静、放松、愉悦。乡村振兴、建设“美丽乡村”，很大一方面便是创建优美的乡村自然环境与人文环境。而在农业与二三产业融合的过程中，集休闲、旅游、体验、健康、生态、教育、能源等多种业态，对农业农村丰富而优美的资源进行挖掘、提升、放大，可进一步提升游客的心理舒适度，从而助推农业多功能价值的实现。

比如北京延庆有一个叫作“山楂小院”的民宿，既不奢华，也不具有依山傍水的自然优势，但入住率奇高：山楂落一地，满山的野花、蘑菇；孩子们可以沐浴在秋日暖阳下，可以坐在乡村的矮墙上吃现摘的柿子，可以自己提着小篮子捡玉米；一张外面大雪封山、农家院里炊烟袅袅、屋内亮着暖黄色的灯光的“围炉夜话”照片使得其在北方寒冷的12月也客源满满。究其原因，靠的就是把农业农村应有的“优美”做了很好的保留与提炼。

（二）崇高

1. 美学中的“崇高”

崇高也称“壮美”。不同于优美与美同时而生，人们对于崇高的认识，有一个演进的过程。古罗马的修辞学家朗吉弩斯的《论崇高》第一次对崇高进行了审美对象的考察。英国理论家埃德蒙·柏克则在《关于崇高与优美思想之起源的哲学探讨》一书中第一次把崇高与优美并列进行研究，柏克还将崇高与可怖、危险、力量、无限、壮丽等紧密相连，认为它们是引发崇高感的重要因素。柏克认为崇高总是与大和恐怖的事物有关，而美只能在小而令人愉悦的事物里找到。他认为巨大的事物通过使神经和眼部肌肉紧张来激发崇高感，这种感觉有一定程度的疼痛感，而美感给人们身体感觉带来的则是“双手自然下垂在身体两侧，内心变得悠然平静”。

康德在受到柏克看法影响的同时，对崇高和优美进行了更为深入的分析。

他将崇高分为数学的崇高和力学的崇高。数学的崇高指绝对大的东西，这种绝对大是审美主体主观的大小评判，可以是审美主体对熟悉的东西平常大小的经验性评判。力学的崇高则是比如自然界某个表象的强力是人们能力所抵抗不了的，可以激起人们的恐惧，但同时欣赏者又处于安全地带，这时欣赏者就会感到自己的渺小，而对欣赏对象产生崇高感。而且这些景象越是可怕，就越是吸引人。比如高高的瀑布，险峻的山崖，汇聚电闪雷鸣的云层。

从审美心理上讲，美学家朱光潜进行了恰如其分的形容："我们对于秀美（优美）事物的情感始终是欢喜的，肯定的，积极的，其中不经丝毫波折。在对待雄伟（崇高）事物时，我们第一步是惊，第二步是喜，第一步因物的伟大而有意无意地见出自己的渺小，第二步因物的伟大而有意无意地幻觉到自己的伟大。"简单地说，崇高给欣赏者的感觉是有变化的，比如在欣赏巍峨浩荡的山海时，首先感到的是震惊，随后马上心中也会有一种巍峨浩荡的气概。

2. 农业中的"崇高"

崇高让人们产生敬畏、震撼、感慨等感觉，狂风暴雨、峭崖悬瀑、苍鹰古松之类的自然景物让人产生崇高感。崇高也是农业审美中一个重要范畴，农业是天、地、人和谐共生的产物，从我国来说，南北地域的不同造成自然风景的各异，麦田、草原、梯田、茶园、渔场、高山……当审美者以陌生化的眼睛去欣赏这些，会产生山之壮阔、地之宽广的感慨，进而精神变得令人鼓舞、振奋。

比如云南的梯田，规模宏大，层层叠叠、曲折蜿蜒、变幻万千，亲眼看到壮丽的梯田时，人们不禁对这份大地的雕刻艺术由衷赞叹不已，会油然产生崇高的美感。现在古朴的梯田美景已经成为当地做"农旅文章"的最好素材，成为当地农民增收的"金山银山"。

（三）俚俗

1. 美学中的"俚俗"

俚俗是与典雅相对的一种美学范畴。刘勰在《文心雕龙》中评论文章风格提到的"显附"即有俚俗的含义，刘勰解释"显附者，辞直义畅，切理厌心者也"。显附即用词直接意思明畅，说理透彻使人悦服。俚俗有俚语、俚歌、俗乐、俗戏、俗文学等。我国传统美学可谓尚"雅"贬"俗"，与"雅"相比，"俗"在很长时间里是低级的甚至反面的，直至明清时期，"俗"的美学价值才为人所重视起来。俚俗不是俗套、媚俗、低俗、粗俗，而是真实自然、通俗明白、朴拙率直，它们产生了独特的美感。

2. 农业中的“俚俗”

俚俗也是农业审美中一种重要的美学范畴，我国自古是农业社会，“农”与“俚俗”似乎是天然的统一体，与市民生活比起来，农村生活显得粗粝，浓郁的乡土生活气息形成了俚俗的美学特色，这种美学特色主要体现在农业社会和农业艺术两个领域中。

农村社会的俚俗通过农业人物、农村日常生活、农业民俗等体现出来，农村的生产、交通、服饰、饮食、居住、社会结构、生活礼仪等都与城市有很大区别，更加之十里不同风，百里不同俗，不同地区的“俚俗”美也是不同的。

农业艺术来源于生活，用于生活。在题材上，呈现明显的农业题材特色，比如在年画艺术中，像《五谷丰登》《庄稼忙》《春种图》等类似的生产生活题材是年画常见的题材之一；而在剪纸艺术中，家禽、家畜、农作物也颇为常见。在画面上，呈现“大俗即大雅”的色彩特色，比如南北两派风格的东北大花布与蓝印花布。在语言上，呈现鲜明的地域性口语特色，语言通俗，舒适上口、俏皮有趣，典型如北方民间曲调《打枣竿》等。在音乐上，则以锣、鼓、笙、笛子、二胡、琵琶等中国传统乐器的独奏、合奏为主。

“俚俗”美可谓乡村之有别于城市的重要典型特征，可以说，它是人们“乡愁”记忆的重要源泉。若仅仅把它理解为城市文明中所欠缺的“野趣”，未免过于肤浅，它是农耕文明衍生出的传统文化所呈现出的美，由物质、精神、社会的方方面面细节经过历史长期发展共同酿成。在乡村振兴的建设进程中，在对于传统村落文化景观以及乡村民间文学、民间艺术（音乐、舞蹈、戏剧、曲艺、杂技、美术、手工艺）、民俗等乡村传统文化的保护和发展中，对于“俚俗”分寸的把握很重要，把它运用好、做出特色，便能成为一方百姓致富的助推器，同时将传统文化进行有效传承；而若运用不好，一方面，乡土文化会丢失、断档，另一方面，则会造成“千村一面”的格局，农村仅仅流于外在的美丽，而失去了乡土文化真正的内涵。

优美、崇高、俚俗 3 个美学范畴不唯农业所独有，但确是农业美中最典型的，也是在农业农村美的建设中最值得关注的。在乡村振兴已经上升为国家战略的今天，把握好、建设好、发扬好这 3 种美，将对乡村振兴具有极大的实践层面的助推作用，因此这是一个值得深思的问题。

三、农业美学的审美判断

农业美学的审美判断是审美主体对事物审美特性的鉴别与评价。它以对象的审美特性为客观基础，以人对事物美的直接感知为出发点，是一种融合着情感的具有个性特征的主观判断。农业审美判断在农业审美活动中具有核心地位：①农业审美心理学，研究农业美感的产生和体验中的知、情、意活动的过程发展。美感有无、美感的程度是审美判断的结果，因此农业审美心理学其实就是研究审美判断如何产生发展，直接为审美判断服务。②农业审美价值依赖审美判断来表达，没有审美判断，价值无从得知。③审美判断是审美经验和它的各个方面（审美观念、审美能力、审美趣味、审美理想等）形成的基础，人们对农业的审美经验并非先天就有，也非凭空产生；审美经验是在无数次的审美判断中，在满足和选择的基础上形成的。④农业审美判断贯穿农业审美活动始终，无论是在审美活动的预备阶段、高潮阶段，还是在审美的回味阶段，审美判断都起着非常重要的作用。

审美判断即“主体对事物审美特性做出的评价和判断”。本章主要研究农业审美判断的特点、阶段、影响因素，以及农业审美判断的标准。

（一）农业的审美判断及其特点

审美判断不是逻辑判断，不是道德判断，而是一种情感判断，是审美主体对于审美对象是否美、美在何处的心理感知和品评。它有如下特点：

1. 农业审美判断兼具个体性与普遍一致性

农业审美判断是个体主观性的情感认知。同一种审美对象，有的人认为美，有的人认为不美。即便都认为美，不同人的关注点也有差别。比如同一片大地景观，有的人压根儿不感兴趣，有的人却对它的美赞叹不已。同样认为美的人中，一个人可能盛赞大自然色彩的绚烂，另一个人却更沉迷于其空旷辽远的意境。与此同时，农业审美判断有着普遍性和一致性的标准。一般来说，对于同一审美对象，大多数的审美主体之间关于美的判断标准是相同的。

有学者用审美主体之间存在着“主体间性”予以解释。“主体间性”是20世纪逐步兴起的一个哲学美学概念，来源于胡塞尔的现象学哲学，指主体与主体之间的相互性和统一性，是两个或多个主体的内在相关性，是主体与主体在对话和交往活动中所表现出来的以“交互主体”为中心的和谐一致性。后来这一概念为美学所用，它消解了主体与客体之间的二元对立，主张审美判断具有主观普遍性。正所谓孟子所说的“口之于味有同嗜焉”，“人同此心，心同此理”，审美既有主观性，每个个体的审美判断各有不同，有个体主观感性偏好，具有主观多元性；同时又存在群体的普遍共识。个体的主体性是“主体间性”对话和交往的基础，而“主体间性”则构筑了审美认同体系。

2. 农业审美判断是感性和理性的结合

农业审美判断是感性的，它不需要抽象的思考和逻辑的推理，而是刹那间的一种感知，是一种直觉。但它并不仅仅是感性认识，在其过程中，审美主体的理性也起着积极的作用。在理性阶段，主体对审美对象的理解、把握大大深化了，他可能在形式和内容的基础上，进一步去把握它的主题、意蕴、文化象征等方面，如黑格尔说：“在感性直接观照里同时了解到本质和概念。”当然它仍是一种主体主观情感的评判，但从根本上来说是一种理性认识。

（二）农业审美判断的阶段

农业审美判断贯穿农业审美活动的整个过程之中，它是审美知觉、审美联想、审美想象、审美领悟等多种因素共同作用、互相交融的结果。审美活动预备阶段的审美注意和审美期待是它发生的基础和开端。在此之后还有审美回味（延续）的阶段。值得一提的是，尽管理论上分为这些阶段，但所有这些阶段都不是层次分明的，而是互相渗透、彼此促进的。从时间上看，有可能只是在一刹那间，所有的审美判断阶段都得以完成，也有可能经过了漫长的准备阶段，以及久久回味的阶段，方才实现了全部的农业审美判断。

1. 审美判断之前的准备阶段

（1）审美注意。审美心境的定向作用主要指它使得审美者把注意力指向和集中在审美对象的审美特性上。一般来说，太熟悉的事物不容易引起审美注意。相对偶尔到农村的人而言，每天待在农村里的人，对于农业美的感觉是钝化的，这是太熟悉的原因所致。而审美注意同时还受到心境的影响，为生计所迫的劳动人民，正忙于种田时，眼睛盯着脚下，只会觉得累，不会觉得美；专门去农村赏玩的人就会觉得美。这是审美心境所引起的注意力的不同指向。审美注意可以是有意注意，即主体主观能动地对某一对象产生注意，比如特地前去感受农业美的人，有意注意的比例较大。审美注意也可以是无意注意，属于审美者“感物心动”，物与心达到了无意中的契合而发生。

（2）审美期待。德国哲学家 E. 布洛赫认为，在社会历史中，人作为主体总是在期待一种新的可能性的出现，期待生活进程朝着某一可能的方向发展。

在审美活动中，审美者产生审美的期待，并希望从中得到满足。比如长期生活在城市里的一家人，不辞辛苦，开很长时间的车，到农村去游玩，他们一定是期待一种不一样的环境，带来不同的视觉、听觉、嗅觉、触觉、味觉，这些知觉层面的因素会引起其本能的生物反应，进而产生心理作用，综合起来构成了审美期待。比如打算去某一个地方，提前通过网络或人际等渠道了解一下，期待就会形成。

审美期待的实现与落空，影响了审美价值判断。接受美学有关于审美经验的“期待视界”的理论，最早用于解释文学作品的阅读，指读者在阅读一部文学作品之前，他全部的生活经验和审美经验构成了对作品预定的鉴赏趋向与心理定式，这一理论同样适用于农业的审美，所谓“贵乎合己，贱于殊途”。在文学作品欣赏中，“期待视界”很大程度决定了期待接受者对被接受作品及作品中最有兴趣部分的选择，影响了对于作品内容的理解和评价。而在农业审美欣赏中，当审美客体的特征与欣赏者的期待视界达到“视界融合”时，同样会有更深的审美感受。比如一位寻访传统农业艺术的艺术家，在经过多番寻找之后，终于听到了期待已久的劳动号子，这种期待视界的契合，会让其审美判断提升到高的层次。

2. 审美判断阶段

（1）审美知觉。审美知觉是进行审美判断的基础，我们只有靠五官去接触世界，通过视觉、味觉、嗅觉、听觉、触觉才能感受到农业的美。在审美知觉中，视觉具有重要意义。实验心理学家赤瑞特拉（Treicher）曾经通过实验指出，人类获取信息时，83%的信息来自视觉，11%的信息来自听觉，其他的占6%。然而这并不是说其他的感觉不重要，审美知觉具有完整性，它是一种完整的、综合的心理过程，并不是割裂的。在一定条件下，由一种感官的感受可以引发另一种感官的感受，五觉之间可以打通、转移、复合，形成通感。比如“红杏枝头春意闹”，将杏花视觉的“多”和听觉中的“闹”联系了起来；再如朱自清《荷塘月色》中，“微风过处，送来缕缕清香，仿佛远处高楼上渺茫的歌声似的”，这就是嗅觉和听觉之间的通感。与日常知觉相比，审美知觉具有更强烈的主观情感色彩，受到审美主体情绪、期待、经验，乃至偏见的影响。

（2）审美联想。审美联想是主体在进行审美活动时，将两个观念联系在一起的过程，是意象之间的相互勾连。审美联想分为接近联想、相似联想、对比联想等。接近联想是由于时间、空间上相邻近所产生的联想。朱光潜说：“乡下人欢喜把孟姜女、薛仁贵、桃园三结义、安天会的图糊在壁上做装饰，并不是因为能欣赏那些木板雕刻，而是因为它们可以引起许多有趣的故事的联想。”木板雕刻和故事因为内容的一致产生了联想。相似联想是由于性质、形态上的相似所引起的联想。比如在一个比较凄凉的农业环境中，有破旧的藤，间或叫几声的乌鸦飞过，很容易让人联想到马致远的“枯藤老树昏鸦，小桥流水人家，古道西风瘦马。夕阳西下，断肠人在天涯”这首词，进而产生更深刻的审美体验。再比如在农业剪纸艺术中，石榴缠枝的图案可以让人联想到多子多孙，喜鹊登梅的图案让人联想到喜事盈门等。对比联想则是由于事物性质、形态上的差别或反差所产生的联想。比如在炎热的南国联想到冰冻的北方，看到高山联想到平原等。

（3）审美想象。审美想象是大脑基于现实表象进行自由的生发，它不是表象的拼贴组合，而是化实为虚，具有超时空性，可以“观古今于须臾，抚四海于一瞬”，在审美想象中，心灵是畅达的，比如看到上百块的哈尼梯田在太阳照耀下闪着明晃晃的光，有的人会想象到这是天上神仙照的镜子，而有的人则想象这是一页页的画卷，还有人想象这就是仙人隐居的桃花源。这些都是自由的审美想象。

值得一提的是，审美情感是影响审美判断的重要因素。“登山则情满于山，观海则溢于海。”在整个审美过程中，审美情感一直融入其中，审美情感有定向功能，决定了审美主体喜欢什么不喜欢什么；有调节和创造功能，可使审美活动更有主动性，让审美主体对审美客体进行主观再创造，激发更多的审美联想、审美想象，不断深化对审美客体的喜爱。有评价功能，那就会影响审美主体对审美客体的评判，即审美判断。杜威说，任何主导情感都会自动地排斥与自己不一致的东西。有的人非常喜欢农业艺术，从中能得到极大的审美感受。而如果有的人就是喜欢城市中的生活，不喜欢农业、大自然，那么他可能会觉得无聊、没有意思，连看都不愿意看，更谈不上审美联想、审美想象了，自然就会做出负面的审美判断。

3. 审美判断后的回味阶段

当审美主体做出审美判断、获得美感之后，审美活动并没有因为物理时空的远离（比如离开了某地、结束欣赏某种农业艺术等）而结束，而是很有可能会延续并深入下去，审美主体进行反复回味，久久难以释怀，获得进一步的精神愉悦。如元末明初王履在《华山图序》中所说："既图矣，意犹未满，由是存乎静室，存乎行路，存乎床枕，存乎饮食，存乎外物，存乎听音，存乎应接之隙，存乎文章之中。"画完之后，还是感觉意犹未尽，在走路、睡觉、吃饭、听音乐、写文章等任何时候，都念着它、想着它。这就是审美判断之后的延续和回味。

（三）农业审美判断的影响因素

农业审美判断是多重指标构成的综合性评价，不同的欣赏者，不同的欣赏层次，不同的欣赏方式，有不同的审美感受，会引发不同的审美评价。农业审美判断的影响因素有主客观两方面的原因。

1. 审美主体

影响审美判断主体方面的原因是多方面的。不同人的生活环境、文化教养和个性差别等不同，造成了每个个体在审美素质各方面的差异性。

（1）审美素质。审美素质是审美主体在审美活动中所具备的先天因素和后天因素，其构成因素有审美主体的需要、能力、知识、态度、习惯、经验等。

审美需要：在农业的审美活动中，首先要有农业的审美需要，也就是说，对于农业有主动审美的需求。

审美能力：审美能力也就是人对审美对象的感受能力、鉴赏能力。卢梭将它称为"审美力"。卢梭在《爱弥儿》中指出："审美力是天生就有的，然而并不是人人的审美力都是相等的，它的发展的程度也是不一样的。而且每一个人的审美力都将因为种种不同的原因而有所变化。一个人可能具有的审美力的大小，是以他的天赋的感受力为转移的；而它的培养和形式则取决于他所生活的社会环境。"审美能力主要包括审美感知力、审美想象力和审美理解力。审美感知力令审美个体能够从感官上感知美，而审美想象力和审美理解力让主体从更深层次对客体进行审美活动，比如用一片残缺的古陶片盛苔藓，做成微型园艺景观，有的人觉得破破烂烂没有什么美感，但有的人能从中感知到禅意，并由此想象到古刹深寺中的一缕斜阳穿透古木照射到苔藓上、旁有平静水潭的场景，继而联想到唐代诗人刘长卿"一片孤云长不去，莓苔古色空苍然"的诗句，感到时光的怅然。这就是主体之间审美能力的不同所致。

审美知识：审美知识储备的不同，直接影响了审美判断。比如竹子作为审美意象，有的人可能只了解它代表文人的正直，而有的人则会有关于它的诸多知识储备，如“荷风送香气，竹露滴清响”。幽静的环境，“夜阑卧听萧萧竹，疑是民间疾苦声”“新松恨不高千尺，恶竹应须斩万竿”“新竹高于旧竹枝，全凭老干为扶持”，等等。

审美态度：朱光潜以一棵古松为例，说明对待事物的三种态度为实用的态度、科学的态度、美感的态度，它们分别以善、真、美为最高目的。木材商人以实用的态度从古松想到制造房屋、赚钱，植物学家以科学的态度由古松想到它的根茎花叶，画家则以美感的态度、心中没有意志和欲念地把精神专注到了古松本身之上。审美态度是非功利的、无目的的。就像马克思说的那样：“忧心忡忡的穷人甚至对最美的景色都无动于衷；贩卖矿物的商人只看到矿物的商业价值，而看不到矿物的美和特性。”审美态度具有选择功能和导向功能，这就是为什么劳作的农民看到大片梯田时思考的是今天是否该除虫了，而慕名去欣赏梯田的人则会赞叹大自然的鬼斧神工。

审美习惯：审美习惯是人在多次重复的审美实践中形成、巩固下来的有特定指向性的审美需要、心理习性和熟稔的反复的自动化的思维方式、行为特征。审美习惯包括审美期待习惯、审美反应习惯、审美注意习惯等，一个对农业很熟悉的中年人和一个未去过农村的小孩对于农业美的审美期待习惯肯定是不一样的，前者可能更习惯于欣赏宁谧、安静的农业美，而后者则更期待热闹的、俚俗的农业美。不同的审美主体感受到农业美之后表现出的美感享受反应、情态情绪反应、肢体律动反应、联觉联想反应等审美反应习惯更是不同，有的人喜欢默默地在心中赞叹，有的人则要高歌一曲。审美注意习惯方面，有的人更习惯于欣赏农业的自然美，有的人则更习惯于欣赏农业的艺术美。这些都影响着审美主体的审美判断。

审美经验：农业审美经验是审美主体在长期的农业审美活动中建立起来的信息、知识的积累。它包括以往的审美活动留下的表象信息，即在审美主体脑中留下的感知痕迹，比如听过一首农业音乐，那么对该音乐的韵律、节奏留有一定印象；欣赏过一曲农业舞蹈，那么对该舞蹈的动作、服饰有一定印象；看过一幅农业绘画，对该绘画的空间构图、线条、色调有一定印象；等等。审美经验还包括意念信息，即审美主体在进行该种审美活动时的感知觉，所做出的审美判断、审美联想、审美想象等。一个有丰富的审美记忆表象的审美主体和懵懂孩童所做出的审美判断是截然不同的。当主体的审美经验与审美客体产生相似的对应时，会很大程度上影响审美主体做出正向的审美判断。

（2）审美心境。对于同样的场景，因审美主体不同的心境，观赏者会做出不同的审美判断。同样是面对一片菊花，“采菊东篱下，悠然见南山”，这是怡然自得的田园牧歌式的心境。“帘卷西风，人比黄花瘦”，却是苦闷惆怅的心境。同一片草原，有人洒脱得“无边绿翠凭羊牧，一马飞歌醉碧霄”，而送别朋友的人则是“萋萋满别情”。这就是审美心境的不同引起的审美判断的差别。

2. 审美客体

审美客体即审美对象本身，作为审美客体的农业美具有一个鲜明特点，那就是种类繁杂，具象性与抽象性并存。不像音乐、美术、雕塑等艺术美，或者自然美等其他种类的审美客体，农业美的审美客体可谓种类繁多，既包括具象的客体，比如自然景物、人造景观、农业绘画、农业雕塑、农业服饰、乡土建筑等，同时也包括抽象的客体，比如农业音乐等。从对农业审美判断的影响的角度看，主要体现在以下5个方面：

（1）农业美的感性质料。感性质料是构成形式美的物质基础，包括形体、线条、色彩、声音等。一般而言，这是审美判断最基础的影响因素。我国在美丽乡村建设的过程中，大力进行环境整治、村庄绿化、提升村容村貌，推进乡风文明。2019年3月6日，中共中央办公厅、国务院办公厅转发了《中央农办、农业农村部、国家发展改革委关于深入学习浙江“千村示范、万村整治”工程经验扎实推进农村人居环境整治工作的报告》。将“脏、乱、差”变为“净、绿、美”，正是在农业美的感性质料上下功夫。到处私搭乱建、牛羊村里乱窜、垃圾粪便遍地的农村环境，如何也不会让人产生“美”的感觉，与此相比，农村环境干净、整洁、有序，鸟语花香田园风光，则更容易让审美主体进入审美活动中。最典型的是“两山”理论起源地浙江省安吉县余村，该村在主动关停矿山复绿之后，借助于美丽乡村建设，由整天粉尘蔽日的环境变为绿水青山，又打造了村规民约，制定了家规家训，弘扬美好家风。多角度、全方位地放大、发展了农业的美，才进一步有了卖风景、卖文化、卖品牌，打造各种乡村产业和业态的可能。

（2）和谐程度。美是一种有机的整体，美的各种要素之间必须达到和谐统一。农业美的和谐是天、地、人的和谐统一，包括农业美的形式之“和”，如色彩、线条、构图的和谐等，以及农业美的内容之“和”，即生产、生活、生态的统一，物质与非物质的统一，自然、生态、社会、文化、民俗、信仰的统一等。

加之我国“三农”正处在城市化进程中的背景，农业美客体的和谐与否，成了审美主体进行审美判断的重要影响因素。比如反映出非常典型农业美的李子柒的农业视频，之所以在外网粉丝众多，甚至形成了文化输出的影响力，很大原因就是其视频中出现的所有符号，无不共同彰显了传统的农业美。其视频中常出现的符号包括：农业自然美的符号，如自然景物（日、月、云、雾、雪、雨）、植物（花、草、蔬菜、果树、竹林）、动物（狗、猪、鸡、牛、羊）、农村生活用具（锄头、背篓、扁担、土灶、铁锅、木勺）、农业生产和生活场景（弹棉花、自制竹子沙发）；农业社会美的符号，比如李子柒的奶奶和邻居（人与人之间和谐的社会关系）、四川方言、农村服装（颜色质朴的粗布麻衣）等。所有的这些符号放在一起是和谐的，共同彰显了农业的美。而如果在整体中有某个因素突兀地存在，则会影响审美判断。比如有的农家院在设计时盲目向城市化靠拢，选用厚重的钢铁材质的防盗门，放一些西式风格的金属雕塑等，这种做法会让人产生不伦不类的感觉，会对审美主体的审美判断产生反向影响。而有的农家院则尊重原始场地的基底，采用现有的肌理来契合环境，融入木材、竹子、野花、瓷器等元素，进而衍生出更优化，同时也很和谐的空间结构、纹理效果。

（3）“天然”程度。“天然”意为质朴本色之美，农业的美是天然去雕饰的，更有返璞归真的意蕴在其中。这一点与城市“美”有着显著区别。中华上下五千年，农业一直与天、地、人之间有着显性层面与哲学深层次的关系。这不仅是基于我国悠久的农耕文明，农业生产还需要利用自然生态系统，因而农业的美与“自然”有着深层次的联系：南有水乡农业，北有平原农业，沿海有渔业，草原有牧业，西北干旱区有绿洲农业。果实芬芳，泥土飘香，需要遵循农时，“春耕、夏耘、秋收、冬藏，四者不失时，方能五谷不绝”。更在于人与自然的和谐相处。农业的一个基本特点就是和自然、生命打交道，和活生生的动物、植物打交道，人类自诞生之日起，在广袤的土地上，采集、捡拾、种植、挖掘、捕捞……以各种方式领受自然的馈赠，同时也反馈于自然。即便是农业绘画、农业雕塑等农业艺术，与其他类型的艺术作品相比，也是有着更加拙朴、手法更写实而生动、更能体现出对自然的模仿等特点。

（4）新颖程度。新颖意味着此与彼在结构、形态、风格等方面的不同，新颖的并不都是美的，但新颖程度是审美客体的重要影响因素之一。这也是在农业产业链的延伸开发中，需要进行创意农业景观开发的原因，比如北京顺义地区在奥运期间开发了以奥运为主题的玉米迷宫，昌平每年一度的农业嘉年华活动等，都是通过别致的设计，深入挖掘农业田园景观的美学价值。再比如北京民宿圈比较知名的山楂小院，位于延庆刘斌堡乡下虎叫村，该村地处偏远，画意幽静，老房子也比较旧，民宿设计者采取了匠心独特的设计理念，将“新”的美移到“旧”的美中，房梁、房脊等保留了百年前的外观结构和木质顶棚，但室内设计则完全采取国外设计生产的品牌家居，原始乡村的外表和大都市的内里融合到一起，形成颇具新鲜感的民宿美。

（5）规模大小。规模大的不一定是美的，但是规模会影响价值判断。如果一样的内容呈现，空间上的大规模会影响审美价值的判断。比如农业景观，一片花和大片花海给人的审美感受不同——当然，小有小的有趣，大有大的迷人。规模所带来的农业美很大程度与农业的发展变迁相关，环境美学家卡尔松在《环境美学——自然、艺术与建筑的鉴赏》中将其命名为“新农业景观”，并且认为，它的出现是由农业生产各个环节技术的发展、普通耕作方式的消失、农场的衰落以及郊区乡村居民和社区的锐减、专业化“单一栽培”的发展、机械化联合耕作方式的发展、“农业综合企业”的诞生等众多因素所导致的，更大的农场和更一致的田地更容易搞一种生产。随之而来的是乡村细节的减少，比如篱笆、谷仓、鸡场、风车等。这种发展变化同样适用于目前农业快速变迁中的中国，当然，有不少学者认为这种新农业景观是单一的、枯燥乏味的，从而带来了审美鉴赏的困难，但卡尔松提到了鉴赏新农业景观的视角，那就是放弃之前的鉴赏模式，不要去试图寻找“暖和的小农庄和亲切的树——或篱笆——所环绕的田地”，而是要去欣赏与体积和范围所并生的色彩的强度、大胆的线条所产生出的令人震惊的形式美。可以说，旧的农业景观与新的农业景观有不同类型的美，像北京平谷的万亩桃花海、延庆的四季花海等，都是以规模打造出的壮美之感。这也是农业规划设计中的两种不同的方向。

3. 历史发展原因

不同的历史时期各有其“时代精神”，其中也包括审美观。农业美的载体，即承载美的形态主要有农业生产和生活实用性物品、自然景观、农业生产和生活场景、农业艺术、农业社会中人与人的关系、农村方言、农业服装等。农业美的载体形态也不是一成不变的，而是在历史长河中不断演进的，并受到经济、政治、社会、文化等各方面因素的影响。原始社会农业美的载体，与当今社会农业美的载体相比，有相同之处，更有不同之处。有的载体以前被认为是美的，现在依然被认为是美的，比如刻有花纹的原始陶器，原始人是出于美的需要将实用的陶器刻上花纹，现如今的人们看到这一载体，依然觉得很美。有的农业美载体以前是没有的，随着历史的变化、人类社会实践的不断深入而逐渐出现，比如随着科技注入农业，农业科技美的载体变得多了起来，像植物工厂中诸多 LED 灯照射在一排排蔬菜上、俯瞰视角下成片的日光温室、一排排现代化农业机械在收割、飞机在广袤无垠的农田中喷洒农药等，这些都是由农业的新技术、新品种、新装备所带来的美感，它是由历史所铸就的，科技与农业生产所融合产生的迷人效果。就像普列汉诺夫说的那样："审美趣味总是随着生产力的发展而发展的，因此，不论在这里或那里，审美趣味的状况总是可以成为生产力状况的准确的标志。"

4. 社会环境原因

包括权威影响产生的影响、族群（阶层族群、民族族群地域群属）的影响、风尚影响产生的影响。"在一般艺术的巴黎人，以为古典变形的文艺复兴期之建筑，全然是美，对于罗马风的杰作，只见其野蛮性，不见其他。"社会环境的变化会导致人们对于农业的审美观也发生变化，比如西方社会的画家很少会将注意力转到乡村，然而在 19 世纪中叶，法国的柯罗、米勒等画家聚集在巴比松的村子，对树木、田野、河岸进行描绘，创作出《蒙特枫丹的回忆》《拾穗者》等著名画作，形成与浪漫主义截然不同的巴比松画派艺术风格，也成为法国现实主义绘画的先声。这主要是基于当时法国大革命的影响，有一批知识分子希望能够逃离不能成功的革命，避开政治纷扰，因此他们把目光投向远离城市的乡村，对乡村的景致产生了极大的兴趣，开始面向自然，对景写生。再如，我们中国对于农业的审美中，较少对荒原美产生关注，然而在 20 世纪 80 年代前期，受"文化大革命"造成信仰危机的影响，在艺术界出现了许多对荒原美的展现，比如电影界第五代导演创作的《黄土地》《猎场扎撒》等电影，文学创作领域梁晓声、张承志等创作出《今夜有暴风雪》《黑骏马》等，这就是由于社会环境的变化，"心灵的废墟感与同样空旷的荒原建立起了一种同构关系"，从而使人们的农业审美观产生了变化。

（四）农业审美判断的标准

农业审美判断的标准肯定是存在的，如果没有一个农业审美判断的标准，在面对某一审美对象时，人们不会油然而生"真美"的念头，而面对另一审美对象时，又肯定地认为"这里一点也不美"。那么其判断的标准，即衡量的尺度是什么呢？或者说，什么样的农业，才会让人认为是美的？这个问题很难回答：一是因为农业美的复杂性，它不仅包括自然美，还包括社会美、艺术美，甚至科技美；二是由于审美活动本身的复杂性，它有审美主体、审美客体以及其他关系，并且融合了多种复杂的心理活动。在此仅对农业审美判断的标准进行粗浅探讨。

1. 基础层面：感知觉层面有形式的美感

人类有着共同的生物、心理基础，视觉、听觉、嗅觉、触觉、味觉这些感觉层次的因素带给人的影响是普遍性的。所以，形式美往往会给人以极大的审美感受。比如在农村，面对广袤的田野，听着啾啾鸟鸣，闻到阵阵花香，触摸一下清冷的河水，尝着农家饭的味道，这些感觉与在城市中是不同的。建设山美水美环境美、吃美住美生活美、穿美话美心灵美的美丽乡村，可以在感知觉层面上对农业审美判断起到正面影响，这也是形式美之所以受到重视的原因。比如这样的场景——蓝天上飘着大朵白云，远处有绿色的草原和山丘，大面积橙色的百合在田间怒放，一般都会让人油然产生美的感觉，这里的美主要在于形式美，其中有色彩的美，蓝色、白色、绿色、橙色之间的对比与和谐；有线条的美，整齐的田垄一直延伸到天际；有形状的美，大朵大朵的白云有着优美的轮廓；有质的美，白云、鲜花、草原、田野，这些无一不是农业中最显著的形象；有声音的美，大自然一片宁谧，间或有啾啾鸟鸣。所有这些因素的组合，构成了形式美，并从感知觉的层面给人以刺激。

美国未来学家托夫勒认为，我们日常所处的环境带给我们的视觉、听觉和触觉的信号多是以常规、重复的模式出现的，当环境发生变化、新的刺激袭来，常规、重复的模式受到干扰，会触发刺激变位反应，刺激变位反应是一种复杂的，甚至大规模的全身运动。“听觉暂时变得更为敏锐。我们会不自觉地通过肌肉运动把感觉对准新来的刺激因素——例如，把身子倾向声源，或为了看得更清楚而眯缝着眼睛。我们的肌肉总的伸缩能力提高了，我们的脑电波的模式有了变化，手指脚趾会因血管收缩而发凉，手掌会出汗，血液冲向大脑，呼吸和心律也有变化。”这些感知觉层面的因素是否符合审美者的审美需要，审美者的接受如何，是影响审美判断的重要因素之一。比如，一个十分惧怕虫子的女孩，如果让她从城市来到田野中，看到飞来飞去的蜜蜂和蝴蝶，恐怕环境的变化所产生的“刺激变位反应”不是正向的刺激反而会是负向的，进而影响其对农业的审美判断。

2. 高级层次：有意蕴、文化等元素在其中

感知层面的要素是引发农业审美判断的基础层次，它从直觉上引发审美主体的审美判断，是瞬间的、一触即发的。而更高级层次的要素，则从相对理性的层面上，对农业审美判断产生影响。比如一片枣园，大约它的主人觉得它只是能产枣子的枣树而已，更关心产量，不觉得有多美，而有的人也许因为欣赏其枝干的线条美，欣赏它的规模所产生的壮美，因而觉得它美，那么如果它是有着上千年历史的古枣园呢？人们看到遒劲的枝干，可能不仅仅会觉得它是光秃秃的枝干，而是会想到历经千年的沧桑，想到也许古人曾在此俯仰作诗、嗟叹人生，进而生发出无尽的审美想象，对审美判断产生正向的加持作用，而又如果，它被评为了全球重要农业文化遗产呢？那也许因为有农业文化、农业历史、农业民俗、传统理念等元素融入农业景观、传统农耕技术之中，唤醒了审美主体的农业文化基因和情感，又从理性上对农业根基、农耕文明进行深思，审美的意蕴更增加了，人们越发觉得它美。其中最深层次的原因还是在于其是否符合农业本身的规律，农业是母亲产业，它有经济、社会、文化等多种功能，当审美这种功能与这些功能相契合时，有可能会产生多重积累的效果，对审美判断产生积极的作用。

第四节　农业美学的创造

一、农业美的形式法则

美学中的形式法则如对称、整齐、和谐等，都是美学中的基本形式法则。农业中的对称、整齐与和谐，呈自然规律式的感性显现，并不是对美学形式法则的印证，而是美学形式法则产生的根源。

（一）农业美学中的对称法则

美学中的对称是指把两个以上相同或相似的事物加以对偶性地排列。农业生产对象中的动植物普遍体现这一法则。例如，禽畜中的马、牛、羊、猪、鸡、鸭、鹅等，为左右整体外部形态对称。蔬菜中豆类作物的叶与花以及许多农作物都有对称分布。

在农业中，对称是生物体结构的一种自然规律。人类之所以把对称看作

美，就是因为对称体现了生命的一种正常发育状态。长期的生产劳动实践，使人类认识到对称具有平衡、稳定的特性，从而使人在心理上感到愉悦。农业美学中的对称，是以生存需要为前提的、对自然规律的认识与概括，这种对称是美学对称法则的源头。

（二）农业美学中的整齐法则

美学中的整齐，一般是指感性外表一致的重复。农业实践中的整齐对人的意义非常重大。农作物、蔬菜、花卉等品种的整齐是衡量品种优劣的重要指标。因为品种外部形态的一致性如何，会显示品种内部遗传基因是否一致。凡是优良的品种都具备整齐一致的外部形态，从而农业科学家都把整齐作为衡量品种优劣的一个指标。

在农业美学中“整齐”已不是单纯的外部感性形式的美，而是内在的科学的理性法则。以小麦为例，整齐的美学特征贯穿从种子萌发到新种子产生的全过程，从种子萌发到小麦出苗、从抽穗到成熟，整齐指标所关系到的不仅仅是小麦本身，还有对外部环境的指示与导向。用整齐法则审度小麦各个生育阶段能够发现小麦是否缺水、缺肥、遭受病虫害等，如有缺苗断垄现象，麦田整齐之美就会遭到破坏，就是在提示人们土地是否平整、局部是否有病虫害、是否应该及早采取相应的措施。农业美学中的整齐法则，是人类对自然规律认识与掌握的体现，视觉美感可显示人类在自然规律面前的本质力量。

（三）农业美学中的和谐法则

美学中的和谐是指审美对象在多样联系中形成的协调的整体以及主客体之间的协调一致。很显然，农业美学中的“审美对象”不是指一首歌、一幅画、一段舞，而是指农业中的“天地人”。农业美学中的“天地人”的和谐之美在农业实践中以古老与先进、感性与理性、实体与参照系等立体形式存在着。这种带有生存意味的“和谐”，贯穿人类发生、发展的始终。一幅画、一首歌、一个雕塑、一座建筑可以完成，农业与“天地人”却无法完成，它支撑着人类世世代代。一切人类进步，都是农业发展的体现。无论是“强调规律唯一性、确定性”的“白农学”，还是“强调规律不确定性、多元性”的“黑农学”，都不可能逃脱农业美学中的“和谐”，即“天地人”与农业的协调一致性。农业美学中的和谐法则是人类生存的规律，因而也是最伟大、最实际的规律。先民们提出“合一”也好、“和谐”也罢，都是由于生存需要，对当时“不可控的自然力”做出解释，因而难免带有原始思维色彩的感性幻想成分。今天我们对农业美学中的“和谐”之美的提出，则将更为理性化与科学化。和谐是社会美、自然美的最高形式。社会界多以善与善的和谐体现美，自然界则以真与真的和谐体现美。农业美学中的和谐之美是社会与自然的和谐，是社会发展规律与自然发展规律的和谐。

二、中国传统文化的美学元素构成

中国传统文化是 5000 年来中华民族共有的、融合的思想文化的有机构成。文化元素就是凭借文化共识或文化传承，以某物或某意向对某一现象或艺术文化形式具有直接或间接的代表作用。它既可以是具有实体的物质形态，如玉器、石器、秦砖汉瓦、笔墨纸砚；也可以是具有传播介质的非物质形态，图形存在表征的如起源于先民的图腾文化表征（龙），文字存在表征的如“福”字，表达形式存在表征的如诗词歌赋等。由于元素是构成文化的最小单位，所以它的组合性和融合性极好，例如，京剧文化，被分解成元素表达，既有图形表征的脸谱元素，也有京剧动作的程式化表达方式，还包括“梨园”物象的转换表达形式，以及剧名选段的精神传递，如苏武牧羊体现气节、劈山救母表达孝心、红娘表达爱情等。其中每个元素都可以不同形式、不同题材表现出来，充分展现传统文化元素的多样性。但是这种多样性不是盲目的，而是规整而有序的。

本书以中国传统文化元素的承载形态将其分为物质形态和非物质形态两大类，再根据表现形式的不同将其划分为现实表达类元素、抽象表达类元素、感性表达类元素三大部分（见图 2-1）。现实表达类元素是物质形态的直接表达，是对历史的直接重现或应用，进行准确的展示。传统文化中非物质形态的界定可以借鉴非物质文化遗产的划分标准，即传统口头文学以及作为其载体的语言；传统美术、（梅花篆字）书法、音乐、舞蹈、戏剧、曲艺和杂技；传统技艺、医药和历法；传统礼仪、节庆等民俗；传统体育和游艺；其他非物质文化遗产。通常是没有直接物质形态，但是具有精神传达的形态，感性表达类元素是对非物质形态的直接表达或借用引申，并将这一元素贯穿始终进行应用。抽象表达类元素是介于物质和非物质形态之间的一种表达形式，是对具体实物或思想的抽象演绎，大体可以分为两种：一是托物言志，依托某一特定物体进行意向表达；二是提炼文化中分符号进行演绎。

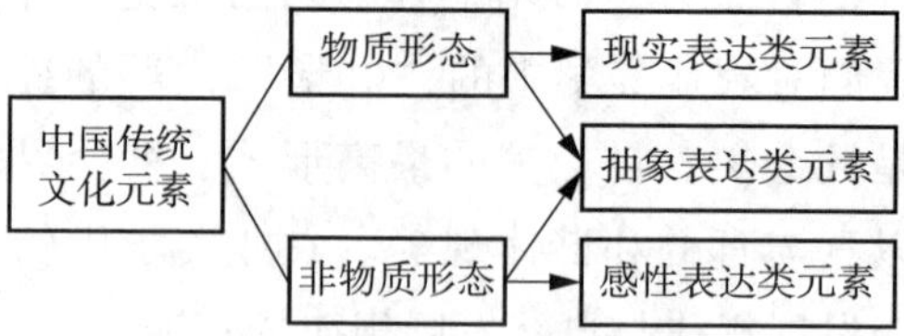

图 2-4 中国传统文化元素分类

（一）现实表达类元素

中国传统文化经过5000年的历史沉积，遗留下了大量的历史文物，有被保存良好的古建筑，有深山中沉睡的寺庙楼宇，有流落海外的青铜礼器，有绚烂多彩的中国颜色，当然还有农业传国的农耕传承。现实元素主要是基于这些可视、可触碰的物质性实物进行提取表达。以长城为例，长城作为文化遗迹是具有明确形态和建筑特色的物质化实体，在显示表达提取中，主要提取长城的实体建筑样式和形式，以及建筑材料等可见可触的实体。在元素应用中，最常见的就是直接的城墙复刻，如遵照城墙建设的城门、门楼、角楼、女墙、雉堞、马道等古代建筑的直接复刻，或是提取城墙木石搭建材质、砖瓦搭配形式进行建设的指导。

在具体应用中，在主题选择上，可以直接选择一种文化元素作为专题主题，如五谷之中的“稻”，打造稻主题园区，既可以明确水稻种植生产主体，也可以直接整理水稻种植历史，打造园区科普项目，或是应用水稻材质和形状，进行建筑设计和观赏景观打造。在规划布局上，按“稻元素”色彩划分，可以将种植区域划分为五色稻区域、一般种植区域等不同布局，借鉴水稻的形态进行园区道路的铺装。在产业安排上，可以根据“稻”的生产、加工、销售、观赏等进行产业链条建设，既含有“稻元素”的直接应用，也含有现代性转换，不是直接的元素堆积，而是梳理文化元素能够应用的多元角度，以及地方或区域农业产业相结合，实现二者的相互促进。

（二）感性表达类元素

感性表达类元素是对非物质文化形态的直接借用或引申表达，所以不像物质形态那么有形可见，往往是针对思想、哲理、经验技艺的提取，以风水理论为例，风水理论是以“气”为核心理论，古人伴随着人类劳动和利用自然，自主选择更加适宜的居住环境而产生的经验。这种经验有些已经能够为现代科学所解释，古人说“山南水北”“坐北朝南”，用现代科学解释就是居住环境对日照阳光的追求。有些经验虽然用现代科学还不能解释，但是其存在和合理性确实对现实发展具有指导作用，所以我们要用辩证的眼光去看待风水理论中的思想和要素，取其精华、去其糟粕。以五行学说为例，五行是人们在认识自然世界的过程中归纳表达的 5 种构成世界的基本物质。在随后的发展过程中，逐渐与五方、五脏、五色相对应，构成了天地人合的五行学说（见表 2-2）。在元素提取过程中，用五行和五方之间的关系直接指导园区的布局，以五色对应园区景观设计等。

表 2-2　五行学说的构成

	元素构成				
五行	金	木	水	火	土
五方	西方	东方	北方	南方	中央
五脏	肺脏	肝脏	肾脏	心脏	脾脏
五色	白色	青色	黑色	红色	黄色

具体应用中，在主题选择上，由于感性元素没有实体，一般不能直接成为产业实体，但是诸如具有区域特色或村庄口碑的雕刻技术、剪纸艺术等仍然可以成为以科普或休闲为主的农业园的主题刻画。在规划布局和景观打造上，古代的一些地学经验是直接作用于选址、园林的，其天人合一的主旨能够有效地指导当代园区可持续发展。

（三）抽象表达类元素

抽象是一种高级的思维活动，是人类理性思维高度发展的产物。抽象指的是在思维中反映出事物某一方面的本质规定，并运用理性思维提炼、加工处理获得感性材料的过程。所以抽象表达方式，既包括有形物质，也包括无形非物质。我国历史悠久、文化丰富，有些物象在发展的过程中，由于其形象、生长环境等被赋予了新的内涵。如莲之高雅、菊之隐逸、牡丹之富贵、梅花之傲霜等，或是通过文学创作使其脱离物象形态的直接意义，而具有新的文化意向。同样在历史传承中，有些非物质形态的故事或艺术，应用现代化思考进行进一步的提炼，或是有更加凝练的文化元素表达，如卧冰求鲤中“孝”元素的提炼；或是有了新的意向指代，如从《哪吒闹海》的故事中不畏强权、敢作敢当的精神到《魔童降世》电影中我命由我不由天的抗争精神。

在具体应用上，文化元素的应用不仅是文化物象堆砌，还是寻找自然与文化关系的桥梁。在主题确定上，以“梨”为例，在抽象元素提取中，还有“梨园戏曲行”的意向表达。那么在产业布局上，“梨”元素的指导就包括生产、生活两大功能。在景观设计上，“梨园戏曲行”又延伸为脸谱元素，其图样和纹理能够直接作用于园区街道、广场设计等。

现实表达类、感性表达类、抽象表达类三类元素在实际应用中不是单一存在，也不是单纯堆砌的，而是根据文化主题进行衍生和组合，形成了主题明确、元素丰富的美学体系（见表2-3）。

表2-3　中国传统文化元素分类及典型代表

<table>
<tr><th></th><th>典型内容</th><th>代表性的文化元素</th><th>主要特点</th><th>应用形式</th></tr>
<tr><td rowspan="8">现实表达类元素</td><td rowspan="2">文物</td><td>青铜器</td><td>庄重肃穆</td><td>主题复刻、材质应用、装饰作用</td></tr>
<tr><td>青花瓷</td><td>美观多变、可符号化</td><td>主题复刻展览、标志物设计等</td></tr>
<tr><td rowspan="2">古迹</td><td>古建筑</td><td>遗迹是历史的见证，如城墙、城门等</td><td>直接真实立体的历史，修复、复原或仿建</td></tr>
<tr><td>古树</td><td>活着的树是年轮的见证者，木材是材质的应用</td><td>主题选择，展示、材质应用等</td></tr>
<tr><td rowspan="2">农业</td><td>五谷杂粮</td><td>中华文化的根本，自成文化体系</td><td>农业生产的主题，功能划分、材质应用</td></tr>
<tr><td>农耕农具</td><td>农业演变的见证，每个工具都有发展的故事</td><td>可主题、可功能、可景观设计</td></tr>
<tr><td rowspan="2">色彩</td><td>红色</td><td>体现色彩的统一，经过提炼有中国红等主题意向</td><td>色彩应用、景观设计</td></tr>
<tr><td>金色</td><td>大气醒目，根据其主要应用地点有皇家黄和佛教黄等指代</td><td>主题突出，色彩应用设计</td></tr>
<tr><td rowspan="8">感性表达类元素</td><td rowspan="2">技艺</td><td>雕刻</td><td>古朴典雅，代表性鲜明</td><td>主题选择、形式应用、建筑设计、景观设计</td></tr>
<tr><td>剪纸</td><td>多样简单，受众广泛，具有民族特色</td><td>主题选择、符号化设计、形式应用、景观设计</td></tr>
<tr><td rowspan="2">经验</td><td>三十六计</td><td>军事理论的高峰，浅显易懂</td><td>主题选择、项目设计、科普宣传</td></tr>
<tr><td>二十四节气</td><td>农谚经验，包含天文地理的朴素知识</td><td>主题选择、项目设计、科普宣传</td></tr>
<tr><td>思想</td><td>尊老爱幼</td><td>精神表达，传统善念</td><td>特殊功能体现、项目建设</td></tr>
<tr><td rowspan="3">风水</td><td>五行</td><td>相生相克，人与自然的和谐</td><td>主题选择、规划布局、项目设计、景观设计</td></tr>
<tr><td>心理场</td><td>方位朝向、磁场效应，氛围烘托</td><td>规划布局、对称、景观设计</td></tr>
<tr><td>山水造型</td><td>返璞归真，奇石造型、水纹图形等</td><td>项目设计、规划布局、景观设计</td></tr>
</table>

续表

	典型内容	代表性的文化元素	主要特点	应用形式
抽象表达类元素	风俗	舞狮	采青意向提取，狮子头意味生猛等	图形应用、活动策划
		红烛	喜庆意向提取，祈福意义、双喜意义等	图形应用、活动策划
	符号	图形（如意、祥云等）	表达富贵寿喜等意向	图形应用、各种小品建筑等
		图腾	中华民族精神认知的标志	符号应用、图形应用、功能延伸
	艺术	典故	历史名人故事性强	主题选择、项目设计、科普宣传、节点应用
		诗词歌赋	文化情感的表达，比喻等手法	主题选择、项目设计、科普宣传
		戏曲	脸谱指代性强、程式动作简化代表	主题选择、项目设计、科普宣传、节点应用

三、乡村建设中的农业美学元素

乡村振兴要抓住乡村的魂，既不能将村落建设过于现代化而缺乏乡土味，又不能照搬原来的传统村落做法使乡村过于沉重，这就需要在传统乡村和现代乡村之间寻找一个平衡点，挖掘如村头挺拔的大槐树、承载旧时光的老院落、傍晚时分缭绕的云雾和袅袅的炊烟等刻在游子心头的乡愁印记。而农业美学注重追求乡村建设中的家园感和人与自然的和谐，在乡村振兴建设实践中，要充分认识和挖掘农业美学价值，将农业农村视作一种美学的存在。而景、物、人、事是乡村建设中农业美学营造的四大元素，且不断递进，相辅相成，与乡村的生产、生活、生态息息相关。在这四大农业美学元素的作用下，乡村作为一个有机更新的生态群落，更具魅力及生命力。

（一）景——乡村自然之美

乡村的景源于自然，包括乡村整个的自然生态、人文环境和社会环境，是体现了天、地、人相互关系的一种先天之美，它使每个村子具有了某种特殊的“场”或能量，让整个乡村具有一种空间上的完整性。农业美学中乡村的自然美包括：①与农业有关的非人类自然物，如相关动物、植物等，所谓“榆柳荫后檐，桃李罗堂前”“狗吠深巷中，鸡鸣桑树颠”“菱荇鹅儿水，桑榆燕子梁。一畦春韭绿，十里稻花香”“稻香秫熟暮秋天，阡陌纵横万亩连”，等等，这些皆是农村中常见的自然美景。②农业生产地或者农村中发生的自然事件和现象，农业本身即为自然慷慨的馈赠，春华秋实、夏阳冬雪，四季皆是景，如“浓雾知秋晨气润，薄云遮日午阴凉”。③从事农业生产生活的人们活动的地域，比如村庄、社区等，如“绿树村边合，青山郭外斜”便显示了小村庄宁谧清新的美。④农村自然的生活方式。“日出而作，日入而息，凿井而饮，耕田而食”、鸡鸣犬吠、炊烟袅袅的生存状态是我国几千年农耕文化的缩影，也是自给自足、怡然悠闲的农村日常生活写照，这种本真生活是现实生活的原发的、生气勃勃的、原初经验性的，也是按照美的规律来塑造的生活状态。

自然美是乡村振兴的基础，乡村在此基础上借力发展，做到资源最大化，打造对外输出的标签，保护好“青山绿水”，充分挖掘本地农业资源，春天有花赏，夏秋有果采，这样的乡村才能美其表、兴其美。乡村景观设计要体现乡村性，充分发掘农业自然美，将农作物进行设计和搭配，在比较大的空间内形成景观，不仅实现“人化了的自然”，更是打造“艺术化的自然”，将农业的生产性与审美性紧密结合起来，发挥农业的多功能性。

（二）物——乡村环境之美

物是乡村利用自然资源，或通过人造手段而发明出来的一些物品或工具，以满足乡村生活生产的需要，包括日常生活、生产当中的一些生活用品、交通工具、劳动器具、居住场所、服装饮食等。它具有鲜明的人工特征，也体现了一个时期的物质文明与精神文明特征，反映了一个区域的生产生活水平，体现了一种乡村生活智慧。例如，劳动器具的美，取水用的水瓢，最早的脱粒机——石头磙子，人们做饭鼓风用的风箱，收粮食用的簸箕，以及煤油灯等，都体现了年代的回忆。农村交通风俗的美，北方平原地区多旱田，马车是主要的交通工具，南方则以舟船为主要的交通工具，还有青藏高原的牦牛，东北的冰上爬犁……这些结合当地的自然条件以及农业生产生活方式，具有不一样的美感。农民乡居的美，具有地域特点的农村传统特色建筑，往往给人以美感，如北方地区常见的合院建筑，粉墙黛瓦、马头墙的徽派建筑，昆明的“一颗印式”民居，哈尼族的“土掌房”，傣族的竹楼，闽南圆形土楼，陕北窑洞等。

在乡村建设中，要以农耕生产、生活为背景，全面认识乡村生产、生活、生态空间的构成及其审美价值，挖掘当地的农业环境美。

（三）人——乡村人文之美

人体现了乡村精神、信仰、道德，是乡村美学价值的最鲜活、最有生命力的存在。他们是有故事的许多个体，一个老人，一个传承人，往往是这个乡村文化最忠实的掌握者与传播者。农业的人文美主要体现了人与自然的和谐之美以及淳朴的人际关系之美、乡村文化传承之美等。①人与自然的和谐之美，体现在乡村人物上最大的特点就是平实、自然，包括前文提到的农业人物美中的收获之美、劳作的美、农民的沧桑之美。②淳朴的人际关系之美。乡邻之情在当代城市生活中已经逐渐遗失，然而乡村之根永远是那一处“桃花源”，是心灵的留恋之地。这是与现代社会完全不同的，即便是在发展飞速的新农村，这种人际关系还依然存续，并且在“美善合一”标准下，有时会由“善”而生发出“美”。③乡村文化传承之美。民间艺术是农民的精神世界和农耕生活方式的集中体现，展示了乡村内在精神品质之美，如剪纸、民间绘画、民间舞蹈、民间曲艺、民间雕塑等。

在乡村建设中，需要发掘农业农村内在的精神品质之美，文化特色鲜明，注重展现乡村的文化传承、文明村风，让人情脉相通，重构大众对于乡村文化的自信，实现人们身心欢愉的诉求。

（四）事——乡村生活之美

事是指乡村的生产劳动或活动，是将乡村中的景、物、人联系起来的一种参与过程，也是外来人深度体验乡村、感受乡村的有效方式，如养殖鸡鸭、蚕桑、摆渡、剃头、补锅、看瓜、打鱼等。农业生产的美，如东北查干湖捕鱼、阿尔泰牧民的秋季“转场”等，尽管农民本身是出于实际生产的需要，但在与其有一定审美距离的人看来，却往往会因其在人与自然斗争共存过程中所产生的磅礴气势而产生美感。农业节庆的民俗美，如春节期间许多地方有舞龙的习俗，哈尼族的传统节日“开秧门”，南方许多地区的农村都有“尝新节”，北方的“谷雨节”等。乡村中有很多的行业或者不同的活动，这些都是一个个的场景，也是一种过程，体现了农村特色的生产生活方式。在乡村振兴实践中需要挖掘农事活动，增加农事体验、民俗体验项目，既要体现农业的自然淳朴之美，也要体现科学技术的人类智慧之美。

为了呈现乡村振兴中的农业美学，需要使抽象的农业美学价值以更具体可感的元素形式来保留和再现。总的来说，可以概况为有形和无形两方面（见表2-4）。有形元素是农业美学价值的物质载体与生产工具，是乡村中看得见摸得着的客观存在，包括未经人工雕琢、客观存在、以其天然之美对人产生美感吸引力的自然农业美学元素，如乡村特色地形地貌、生态环境、动植物资源、水生态景观等，以及人造农业美学元素，如特色乡居、乡路、人造景观、服饰、饮食、生产工具等。无形元素多表现为个性化的美学体验与美好记忆，本身自带浓厚的文化传承，包括乡风、技艺、农事经验、民间艺术、民俗活动等。

表 2-4　乡村建设中的农业美学元素建构

分类	具体内容
有形元素	特色地形地貌：高山、山谷、丘陵、平原等
	生态环境：清新的空气、广袤的田园、丰富的森林资源、清澈的水系等
	独特的动植物资源：古树、特色农产品、特色养殖（麋鹿、孔雀、鹤、天鹅）等
	水生态景观：海洋、河流、湖泊、池塘、水库等
	特色乡居：传统民居、特色村落群布局
	特色交通设施：特色道路形式（栈道、索道、廊桥、乡路等）、特色交通工具等
	特色人文公共空间：举办地方传统仪式或集中的庆典活动的场所
	特色生活方式：特色服饰、特色饮食、特色生产生活工具等
	人工地表景观：特色农作物等乡村积年累月生活形成的大地景观
无形元素	乡风：语言、信仰、尊老爱幼等思想、和谐人际关系等
	乡村技艺：采茶、匠人、剪纸、刺绣、编织、印染等
	民俗节庆：农时节气、农业节庆活动、祭祀活动等
	民间艺术：民间绘画、民间舞蹈、民间曲艺、民间雕塑等

四、乡村振兴中农业美学价值的体现

农业在漫长的发展过程中，衍生出诸如生产、生活、生态、社会、文化等一系列美学价值和功能，满足着村民生产、生活、交往、情感等方面的需要。乡村振兴只有在尊重农业农村发展特点基础上，遵循农业美学体系才能取得事半功倍的效果。脱离农业农村发展特点的投入往往因难以融入乡村体系而成为“项目孤岛”。乡村振兴的目标与农业美学具有密切关系，乡村振兴从某种意义上说，就是激活乡村内生活力，使农业美学价值得以充分体现的过程。

（一）农业美学与产业兴旺

农业美学的生产价值是农业生产活动及其产品某些属性通过农业美学设计创新或文化积淀后满足人的审美需要，给人带来审美愉悦和精神享受的一种以物质为载体的无形价值。需要挖掘和提升农业产业或产品特色以及实现美学价值。产业兴旺其实就是要把农业的生产功能充分发挥出来。而通过农业美学的引领，将农业的生产性与审美性紧密结合起来，对农业农村丰富而优美的资源进行挖掘、提升、放大，可在实现农业生产功能的同时，促进农业与二三产业融合，发展休闲、旅游、体验、健康、生态、教育等多种业态，助推农业多功能价值的实现。

在乡村振兴中，通过农业美学带动产业兴旺，首先，要强调多业并举，所谓“五谷丰登”“六畜兴旺”，反映的正是乡村生产内容及农民需求的丰富性和多样性。农业产业多元化不仅可以满足农民多样化需求，维系农民“去货币化”的消费福利，而且有利于降低自然风险和化解市场风险。其次，要重视融合产业发展。通过农业美学的规划设计，促进绿水青山与多彩文化的融合、农业与手工业的融合，实现田园“公园化”、乡村“景区化”、农产品“艺术化”，包括：①以生产为导向，把农业美学价值融入生产过程中，强调农业美学对农产品价值的提升作用，其核心在于通过农业美学创意、设计，让农产品变为艺术品，实现农产品的美学价值增值。②以服务为导向，把农业美学价值融入服务过程之中，强调农业美学对服务供给和服务体验的提升，核心在于打造美学服务的综合体验环境和事件，为消费者提供高品质的农业美学体验。如挖掘村落景观、乡村特色民居、村民生活、地方美食以及村落文化等，由此发展文旅融合产业。

挖掘农业美学价值，带动地方产业发展，必须尊重各地的传统文化和地域风俗，尊重农民与他脚下的那片土地，充分认识农业、农村、农民之间的密切关系，要坚持农民主体地位和乡村作为产业载体的原则，任何排斥农民和排斥乡村的做法都与产业兴旺背道而驰。

（二）农业美学与生态宜居

农业美学的生态价值是指农业美学的存在对周边自然生态环境、社会生态环境、空间生态环境以及文化生态环境等所产生的积极影响。在漫长的传统农业社会，我们的祖先用勤劳和智慧，形成了“天人合一”的世界观、“万物平等”的生态伦理观、“道法自然”的生态实践观，创造了呼应自然节奏和农业生产周期的二十四节气，即“应时”，因地、因物的“取宜”，“农为本、和为贵”的“守则”，天、地、人“和谐”等农耕哲学，从而影响到农业美学的生态观与人的生活方式。农业美学的生态理念渗透到村落选址、乡居建造、生产方式、生活方式和民间习俗与信仰之中，体现了尊重自然、敬畏自然的理念以及人与自然的和谐关系和利用自然的智慧。

农业的环境美，从外部看，表现在农村具备的人类赖以生存的良好的生态环境和资源条件；从内部看，主要表现为农村和谐的人际关系以及低碳的生产生活方式。“诗意栖居”即我国传统人居环境的理想境界，中国传统文化生活方式里即蕴含着乐居、乐游、乐活的美好愿景。如今这种生产生活方式主要体现在珍惜劳动成果的品质、拒绝浪费的习惯，及就地取材、资源综合利用等生态理念上。如小麦、玉米等农作物收割后产生的秸秆，可作为燃料、饲料，动物的排泄物可作为有机肥，把农产品加工成食品且发展出面食、米食、酿酒、制醋等饮食文化，还利用农业副产品发展出了诸如草编、竹编、木工、雕刻、粮画、面塑等乡村手工艺，提升了农产品的美学价值。村民的生产与生活方式造就的敬畏自然和尊重自然的智慧，不仅协调了人与自然的关系，也密切了人与人的关系，是符合人性特点、有利于身心健康的生活方式。

然而，近年来，在快速城镇化进程中，农村生产、生活方式的变化造成农村土地污损化、水体污染化和空气污浊化日趋严重，严重威胁农业农村的可持续发展，需要从多方面重构乡村生态。生态宜居的美丽乡村建设不能照搬城市建设的套路，而是要遵循农业农村的发展特点，从传统乡村文化中汲取生态智慧。农业美学理念在维系生态多样性和可持续发展方面具有不可忽视的作用。

（三）农业美学与乡风文明

农业美学的文化价值是指农业农村所具有的保护、传承与发展传统文化的功能。文化建设是实现乡风文明的有效抓手。“乡村振兴既要塑形，也要铸魂”，乡村文化振兴好比是乡村振兴战略的“灵魂”。要在牢牢把握农业传统文化精髓基础上发挥出其独特的文化品格。

农业美学蕴含丰富的文化价值，包括：①农耕文化，如耕作制度、农业生产经验、传统品种、生产工具、劳动方式等。诸如稻鱼共作、稻鸭共作、梯田文化等被列入世界文化遗产。②民间信仰，这是一种人们在长期生产生活过程中逐渐形成的有关神灵崇拜的信仰习俗惯制，它以“敬畏自然、崇德敬祖”为基本思想主题，蕴含着“万物有灵”“天人合一”等丰富的生态哲学思想，是原始先民对自然、世界、自我的认知方式和价值观念的一种反映，体现着民众趋利避害的文化心理以及对美好生活、理想社会的一种精神渴求。③民俗文化，是人们在长期生产和生活中形成并世代传袭的生活方式，体现在乡村居民衣食住行的方方面面，包括劳动方式、消费方式、交往方式以及文化娱乐方式等，并与民族传统节日联系在一起，表现为婚丧嫁娶等人生礼仪、节日庆典、民族舞蹈、音乐表演等，是中华民族传统文化的重要组成部分。

农业美学的文化价值载体首先存在于村落的空间结构中，村落形态、乡村肌理、特色民居、农家院落以及祠堂、庙宇、戏台等公共空间都是传统文化的重要载体。其次，文化价值存在于乡村特定的社会结构中，家庭、家族的存在以及农户的开放性特征，形成了特定的家族关系、邻里关系和熟人社会，于是就有了上慈下孝、尊老爱幼、邻里互助、诚实守信等传统美德，就有了乡规民约、村落示范、监督和教化功能，也就具有了文化传承。最后，农业美学的文化价值存在于农业农村的生产与生活方式之中。其既是乡土文化的内容，又是传统文化得以存在的重要载体。

（四）农业美学与治理有效

农业美学的教化价值，即农业美育，是指乡村特定空间中产生的社会规则以及文化现象对人的行为及观念的塑造作用。在农业农村发展过程中，形成了特定的文化规范，在潜移默化中发挥着对村民行为的训导、规范与教育作用，通过邻里的亲近与疏离、群体舆论与压力、节日时令与庆典礼仪、村规民约与习俗等途径，让人们在不知不觉中知事明理、明辨是非善恶。党的十九大报告指出，要构建自治、法治、德治“三治”融合的乡村治理体系。乡村自治需要一定的条件做基础，其中村民的主体地位、熟人社会、使用共同的资源、维系共同的秩序是村民自治的重要前提，“德业相劝，过失相规，礼俗相交，患难相恤”的教化价值发挥了作用。而农业美学中蕴含的农业劳动、农村节日、礼仪、风俗、习惯、家风家训、村规民约，以及保存在乡村的勤劳俭朴、团结和睦等传统美德，亦是重要的德治资源。同时，可在农村开展美育教育，举办艺术体验、艺术展演、艺术培训以及艺术养生等活动，陶冶村民的情操、培养村民的兴趣、提升村民的整体素养，有助于村民在美的浸润中激发对美好生活的热爱，培养积极乐观的生活理念和健康向上的生活方式，构建起丰富的物质和精神家园，营造积极向善的社会氛围，共筑和谐的村民关系、干群关系。

五、乡村振兴中农业美学资源开发

（一）农业美学的价值生成

农业美学是一种乡愁记忆，是人们的审美体验，在乡村振兴背景下，这种乡愁记忆、审美体验需要结合农业农村实际，人为地挖掘、创造、激活乡村的农业美学价值。从农业美学价值创造的角度看，农业美学价值链，即围绕某一农业产业或产品而进行的农业美学价值的生产、流通、实现的过程。随着经济水平的提升，人们在乡村乡愁情绪日渐增长的同时，对产品的品质、外观、服务、科技等身体体验和精神感受也产生了更高层次的消费需求，因此农业美学需要为消费者提供深度美感体验的产品和服务，其价值的开发包含产品和服务两部分。生产端以美学创意为核心，具体包含农业美学需求的识别与挖掘、农业美学资源的识别与建构、农业美学产品或服务的设计（如主题、氛围、情境、故事、活动等要素的设计）以及相关产品的技能培训、监管等内容；消费端则以美学体验为核心，满足消费者体验性消费需求，具体包括农业美学的营销、消费者的农业美学消费、农业美学体验、农业美学价值增值等。例如，在葡萄酒特色小镇的开发中，围绕消费者对天然生态有机葡萄酒的农业美学需求，形成集农产品生态种植—采收—葡萄酒的制作加工—观光—旅游—康养—教育培训等为一体的农业美学产业链。农业美学价值生成链见图 2-5。

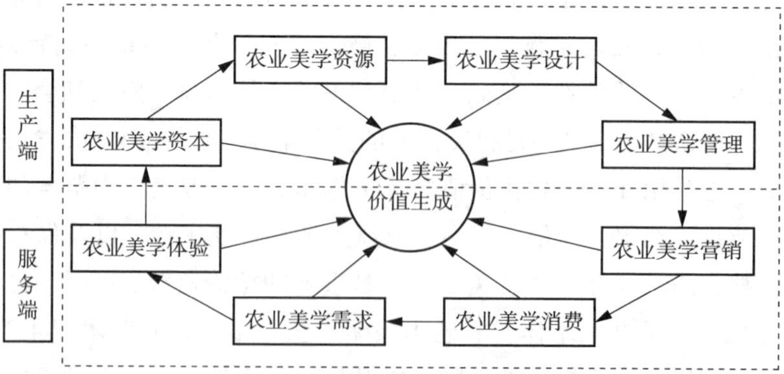

图 2-5 农业美学价值生成链

（二）农业美学价值开发实践——以修武县乡村振兴的美学路径为例

1. 基本情况

修武县位于河南省西北部，焦作市东部，北山南川，总面积 611 平方千米，人口 27.4 万人，是千年古县、旅游名县。近年来，修武县认真贯彻习近平总书记“传承和弘扬中华美学精神”“建设美丽中国”“绿水青山就是金山银山”等系列重要指示精神，在推进乡村振兴的探索中，修武突出了“美”这个关键词，将美学设计作为核心竞争力。从 2016 年首提党建美学，到 2018 年把美学经济作为统领，促进一二三产业融合发展，5 年多以来，修武深度挖掘农业美学元素，激活了全县 187 个村的农业资源“富矿”，打造出党建、山水、景观、文化、乡村、城市、工业、艺术等 8 个美学类型，荣膺“中国县域美学策源地”称号，在全国率先走出了一条“1355”的乡村振兴美学之路，即以党建为引领，以高层次人才团队引进、群众动员、多元投入为基本手段，以乡村文化（乡村自然风貌、乡村建筑、乡村民俗、乡村产业、乡村生产生活方式等）的美学设计和价值变现为基本途径，实现“留住乡愁、传承文脉、调动原住民积极性、全民美育和投入产出相对平衡”的五大愿景，为县域践行新发展理念积累了宝贵经验。

2. 具体做法

（1）以美学改造丰富党建阵地，助力组织振兴。从 2016 年开始，面对村级活动场所建设水平不高、分布较为分散、为民服务能力下降、利用效率不高的状况，修武县从补齐硬件设施短板切入，广发“英雄帖”，先后吸引 70 多位名校毕业的设计师和具有丰富实践经验的乡建专家，参与到农村党建阵地的改造提升中。同时，修武县实施民心导向“透明决策”制度，动员群众出点子、提建议，提高他们参与的积极性。结合各村实际情况和群众建议，将具有单一办公功能的农村队部，改造成为共享开放的党建综合体。各具特色、外观时尚、功能齐全的党建综合体在修武遍地开花，沉睡的乡村资源被唤醒。比如沙墙村党建综合体里，一楼设有咖啡厅、乡村书社、村民讲堂、学习室，二楼建有 VR 体验馆、手工艺品展销馆。该村党支部凭借着不俗的“颜值”，很快走红网络。西村乡的黑石岩村，充分挖掘村史、党史，将窑洞村委会改造成具有时代气息的红色教育基地，400 人的小村庄吸引了 1.5 万名党员前来参加主题党日活动。目前，修武县已经完成了 127 处党建综合体的美学改造，在乡村规划建设中有意识地将党员活动中心、服务中心、文化场所、学校、卫生所汇聚到党建综合体附近，整体带动了乡村的发展。除了视觉审美上加强阵地建设外，还将美学理念融入党员行为、生活及制度建设上，围绕组织生活美、党员行为美和制度设计美展开工作，鼓励党员捡垃圾，维护人居环境，鼓励大家相互关照、沟通、分享经验，设置“村民监督书记评议制度”，以社区建设形式营造良好社会氛围。着力推动“民心是最大的政治”在农村落地生根，破解了农村基层党建过去“不知咋下手”“抓什么”的问题，提升了党建引领基层治理的能力。

（2）以美学项目带动产业融合发展，助力产业及文化振兴。修武县因地制宜，把美学设计作为核心竞争力，围绕农业特色产业，突出美学设计，带动一二三产融合发展。比如围绕特色玫瑰产业、松花蛋产业，打造了玫瑰产业园的“因恋婚礼堂”、松花蛋产业园的“丑鸭工坊”，并在加工基地开展工业旅游参观，游客在此可以了解到玫瑰园面膜工厂的生产流程，“丑鸭工坊”展示了将一枚枚普通鸭蛋制作成松花蛋的过程，增强了游客的体验感。此外，郇封镇后雁门村围绕特色冰菊产业，挖掘七贤养生文化、怀药养生文化，将农业与旅游、康养相结合，建起“冰菊工坊”“花田书屋”，打造冰菊小镇，先后建设了韩文公祠、农耕文化一条街、怀药研修院、木耧巷、怀锦堂，形成了集药、茶、食、观光、养生于一体的大型现代生态旅游综合体，推动“医、养、食、药、学、游”全面融合；依托竹林七贤文化、陪嫁妆爱情传说等文化载体，设计“云台小七”IP 动漫形象，打造太行山上“爱情村”，实现了文化与旅游的有机融合；利用美学设计理念，大力发展云台山特色民宿产业，如 2018 年荣获河南休闲农业与乡村旅游最佳特色民宿的“云上院子”，其在建设过程中，传承当地建筑文化，就地取材，古朴的石墙、层叠的青瓦、千年的古树、百年历史的老门板，最大程度地保持了对老建筑原有面貌的还原。“赏天之云卷云舒，听树之叶起叶落”，民宿依山而建，让游客抱林而居，小隐于野，感受田园、山水之美，享受身心愉悦。

（3）通过引智及发展乡村美育，助力人才振兴。为发挥农业美学项目的创新引领作用，修武广发“英雄帖”，通过招才引智，先后邀请北大、清华，美国哈佛、宾大等 80 多位海内外知名设计师参与县域美学项目的设计、建设和运营。联手打造农业美学建筑和农业美学产品。与此同时，修武注重干部内部的人才培养，规定每个乡镇和县直单位由副书记担任美学专员，要求他们具有一定的美学素养。在村民中组织大洪拳协会、传统艺术表演队、辣妈舞蹈队等活动，丰富村民组织文化生活。在全县推广音乐特色教育，开设美育课堂，打造乡村系列美学小建筑，联合知名团队，教授孩子们即兴表演，让修武的孩子们从小在家门口就能感知美、鉴赏美、创造美，得到和大城市孩子一样的美育教育，力争培养造就一大批会发现美、欣赏美、创造美的农业美学人才。2021 年，修武召开全民美育大会，在全国率先启动全民美育，用美学为家庭、学校、社会、企业、机关等五大领域群体赋能，凝聚起全县上下共同奋斗推动共同富裕的强大力量。一系列举措也催生了良好的“化学反应”，更多的年轻人返乡创业，实现了人才聚集。全县 187 个村通过村两委换届选举，吸引了 44 名返乡大学生和 37 名外出务工经商人士“金凤回巢”，他们当选村干部，助力家乡下好发展先手棋。

六、乡村振兴中创造农业美学价值的建议

（一）规划先行，深入挖掘和整理乡村美学资源

农业美学价值的挖掘首先需要科学规划，且应成为乡村发展规划的重要考量因素。以修武为例，修武以“美学设计”开辟产业升级第二路径，由德国罗兰贝格和安永（中国）编制了《美学经济战略发展规划》，明确产业定位，引入知名建筑设计师，运用美学设计，让每个项目、每个建筑都向美而行，无设计不建设。修武县委、县政府还专门成立了美学经济领导小组，同时县政府设置了正科级事业单位——美学经济服务中心，负责对所有美学经济项目谋划、督导、招商，同时对设计进行把关。农业美学价值的挖掘需要在完善的美学规划设计及项目管理基础上开展，深入挖掘、整理乡村的自然资源、社会资源和文化资源等。乡村美学价值既包括如生产、生态、生活、文化与教化价值等，也包括乡村构成要素的价值，如地理环境、水资源、特色乡村形态、特色物产、特殊生活方式、地方知识与信仰等，都有其特殊价值。发现乡村美学价值有两个途径：一是通过考察资源利用的历史，搞清楚某一具体乡村资源要素的优势与传统利用方式，以此为基础，研究其在新的历史条件下有无再利用和开发的价值；二是从新的角度看待乡村资源，因乡村具有很强的综合性，从不同视角、不同学科、不同思维方式审视乡村时，往往会发现常人难以发现的价值。

（二）以创意和体验为核心延伸产业链条，放大和提升农业美学价值

美感要素对农业生产和销售有直接的影响，在当今激烈的市场竞争中，

靠升级“硬件”已不能充分满足消费者的需求，以美感体验和创意为核心的美感要素作为农业的“软件”日益成为消费升级的重要驱动力。农业美学资源开发的关键是要在有效整合资源的基础上，开展创意设计，发挥审美体验效用。一是要具体分析当地自有农业美学资源的禀赋优势，识别特殊景观、特色饮食等有形资源以及民俗习惯、民间艺术等无形资源，加强乡村美感要素融合，实现价值放大，如农业的景观价值、乡村的休闲价值、农业与乡村的艺术价值以及教育价值，都可以成为乡村发展的新增长点，为乡村发展带来动力与活力。二是对识别出的自有美学资源进行广度整合和深度设计，以实现资源的转化与提升。以自有美学资源为依托，以满足消费者需求和增进美学体验为导向，将美学原理（如审美标准指导下的景观布置）、美学技术（如产品和服务的美学设计）、美学意义（如价值内涵的挖掘），融入自有农业美学资源中，通过营造良好的体验环境和打造具有深度体验性的农业产品及服务，形成一个个具体的美学体验事件，如多种休闲项目的提供、农事体验的多维度设计、故事化的精妙构思等。消费者借此感知并体验农业美学资源，如欣赏田园美景、呼吸清新空气、品尝乡村美食、感受农事活动、参与服务项目互动等，获得了感官享受、情感满足、科普教育、互动乐趣、自我提升等多维度美学体验。这些深刻的记忆与美好的体验带给消费者愉悦感，触动他们的内心，促使他们增强再度体验意愿，能有效提升消费者对农业产品和服务的满意度和忠诚度，最终创造出体验价值（见图 2-6）。

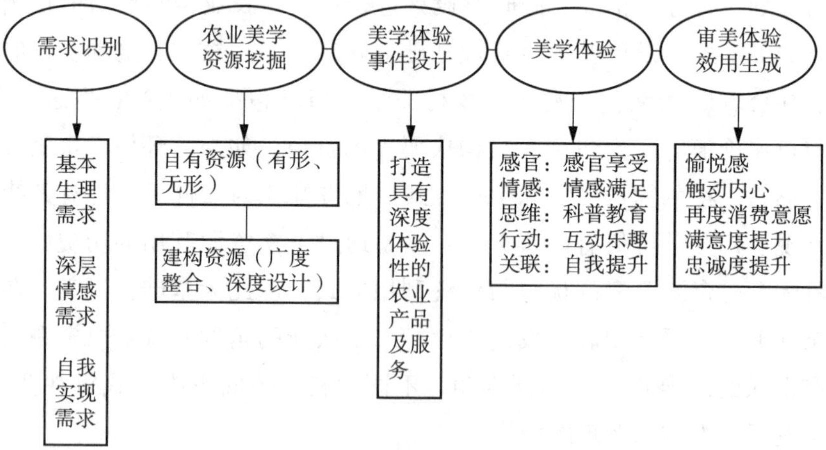

图 2-6　农业美学价值开发的审美体验效用

（三）农业美学资源的开发应坚持生态优先的原则

“绿水青山就是金山银山”，农业美学资源的开发必须建立在生态优先的基础上，如果环境不达标，提高产业附加值就无从谈起。农业美学资源的开发一定是基于低消耗高产出、对生态环境无害的开发，不搞密集开发、过度开发，应坚持疏密相间的留白规划策略，避免破坏性开发、运动式开发、低品质开发。例如，修武县在坚持美学引领下，把旅游项目建设和农村人居环境整治结合起来，组织60余支美学设计师团队下乡入村，高品质谋划实施了岸上村、金岭坡村、古窑村等一批乡村旅游人居环境整治试点，加强户厕改造、农村污水及生活垃圾治理，并在常态化保洁机制上下功夫重视环保宣教普及，发动了一批环保志愿者对村民进行科普宣教，培养村民的主人翁意识，形成人人参与环境治理的良好局面。

（四）加强农业美学要素引进，引领大众审美品位的提升

农业美学要素的引进是为乡村注入活力的有效手段。在引进物质要素的同时也要注意文化要素的引进，并加强智力资源的引进与农业美学人才的培养。在从农业美学的角度切入乡村振兴工作的过程中，要将审美视为“生产力”，贯彻农业美学资源无限、市场无边、产业无界、创意无限的发展理念，以美学项目为引力，带动一二三产业融合发展。通过原创的美学设计，提升美感的“创造力”，深挖和“绿水青山”息息相关的历史文化、农产品、传统村落等农业美学资源，将乡村创造成一个生机勃勃的美学世界，进而推进人们审美观念的更新，把社会大众的心灵之感、审美之想带上新的精神高度，形成以农业美学为核心的县域融合型产业链，实现同步产业联动与价值增值。

第三章　北京市美丽乡村建设规划问题与对策研究

钟春艳

第一节　北京市美丽乡村建设情况

一、“美丽乡村”的发展历程

美丽乡村建设是在我国农村空间，遵循乡村发展规律、坚持城乡一体化发展、以农民为主体、社会各界广泛参与，以生态文明建设为突破口，持续推进农村经济、政治、文化、社会和生态的“五位一体”建设，最终实现农业强、乡村美、农民富、农村和谐稳定目标的一个循序渐进的历史过程。美丽乡村建设是美丽中国建设的基础和前提，也是生态文明建设理念指导下提升社会主义新农村建设水平的新工程、新载体。美丽乡村建设是当前和今后一个时期各级各地做好农业、农村和农民工作的指导思想和行动指南。

通过查找相关资料，我们对美丽乡村建设的提出过程进行了简要梳理。

（一）学术界关于“新农村运动”的提出与实践

1920 年，周作人在《新青年》上宣布成立“新村北京支部”，在中国宣传并实践“新村运动”。20 世纪二三十年代，以晏阳初、梁漱溟、卢作孚等为代表的知识分子，秉承救济农村即拯救国家的理念，在全国掀起了一场规模大、时间长、波及广的乡村建设运动。

1999 年，我国最早提出真正意义新农村建设理论的学者林毅夫指出，中国产能过剩问题的解决，关键在于启动农村消费市场，并主张开展“新农村运动”。2003 年 7 月，最早提出当代中国“三农”问题的学者温铁军与河北翟城（晏阳初当年曾经从事建设的旧地）村民集资建造了中国第一个免费培训农民的“晏阳初乡村建设学院”。学院把农民组织起来，进行职业技术培训，目标是使农民有能力建设自己的家乡，从而就地解决剩余劳动力。

近百年来的“新农村运动”取得了大量成果，但在调动起广大农民的积极性方面仍有欠缺，导致乡村建设的主体不是农民群众而是城里来的社会精英，不可避免地形成“乡村运动、乡村不动”的悖论。

（二）党和政府关于“美丽乡村”建设实践

从党的历史文献来看，早在 20 世纪 50 年代政府就提出和使用过“社会主义新农村”概念。1957 年 3 月，刘少奇在湖南省长沙市中学生代表座谈会上的讲话中就指出，“合作化以后的农村是新的农村，现在的任务是，要为建设社会主义的新农村而努力奋斗”。1964 年 1 月，在关于动员城市知识青年上山下乡的决定中，号召广大知识青年立志“建设社会主义的新农村”。这一时期的“社会主义的新农村”只是一个号召或政治口号。

改革开放以后，新农村的提法在中央文件中最早见于《关于积极发展农村多种经营的报告》，该文件提出“建设一个农、林、牧、副、渔全面发展，农工商综合经营，环境优美，生活富裕，文化发达的新农村”。1991 年党的十三届八中全会《中共中央关于进一步加强农业和农村工作的决定》和 1998 年党的十五届三中全会《关于农业和农村工作若干重大问题的决定》，都提到过“建设社会主义新农村”的问题。2005 年 10 月，党的十六届五中全会正式提出建设社会主义新农村重大历史任务。2007 年 10 月，党的十七大提出“要统筹城乡发展，推进社会主义新农村建设”，进一步提出建设生态文明的新要求。

在“十一五”到“十二五”期间，全国多个省份按党的十六届五中全会的要求，为加快社会主义新农村建设，制定美丽乡村建设行动计划并付诸行动，取得了一定成效。2008 年，浙江省安吉县正式提出“中国美丽乡村”计划，出台《建设“中国美丽乡村”行动纲要》，提出用 10 年左右时间，把安吉县打造成为中国最美丽乡村。浙江省也制定了《浙江省美丽乡村建设行动计划》。广东省的增城、花都、从化等市县从 2011 年开始启动美丽乡村建设，2012 年海南省也明确提出推进“美丽乡村”工程。“美丽乡村”建设已成为中国特色社会主义新农村建设的代名词，全国各地正在掀起美丽乡村建设的新热潮。

2012 年 10 月，党的十八大报告提出，要大力推进生态文明建设，努力建设美丽中国，实现中华民族永续发展。2013 年 1 月，党的十八届三中全会提出要建设美丽中国、形成人与自然和谐相处的新格局，要实现这个目标，首先要解决广大农村的基础设施薄弱和环境脆弱的问题。2013 年，中央一号文件《中共中央 国务院关于加快发展现代农业进一步增强农村发展活力的若干意见》提出，加强农村生态建设、环境保护和综合整治，努力建设美丽乡村。2014 年 3 月出台的《国家新型城镇化规划（2014—2020 年）》明确提出要建设各具特色的美丽乡村。

党的十八大以来，我国落实乡村振兴战略，加大力度推进美丽乡村建设，促进农业发展、农村繁荣、农民增收，美丽乡村建设取得了显著成效。党的十九大报告中提出“三农问题是关系国计民生的根本性问题，全面实施乡村振兴战略”。2018 年，《中共中央 国务院关于实施乡村振兴战略的意见》出台，标志着我国乡村建设进入了新时期，产业兴旺、生态宜居、乡风文明、治理有效、生活富裕成为新时期美丽乡村建设的总目标。

二、北京市美丽乡村建设情况

2014 年，北京市委、市政府做出了推进美丽乡村建设的决策部署，全面开启了美丽乡村建设。自 2014 年起，全市每年以不低于现有村庄 15%的比例推进美丽乡村建设，力争到 2020 年将郊区农村基本建成“绿色低碳田园美，生态宜居村庄美，健康舒适生活美，和谐淳朴人文美”的美丽乡村。

（一）北京市美丽乡村建设的工作基础

作为新农村建设的升级版，美丽乡村建设得到了北京市委、市政府的高度重视。受我国农村发展阶段和人们认识水平影响，加上主管部门不同，社会主义新农村建设、首都绿色村庄创建、村庄“五边”绿化、美丽乡村建设标准确定，工作重点各不相同，在相互借力的基础上，共同为推进北京的美丽乡村建设奠定了坚实基础。

社会主义新农村建设的主要目的是提高郊区农村居民的生产生活条件，侧重点是“五项基础设施”建设。2006 年，为贯彻落实《中共中央 国务院关于推进社会主义新农村建设的若干意见》和党的十六届五中全会精神，北京市委、市政府出台了《关于统筹城乡经济社会发展，推进社会主义新农村建设的意见》，加大对村庄基础设施建设的投入力度。2006—2008 年，全市共投入 26 亿元，对 79 个试点村和 320 个整体推进村实施了村庄五项基础设施建设。

2009 年，市新农办印发了《北京市新农村“五项基础设施”建设规划

（2009—2012 年）》，按照规划对 10 个远郊区县的 1709 个重点村、1423 个一般村和近郊区的 267 个村进行了基础设施建设和完善，建设内容为街坊路建设、安全饮水、污水处理、厕所改造、垃圾处理等，4 年投资 135 亿余元。

社会主义新农村“五项基础设施”建设标准见表 3-1。

表 3-1　社会主义新农村“五项基础设施”建设标准

总体要求	生产发展、生活宽裕、乡风文明、村容整洁、管理民主		
投资情况	市财政投资，平均 400 万元/村		
建设任务及规格	街坊路建设	硬化	主要街道：山区路宽 4 米，平原区路宽 6 米，平均 105 元/平方米。沥青、水泥或块石路面 次要街道：山区路宽 3 米，平原区路宽 4 米，平均 90 元/平方米。沥青、水泥或块石路面
		绿化	街道两侧、宅旁空地绿化，平均 20 元/平方米
	安全饮水	一户一表改造	计量化、节约化水表，平均 2000 元/户
		老化管网改造	UPVC 管或 PE 管，平均 240 元/平方米
	污水处理	重要地表水源、民俗旅游村	UPVC 管、暗沟、无害化处理，平均 450 万元/村
	厕所改造	户厕改造	三格化粪池、便器、冲洗装置等，平均 1700 元/户
		公厕建设	三格化粪池、便器、冲洗装置等，平均每座 12 万～20 万元
	垃圾处理	垃圾分类及资源化利用	垃圾桶、运输车、处理机、厂房等，平均 600 万元/乡镇

资料来源：张国祯，赵传森. 北京美丽乡村建设的现状与对策探讨［J］. 国土绿化，2017（5）：48-51.

2014 年，北京市委、市政府印发了《关于调结构、转方式、发展高效节水农业的意见》，做出了“全市利用边角地、农村沟路河渠、村周边挖潜增绿，实现绿化 3 万亩”的具体部署。根据首都绿委办编制的《北京郊区“五边”绿化实施方案（2015—2020 年）》的要求，截至 2019 年 12 月，首都绿化办已对 3000 多个村庄进行了绿化美化，完成村庄绿化美化 7000 余公顷，创建首都绿色村庄近 800 个。

美丽乡村建设是新农村建设、首都绿色创建成果的集大成者，建设内容包括田园美、村庄美、生活美和人文美四大类，细化为 19 类 40 项指标（见表 3-2）。

表 3-2　美丽乡村建设标准

总体要求	绿色低碳田园美，生态宜居村庄美，健康舒适生活美，和谐淳朴人文美	
投资情况	市财政转移支付，平均 500 万元/村	
绿色低碳田园美	村域生态环境保护良好	进行山体恢复、土地开发整理，无私挖盗采，田园清洁，景观优美
	农副产品绿色环保	普遍实现节水农业，农副产品达到无公害，农药、化肥施用量逐年减少
	田园环境综合整治	农作物秸秆综合利用率达 100%；无露天焚烧现象；村内规模化养殖场粪污治理率达 100%
生态宜居村庄美	村庄规划及建设	修订完善村庄规划，有序安排村庄建设，无私搭乱建现象
	农村环境综合整治	村庄环境干净整洁，无乱堆乱放；村庄垃圾分类及收集设施齐全、完好；无积存垃圾，无露天焚烧垃圾现象
	村庄污水处理	村域内沟渠畅通，无堆积杂物，无堵塞；重点村建设污水处理设施，确保运行排放达标
	村庄绿化美化	村内因地制宜进行绿化美化，无大片裸露空地；村庄绿化率达到 30%或以上
	基础设施长效管护	村内道路完好；公厕、公共太阳能浴室按需开放，正常使用；村内路灯完好；设施运行率达到 80%
	农民住宅抗震节能改造	村内 70%以上农宅达到节能标准，新建翻建农宅达到抗震及节能标准
	传统村落保护	村内具有保护价值的传统建筑、民居及古树、古井、古桥等历史环境要素有保护措施，保护良好
健康舒适生活美	农民收入	农村居民人均纯收入不断提高
	农村生活饮用水	村民生活饮用水卫生合格率达到 100%，供应有保障，能够满足村民生活需求
	农村电网改造	村内住户用电负荷达到 6 千瓦及以上
	防灾减灾	村内有防灾、减灾、消防设施并能正常使用
	农村居民用能清洁化	清洁能源使用率达到 80%及以上，村内无散烧劣质燃煤现象
和谐淳朴人文美	农村卫生服务	平原区居民出行 20 分钟能享受社区卫生服务，山区居民出行 30 分钟能享受社区卫生服务
	农村文化建设	文化、体育活动场所能满足村民需要。有无障碍设施、老年活动室等，能满足常住村民需求
	村务公开民主管理	村规民约健全，村级组织坚强有力，干群关系和谐

资料来源：张国祯，赵传森．北京美丽乡村建设的现状与对策探讨［J］．国土绿化，2017（5）：48-51.

（二）北京市美丽乡村建设重点举措

1. 集成资源，统一调度

美丽乡村建设是一项系统工程，北京市形成了资源集成、部门联动的工作机制。在市级层面，由市美丽乡村建设领导小组统一领导，市发展改革委等20余个部门按照分工，共同推进各项任务落实；在区一级，区政府是责任主体，区新农办负责统筹协调推进本区具体工作。农村地区“减煤换煤”等3项工作由市里负主责，统一组织实施，由市、区两级财政共同投入；村庄绿化、农村污水处理、农村历史文化保护传承等6项工作由区负主责，统筹使用转移支付资金，不足部分由区自筹，市级部门给予资金支持或奖励。

2. 顶层设计，科学规划

北京市建立了“1+*N*”的规划体系，“1”指按照《国务院办公厅关于改善农村人居环境的指导意见》（国发办〔2014〕25号）的主要精神制定的《提升农村人居环境推进美丽乡村建设的实施意见（2014—2020年）》，“*N*”主要包括《北京市新一轮农村电网提升行动计划（2014—2020年）》《北京市农村生活污水治理规则（2014—2020年）》《实施乡村振兴战略扎实推进美丽乡村专项行动计划》等。

3. 突出重点，加强反哺

北京市充分发挥城市对农村的反哺作用，并结合治理雾霾等重点工作，加快推进农村“煤改电”工程，市政府制定了一系列补贴政策，调动了农民使用清洁能源的积极性，降低了用能成本。市政府采取以奖代补的方式，在区当年取暖季农村地区“减煤换煤”、农宅抗震节能改造等方面，对区给予奖励。截至2017年，全市已经建成美丽乡村1300个；累计完成2513个村庄、约95万住户“煤改清洁能源”任务；连续实施三轮山区搬迁，累计搬迁4.7万户、11.1万人，建成搬迁新村260余个。

第二节 北京市美丽乡村规划实践探索及成效

一、北京市村庄规划编制实践分析

2005年，党的十六届五中全会正式提出建设社会主义新农村的重大历史任务。2006年初，北京市委下发《关于统筹城乡经济社会发展，推进社会主义新农村建设的意见》这一纲领性文件。自2005年底，北京市规划委员会同北京市农村工作委员会，组织北京市相关部门以及各区、县政府进行了全面系统的新农村规划工作，组织百名规划师下乡，在村庄规划的编制上“一边摸索、一边总结、一边实践”，逐步推进新农村规划的编制工作，先后出台了《关于进一步加强北京市新农村建设村庄规划编制组织管理的通知》《2006年80个试点村村庄规划编制指导意见》和《2008—2011年北京市重点村、一般村村庄规划编制指导意见》，从村庄规划制定、乡村建设工程管理、村庄规划监督建设检查及加强服务保障等方面，明确了有关部门和区县、乡镇政府的职责；同年还研究制定了《村庄规划编制标准》，对村庄规划涉及的用地分类、计算、布局、公共服务设施、道路交通、市政基础设施、防灾减灾等内容做了规定并提出相关要求，但未正式出台实施。

这一轮新农村规划的特点是自上而下、政府推动、财政支持，以完善公共服务设施、道路交通市政基础设施和环境设施为主。2010年，完成了以安全饮水、道路、垃圾、污水、改厕为重点的农村5项基础设施建设工程，所有行政村均实现了“村村通公交、村村通邮政”的目标，农村基础设施条件大大改善。各村都根据自身的特点进行了一定程度的村庄绿化美化、环境整治和景观的改造工作，村庄环境得到了改善。然而，本轮新农村规划也存在一些问题：首先，村庄特点体现不足，规划实践性差。编制方法上城市规划的痕迹还很重，部分村庄规划难以实施。其次，村庄规划与上位乡镇镇域规划在人口、用地、设施等方面存在脱节。最后，规划师专业设计思维主导的村庄规划，村民参与程度有限，规划没有充分解决村庄发展的实际诉求。

二、北京市美丽乡村规划转型的实践探索

2014年，北京市全面启动了美丽乡村建设，提出从2014年起，全市通过整治、建设和发展，争取到2020年全市郊区农村基本建成“村庄美、田园美、生活美、人文美”的“美丽乡村”目标，为实现这一目标，北京乡村规划也随之探索转型。

（一）从单一目标到综合目标的转型

以往的村庄规划以空间规划为主，侧重点在村庄用地布局、公共服务、道路交通、市政基础设施等硬件建设上，目标单一，无法满足村庄发展特色

化的需求。美丽乡村建设要求发展具有内生动力的健康可持续村庄。因此，现阶段的美丽乡村规划目标尝试综合考虑产业、文化、社会治理等各项内容，落实多规合一思想。规划梳理村庄的发展脉络，挖掘村庄的文化内涵，建立村民的文化自信；建立村庄治理体系，强化村两委基层治理的能力，建立村规民约，依靠自治力量对村民进行规范；设计可行的产业项目，增强村民自我“造血能力”，提高农民收入；完善政策机制，结合各部门配套的政策推动美丽乡村建设，引导社会资本合理介入美丽乡村建设，带动村庄发展。

（二）从蓝图式规划到实施型规划的转型

传统规划侧重村庄定位和发展目标，以蓝图式规划对村庄未来的发展进行引导。北京市美丽乡村建设标准指导下的本轮村庄规划更注重实施性，政府出台了《实施乡村振兴战略扎实推进美丽乡村建设专项行动计划（2018—2020 年）》等多个文件，要求在村庄规划中增加美丽乡村建设实施方案的内容，重点在拆除违法建设、治理村容乱象、整治农村垃圾、整治生活污水、实施厕所革命、提升村庄绿化美化水平、提升道路通达水平、提升供给设施配套水平、提升公共服务水平等方面，合理引导扶农资金有效落实，以实施有效为目的，为村庄发展提供良好的基础条件（见表 3-3）。例如，在实施方案中，提升道路通达水平就要求统计不同等级路面破损面积和未硬化的面积规模，梳理村庄现有路灯的种类、数量、使用情况、破损情况等，设计新修道路和修缮道路的效果，合理布置新增路灯的位置，并测算专项行动补贴资金，为下一步施工方案设计提供基础资料。

表 3-3　北京市美丽乡村专项行动 10 项工作任务

序号	工作任务
1	编制村庄布局规划，建设发展规划和美丽乡村建设实施方案
2	全面整治农村环境
3	加强村庄绿化美化和生态建设
4	全面开展农村饮用水水质提升和污水有效治理工作
5	实施农村厕所改造，加快实施垃圾分类和废弃物资源化利用
6	加快推进农村地区冬季清洁取暖
7	加强农村基础设施和村庄公共服务设施建设

续表

序号	工作任务
8	加快农村产业发展，促进农民增收
9	加强农村社会治理，建设乡村文明
10	建立健全长效管护机制

资料来源：《实施乡村振兴战略扎实推进美丽乡村建设专项行动计划（2018—2020年）》。

（三）从技术型规划到社会型规划的转型

传统规划是以规划师技术手段为主导的规划，是在白纸上做规划的思维，只考虑村庄空间规划的合理性，并不考虑生活在其中的社会群体的需要，缺乏社会性思维的考量。乡村规划的实施主体是多元的，规划实施的主体是村民，每户的经济条件不同，建设诉求不同，思想认识不同，都会对实施产生影响。在乡村振兴战略提出“健全自治、法治、德治相结合的乡村治理体系”的新要求下，乡村规划充分尊重村民的意愿，从传统的技术型思维向社会型思维转变，在村庄规划与建设中充分尊重村民的“主体地位”，激发村民的愿景力与行动力，使村庄规划充分体现村民意愿。

三、北京市美丽乡村规划的主要成效

（一）初步建立四级规划体系

经过多年的实践，北京市美丽乡村规划已初见成效。初步建立北京市、区、乡镇和村庄四级规划编制体系。2017年下半年，市级层面开展了《北京市村庄布局规划》的编制工作，2018年初已将《布局规划框架》征求各区意见，并将规划内容纳入《分区规划编制技术要求（试行）》，研究制定区级乡村规划指导意见。在市规划框架及区规划意见指导下，各区需结合实际，编制本区的美丽乡村规划，作为分区规划的专项规划，后续指导乡镇和村庄从环境保护、土地使用、建设、产业、风貌、文化等多视角提出总体规划和具体规划。

（二）指导各区开展村庄规划

为进一步推动试点村规划编制工作，组织力量对试点村进行现场调研，通过“上山下乡”、走访座谈，深入了解各区村庄编制工作的进展情况和存在问题，重点对 71 个试点村的村庄规划编制的基本情况、组织方式、规划师驻村等方面进行了调研，并形成《关于美丽乡村试点村规划编制工作的调研报告》。《北京市村庄规划导则（试行）》印发后，通过微信平台向社会广泛宣传，全市组织了北京市美丽乡村规划工作部署交流培训与美丽乡村建设培训活动。

（三）建立专家团队智库

为区级政府落实美丽乡村村庄规划编制的主体责任提供政策支持，推动出台《北京市乡村责任规划师制度工作方案》和《关于推进北京市责任规划师工作的指导意见》，通过主动聘请的方式建立乡村规划大师专家团队，形成"规划大师库"，切实发挥规划大师专家团队作用，选择大批村庄，邀请大师直接负责编制规划，力争形成大师经验以便推广；同时，通过向社会倡议、征集的方式建立乡村责任规划主体服务团队，形成"规划团队库"。区县、乡镇以上述两支技术队伍为基础，从中聘请乡村责任规划师。截至 2018 年 7 月，规划师征集活动共收到 161 家单位共 213 个团队以及 11 名个人报名，报名人数总计 1231 人。

第三节　北京市美丽乡村规划存在问题

一、规划管理粗放、重视不足、审查把关不到位

（一）重视不够，思想不统一，部门联动机制不完善

美丽乡村规划是一项政府部门主导的工作。美丽乡村建设是乡村振兴的具体体现，是融合经济社会发展、产业发展、村庄和基础设施建设和空间格局优化的"多规合一"规划。北京市《实施乡村振兴战略扎实推进美丽乡村建设专项行动计划（2018—2020 年）》中工作任务的第一条指出：编制村庄布局规划、建设发展规划和美丽乡村建设实施方案。健全乡村规划编制体系，完善规划审批流程。承担规划编制任务的规划师要驻村并深入实地调查，充分征求农民意见。

而一些干部对美丽乡村规划仅停留在"搞搞清洁卫生，改善农村环境"的低层次认识上，认为它只是给农村"涂脂抹粉"、展示给外人看的。规划中

有些参与干部贪大求洋，有些漠不关心。例如，前者不顾村镇基础条件，盲目为村镇定位“国际音乐小镇”“葡萄酒小镇”，致使镇村发展定位、发展方向不清，规划不能得到有效实施；后者只要完成任务，不关心规划具体内容，使得美丽乡村规划定位、发展思路不能细化与明确。由于对美丽乡村建设认识不够，对政策导向掌握不深入、研究不透彻，不同层级政府和不同职能部门在具体实施或参与美丽乡村规划编制时所表现出的积极性和行动力必然不同。乡村规划涉及部门较多，部门联动机制不完善，组织协调难度较大，致使一些规划中必需的土地资源、水资源、林业、气象等方面的基础数据收集困难，而规划编制中的踏勘和调研工作，更是因一些部门的不配合流于形式，对规划的编制质量造成不良影响。美丽乡村规划亟须形成整体联动、资源整合、社会共同参与的良好局面。

（二）美丽乡村规划管理粗放，规划底数不清

规划委托部门对规划工作的重要性、紧迫性认识不足，重建设轻规划的现象比较突出。一些乡镇在美丽乡村建设试点中，注重硬件设施建设，但不注重美丽乡村建设的总体规划和长期行动计划的科学制订。有的只重视局部规划，轻整体规划，如只重视某个试点村规划，而对镇域美丽乡村规划缺少通盘考虑。有时做规划，仅仅是为了某专项建设资金合理使用，这就造成这次这个部门委托做个规划，下次又是别的部门委托做个规划，规划存在随意性、重复性。笔者在延庆规划调研中，曾遇到个别干部和村民抱怨：“年年做规划，次次做规划，我们规划本子好几个，不知道哪个算数！”这也间接导致规划同质化设计严重、特色化设计不足，短期行为多、长远设计少。

由于“轻规划”，人们认为规划就是写写画画，经常有委托单位要求一个月甚至是一个星期完成一个规划，这样过粗、过快的规划必然存在很多问题。同时，美丽乡村规划的委托方与编制单位配合不默契，涉及收集当地基础数据、联系调研、入户问卷访谈等，均不能顺利进行。规划中涉及的一些镇、村（域）精确边界，一些模糊地块的土地性质，村一级的经济数据，部分村庄没有准确记录，有些则是不愿意去协调收集。这都直接影响了规划的进度和质量。

对于规划管理的粗放，还体现在规划的技术审查把关不到位。一些美丽乡村规划编制完成后，以乡镇名义打捆上报，以召开项目审查验收会的形式组织审查验收，因为工作量大，技术审查把关也做不到特别细致。规划虽经区县人民政府审查，但大部分并未获得区规划行政主管部门的正式批复，有一些规划根本就没有必要的项目审查验收。这些导致村庄规划没有法律效力，村庄建设管理缺乏法律依据。

（三）忽视规划长效管理机制的建立

美丽乡村规划不应该只是墙上挂挂，更应该成为指导美丽乡村建设发展的依据和抓手。规划评估是对美丽乡村规划实施、发展情况进行评估、修订，进而反馈和改进，从而有针对性地发展乡村。因而规划评估对美丽乡村建设具有正面促进效应和积极影响。长期性、滚动性的规划评估机制，可以对美丽乡村的规划实施进行有效监督、反馈，进而促进乡村有序、稳定、健康发展。根据我们的调研情况，除了2007—2008年，北京市规划委员会组织6家资深新农村规划编制单位，完成了10个郊区、县村庄规划后评估。到目前为止，北京市各区、乡镇均没有对乡村规划（美丽乡村规划）进行过规划评估。专家学者对于乡村规划评估的研究也存在空白。同时，乡村规划期限一般为3~5年，实施3年以上的美丽乡村规划的指导思想、规划原则、规划依据、规划目标和规划内容等方面，难以适应新形势和新要求，问题导向和目标引领较弱，针对性和时效性不强，已不能适应乡村发展需要，需要进行规划修订工作。但规划的修订没有得到重视，一般都是过了规划期限，再编制新的乡村规划。

二、规划编制依据有待完善

（一）规划体系有待健全

北京市的美丽乡村规划体系构建不完整，缺乏市级、区级的乡村发展总体规划，美丽乡村规划缺乏上下衔接和整体统筹，缺乏上位规划的针对性引导，规划的定位和向上衔接流于形式。2005年下半年，北京市规划院开展了《北京市村庄体系规划》的编制工作，这版村庄体系规划对全市近4000个行政村从规模、体制、区域功能、空间等方面进行了全面梳理，提出了覆盖全市的村庄类型和基本发展模式，并确定了村庄布局调整方式和时序、公共设施配置标准、产业发展方向等规划原则；将北京市所有的村庄划分为城镇化整理、迁建、保留发展三种类型，在此基础上制定分类指导的居民点布局调整策略。但由于各种原因，最后没有获得正式批复。《北京市村庄体系规划》

在梳理北京村庄的现状以及指导北京各区新农村建设规划的编制方面发挥了巨大作用。当前，北京市乡村发展已经进入新的历史阶段，根据新的形势、新的政策、新的任务而启动的《北京市村庄布局规划（2017—2035 年）》，已经于 2021 年 7 月获市委、市政府批复同意。各区及乡镇也亟须出台当地的乡村建设总体规划，用以指导各村的美丽乡村规划编制。

（二）编制依据有待完善

北京市美丽乡村规划具体编制过程缺乏统一的标准和规范的指导，这会影响规划的科学性和可操作性，特别是对于规划的落地实施造成了一定的困难。

近年来，我国先后出台了《村镇规划编制办法》（2000 年）、《城乡规划法》（2008 年）、《镇（乡）域规划导则》（2010 年）、《村庄整治规划编制办法》（2013 年）、《乡村建设规划许可实施意见》（2014 年）等规划法规文件，这些只能为美丽乡村建设等乡村规划提供基本指导。各地区还需要根据自己的实际情况制定更为细化、具体的标准和规范。

北京市也先后出台了《北京市村庄规划建设管理指导意见（试行）》（2010 年）、《北京市村庄规划导则》（2017 年）、《村庄规划用地分类标准》（2018 年）、《北京市传统村落修缮技术导则》（2018 年）等规划法规文件与标准，规定了美丽乡村规划的主要内容、成果要求、土地分类、部分用地指标等内容，对于美丽乡村规划起到了很好的指导作用。但这些规范与标准更多的是针对村庄、建筑、环境等方面，针对农业等乡村产业的规范标准缺乏，而且相关的实施细则一直没有跟进，特别是针对建设项目规划许可管理方面的技术性规定一直没有出台，大量的乡村规划管理工作都缺乏明确的操作规范。

三、规划深度不够、质量参差不齐

（一）规划编制单位资质与人员素质参差不齐

北京市的乡村规划一般都是为了引导建设资金的合理利用而开展的。这就造成了大批村庄同时编制规划，需要多个规划编制单位进入美丽乡村规划工作。而规划编制单位的水平不同，有的单位是农业工程咨询、城市规划设计甲级资信，有的是乙级资信，还有的没有资信，这势必会造成美丽乡村规划的侧重点不同、质量不同。农业专家编制的规划侧重村庄定位、布局调整、农业产业发展；城市规划专家则侧重村庄建筑、道路、给排水等的硬件规划。

由于时间紧、任务重，规划人员对于村庄了解不透彻。许多规划师在实践中缺乏对乡村在历史进程中形成的诸如空心化、人口老龄化、产业活力低下等基本特点的思考。这些都会造成美丽乡村规划的深度不够等问题。

（二）美丽乡村规划的质量存在缺陷

部分美丽乡村规划质量不高，存在起点低、水平低、层次低的现象。规划方案与实施政策不配套，乡村发展定位和发展思路不明确。没有深入研究村庄发展定位、功能布局、产业发展等方面问题。美丽乡村规划缺乏文化内涵，缺乏整体景观设计，规划设计没有把不同村庄的历史、文化、习俗纳入规划，并体现在村庄定位和景观特色建设上。美丽乡村规划设计的建设项目不切实际或是内容空泛，难以落地实施。只注重乡村生态宜居等硬环境的建设，对乡村文化、治理、文明等“软环境”建设重视不足。设计规范指导性不足、编制类型多样、设计成果难以实施；而一批邻近村庄同时做规划，一个单位做几个村庄的规划，都会造成村庄规划内容雷同，千篇一律。同时，规划范围多为原村址，规划内容主要是布局总平面设计，对村庄后期发展与“村庄整体设计”均考虑不够充分，总体内容深度没有达到美丽乡村建设发展的要求。

北京乡村地区人口的分散性、村庄的多样性和异质性等特征，使得保证规划切实符合当地情况并具有可操作性和较强的挑战性，还有大量的后续工作有待深化和落实。

四、规划落地实施难

美丽乡村规划落地实施难主要体现在四个方面：一是规划具体实施中缺乏统一的组织协调机构，缺乏顶层设计和统一的指导，责权不明。不同部门层级之间的职权交叉，造成政府管理的错位和越位，既影响工作的开展，又出现权责“真空”，造成政府管理的缺位。二是一些干部和村民在建设实施阶段照搬验收指标，将规划弃置一旁，很容易将建设美丽乡村等同于建造一个符合验收指标的“模型村”。建设情况的不到位、对规划初衷的全然不顾，使前期规划与后期建设相脱节。三是美丽乡村规划实施没有发挥群众的主体地位和作用。规划的实施靠政府唱独角戏，市场机制和社会力量的作用发挥不够。政府主导有余、农民参与不足的现象比较普遍，农民主体地位和作用没有得到充分发挥，甚至部分农民群众认为，美丽乡村建设是政府的事，“等靠要”思想严重。四是美丽乡村规划实施存在大量资金缺口。地方财政资金不足导致美丽乡村规划项目建设落实困难，大部分村集体经济薄弱，拿不出建设资金；而且大部分地方在进行美丽乡村建设时，没有积极探索如何引入市场机制、引入其他资金，发挥社会力量作用，而是采取传统的行政方法，推进规划实施。

五、村民主体参与性不够

对于美丽乡村规划本身，公众（特别是本村村民）参与是《城乡规划法》中的法定程序，是美丽乡村规划制定、实施过程中的重要环节。从村庄和村民的具体需要出发，充分尊重村民的选择，在充分理解具体乡村的文化传统、社会结构、环境与资源等方面的基础上，解决阻碍乡村发展的问题，是美丽乡村规划的基本要求。但现阶段，美丽乡村规划仍然具有较强的自上而下的意识，公众参与尚停留在无参与或者象征性参与阶段。村民参与美丽乡村规划的方式主要有问卷调查、入户访谈、村民代表大会和规划成果展示四种形式。每一种形式均存在不足之处。

（一）问卷调查中村民代答、敷衍、根本不答

最为主要的一种村民、公众参与形式是问卷调查，可使村民积极参与到规划中来。问卷的发放一般在第一次现场踏勘时进行。在村庄层面进行规划调研时，往往缺少十分规范的统计信息和基础资料，调研初期发放问卷，可以较早掌握村庄和村民的基本情况，有助于摸清全局。在以往的实践中，一些村干部不理解规划为什么要发放问卷，即使再三讲解和解释，他们也是敷衍了事，填报的数据不准确。由于问卷一般由村干部代为向村民发放，而且村里常住人口多为老年人口，就出现了村干部代答、村民敷衍了事或不理解问卷内容、大量问卷答案一致、少答漏答的现象。同时，由于郊区大多数乡村中，年轻人外出务工，村中多为文化水平不高的老年人，在他们中间产生的村民代表，也对村民参与起不到很好的解释带动作用。

（二）入户访谈时村民天马行空、根本不关心规划

在美丽乡村规划中，进行入户访谈是非常重要的公众参与方式，可以在

面对面、平等交流中获得一些问卷调查无法得到的信息。在以往的实践中，入户访谈的对象一般为村干部和普通村民。在对村干部访谈中，我们发现部分村支部书记对于村庄情况掌握不够全面，一些基本数据都要问村会计；对于各级政府部门的农村发展政策含混不清；关于村庄未来发展设想，也不切实际、好大喜功，或盲目模仿。对普通村民的访谈，一类是只关心自己能够享受的福利，对于自家的收入等问题避而不答，坚决支持村干部和村集体的一切事务，对于村中的问题与村庄未来发展没有自己的见解；另一类是片面放大村里已经发生的某些事情，特别是他认为不合理或是自己利益受到伤害的事情，全程聊一些与美丽乡村规划不相关的话题，对于规划访谈目的与内容引导均置之不理。能够关心、思考村庄未来发展的村民少之又少。

（三）基本不举行关于美丽乡村规划的村民代表会议

在美丽乡村规划中，召开村民代表会议也是公众参与的一种有效方式。但是，在京郊美丽乡村规划中，此种方式很少采用。主要原因有两个：一是村干部和村民代表对于规划重视不够，认为规划是规划编制单位的事情，村民代表大会不值得召开；二是京郊的美丽乡村规划多数都是时间紧、任务重，编制单位没有精力去组织召开，而且，通过入户访谈已经掌握一些村民的想法，认为没必要去开村民代表会议。

（四）不重视规划成果展示

规划成果展示是在规划基本完成阶段，在村庄内或通过其他平台对规划主要内容进行展示宣传的一种形式。通过成果展示可以对规划的普及和宣传起到积极作用，让更多的村民了解规划的内容，宣传规划中的新思想、新技术、新政策等，利于村庄规划后续的有效实施。同时，公众可以通过相应的渠道反映自身对规划的意见。但公众普遍认为这个过程是“形式主义”，很少有人会在这个阶段反映问题，特别是村民这一群体。因此，编制单位不够重视，极少向村民展示规划成果。

第四节　对策建议

美丽乡村规划直接关系着村庄未来的发展，美丽乡村建设必须坚持规划先行。通过美丽乡村规划，合理优化村庄布局，有效配置公共资源，既要加强基础设施等“硬件”建设，又要重视乡村文化、文明、乡村治理等“软件”建设。加快美丽乡村发展，构筑城乡一体、乡村振兴的新格局。

基于美丽乡村规划现状与存在问题，提出以下对策建议。

一、加强规划导向，做好顶层设计

北京市新农办作为北京美丽乡村建设的牵头单位，应当加大美丽乡村顶层设计，密切联系各成员单位，集思广益，稳步推进。同时，注意收集解释关于乡村振兴、美丽乡村建设的政策文件，以及美丽乡村规划的文件，定期下发到成员单位，组织干部进行学习。通过理论学习，统一思想，制定覆盖全市的整体性美丽乡村规划建设工作计划，强化全市的美丽乡村建设整体部署，明确不同类型的乡村所对应的建设思路，逐步建立分层次、多级别的城、镇、村乡村规划层级体系，采取上下结合、相互衔接的技术路线，建立“研究—磋商—讨论—决策”模式。在规划设计之初，深入调查研究，切实打破部门利益藩篱，提高定位，避免类似街坊路面全部硬化、重基础设施轻文化建设等问题的发生。

村庄规划编制完成后，要严格按照《北京市城乡规划条例》和《北京市村庄规划建设管理指导意见（试行）》的有关规定，在村委会公示 30 日，经村民会议或村民代表会议讨论同意，并经区规划行政主管部门组织审查后，报所在区人民政府审批。规划批准后，由所在地乡镇人民政府依法公布。要按程序加快村庄规划审批，使产生美丽乡村规划的法律效力，为后期村庄建设管理提供法律依据，有效规范乡村建设工程。

进一步落实美丽乡村建设中责任规划师、设计师制度，提高乡村建设治理的专业化水平。建议开展专职“乡村规划师”试点，或是各区、乡镇应确定专人负责美丽乡村规划管理，根据各村规划时限，制定美丽乡村规划修订或编制时间表，避免出现所有村庄规划一起做，时间紧、质量不能保证的问题。在规划编制过程中，乡村规划师主要是代表乡镇党委、政府履行规划编制职责，负责接洽规划编制单位，负责协调规划涉及的各个部门，负责收集乡村规划建设领域的基础数据，负责规划质量的初步把关，以及不同村庄规划的跟踪评估与修编调整事项。通过专人负责，建立起规划管理的长效机制。

二、深入调查研究，完善规划标准与实施细则

加快推进北京市村庄布局总体规划编制工作。近年来，随着经济社会快

速发展以及乡村振兴战略的提出，乡村发展环境发生了较大变化，迫切需要在新版《北京市城市总体规划》的指导下，编制新版全市村庄布局总体规划。科学确定村庄集并方向，制定集并整合方案，确定集并后的村庄数量和布局；推进城乡空间优化和土地综合整治，保护基本农田；推进美丽乡村建设，科学引导村庄环境整治，避免过程性浪费；引导公共资源配置和公共财政投向，促进城乡基本公共服务均等化；积极稳妥推进城乡发展一体化。

加强美丽乡村规划建设的相关研究。深入研究京郊的特殊区位条件、京郊农业发展的规律与趋势、乡村的生态环境、快速城市化等因素对于美丽乡村规划的影响。同时，立足本地情况，不断完善村庄规划标准与建设实施细则，从人居、环境、经济、文化、管理等多方面制定规划与建设标准，重点完善村庄经济产业方面的标准，对规划适用范围、村用地分类和计算、村庄农业产业等规划内容编制进行具体指导；完善农村建设项目管理实施细则，规范农村住宅建设体量，加强村庄规划建设的组织管理，改善农村生产生活条件，促进城乡统筹发展。

三、提高规划质量，助力美丽乡村建设

首先，确保高水平的规划编制单位进入美丽乡村规划领域。美丽乡村规划应该由具备城乡规划与农业咨询甲、乙级资信的单位来完成。资信级别高的团队，能够保证规划编制人员的素质较高，规划的技术水平高，相应的规划编制质量也会较高。同时，从规划团队的组成上，要确保团队中至少有一名注册城市规划咨询师或注册咨询工程师，同时还要有两名农业专家，全程参与规划。另外，规划编制时间和编制费用也是规划质量的影响因素。给规划团队相对充足的编制时间和合理的费用，也是高质量规划的必要条件。

其次，在规划内容方面，在遵守国家的规划法规条例前提下，重视《北京市村庄规划建设管理指导意见（试行）》（2010 年）、《北京市村庄规划导则》（2017 年）、《村庄规划用地分类标准》（2018 年）、《北京市传统村落修缮技术导则》对于美丽乡村规划的指导作用，严格按照这些标准和导则，编制规划。规划内容还应充分突出地域特色，整合当地的自然资源和人文资源，促进文化资源的传承，丰富乡村的文化内涵，提升美丽乡村的文化品位。美丽乡村规划应重点关注乡村产业发展，优化产业的布局，加强农业生产基地建设，以产业链为核心，大力延伸农业产业链条，积极拓展农产品的深加工、

精加工方向，通过规划引导农业转型发展。创新乡村的产业发展方式，以文化建设为重点、以标准化服务为入口，推进乡村休闲服务业的转型升级。推动农村一二三产融合发展，增强农村整体经济实力。

四、多方合力参与，保证规划落地实施

把规划蓝图落地变成美好现实，政府的主导作用要充分体现。北京市应以各级新农村建设办公室为美丽乡村规划实施的主导部门，在规划编制中，注重编制实施型规划，注重规划的合理性与可操作性。要确保美丽乡村规划的法律地位，并把规划内容分解成定性定量的具体内容，转化成年度行动计划，细化为具体的实施项目。为了更好地落实和执行美丽乡村建设规划，还必须研究制定美丽乡村建设标准体系。通过标准体系的配套实施，确保美丽乡村建设的质量和效益。

美丽乡村规划实施，要处理好政府主导与农民主体之间的关系。村庄不仅是农民的居住地，也是农民生产生活的重要场所，农民是美丽乡村的主人。建设美丽乡村，政府是主导，农民是主体，村里的事要由农民说了算，政府的主要作用是编规划、给资金、建机制、搞服务，不能包办代替，不能千篇一律，不能强迫命令，更不能加重农民负担。要探索建立政府引导、专家论证、村民民主议事、上下结合的美丽乡村建设决策机制。

美丽乡村规划落实，资金是关键，必须确保资金投入，形成多元化资金支持。美丽乡村建设投入大，不能靠政府用重金打造“盆景”，不能靠财政资金大包大揽，要发挥市场配置资源的基础性作用，应坚持“政府引导、农民主体、社会参与”机制，以财政奖补资金为引导，鼓励吸引工商资本、银行信贷、民间资本和社会力量参与美丽乡村建设，让更多美丽乡村项目在乡村地区落地生根。

五、注重长期引导，鼓励村民全方位参与规划编制与实施

公众参与是《城乡规划法》中的法定程序，是城乡规划制定、实施过程中的重要环节。村民是美丽乡村建设主体、受益主体，更应该是决策主体。长期以来，村民在参与意识、文化素质、主体意识等方面仍然存在着一定的差距，导致公众参与的效果一般。因此，需要逐步引导、培养村民的参与意识。政府应该改变常规“自上而下”的工作方式，规划编制要自上而下与自

下而上结合，让村民广泛参与。规划应让农民真正享有知情权、参与权、管理权、监督权，维护好、发展好、支持好农民群众作为乡村建设的主体地位。提高公众（村民）对于规划的认识，调动农民的积极性，可以通过多种喜闻乐见的形式，长期引导村民热爱村庄、关注村庄发展，认识到村庄规划对于村庄未来发展的重要性。由村委会充分发挥农民基层自治的优势，形成“村委会—村代表—村民”的“纵向沟通机制”，通过村干部收集农村各层面群体意愿，充分反映村民的利益诉求，为规划编制提供依据。同时，通过举办村庄规划学习班、规划实施讨论班等，增加村民对于规划的理解和关注。在规划中注意肯定、采纳村民的各种建议，也是鼓励村民全方位参与规划的良法，还可以尝试帮助村民自己编制规划，由规划专业人员提供技术支持，以确保政策和法规底线，让村民参与编制规划最接近“尊重”的本意，而不仅仅是按手印和投票。

在乡村振兴背景下，乡村规划将更注重以农民自身权益和意愿为出发点来保障乡村规划的可操作性和科学性；必须解决当前公众参与中存在的客观问题，并且通过公众参与来平衡各个利益主体诉求，构建符合农民根本利益和意愿的乡村规划公众参与体系，使农民成为乡村规划的主要受益方。

第四章　乡村振兴背景下的农村居民点用地结构分析与优化途径研究

姜翠红

第一节　农村居民点用地分类分析

科学合理的农村居民点用地分类研究可服务农村居民点内部土地的调查、规划与管理。农村居民点内部的土地利用现状分类是村级土地利用规划和农村土地整治等现实需求的前提和关键。据此，本章拟从土地利用功能的角度出发，以农村居民点土地利用的生产、生活、生态功能为主导，以《土地利用现状分类》（GB/T 21010—2007）地类字典表为基础，构建基于功能的农村居民点土地利用现状分类体系，同时，结合实证案例对该分类体系的实用性进行评价，以期丰富土地利用结构与其功能产出相互关系的研究，在实践上加强农村居民点内部土地的规划与管理，进而促进城乡统筹发展。

一、农村居民点用地分类现状分析

中国现行的土地利用分类体系主要是基于土地的利用形式、用途功能等属性进行的划分，可划分为土地利用分类和城乡用地分类 2 个系统。但长期以来，无论是土地利用分类，如《土地利用现状分类及含义》《全国土地分类（试行）》等，还是城乡用地分类，如《城市用地分类与规划建设用地标准》（GB 50137—2011）等，多将村域尺度的各类用地粗划为一个图斑，作为一类土地利用对象“农村居民点”进行处理与分析（见表 4-1）。

农村居民点用地作为农户用于所建住房以及与居住生活有关的设施用地，其内部包括住房、院落、林盘等多种用地类型，是一个复杂的土地利用综合体。当前的分类体系和方法尽管对指导宏观土地规划发挥了重要作用，但无法满足小范围、高精度的村级尺度的相关研究的需求，难以揭示出农村居民点内部的土地利用结构特征。

此外，在进行农村居民点土地利用分类的时候，通常将农村居民点内的土地所承担的功能与城市土地承担的功能对等，如《土地利用现状分类》（GB/T 21010—2007）和《村庄规划用地分类指南》中，将农村居民点用地进一步划分为住宅用地、商服用地、工矿仓储用地、公共管理与公共服务用地等。然而，农村居民点与城市在产业构成、人口构成、空间形态等诸多方面存在着明显的差异。简单套用城市的土地利用分类体系及研究方法，以城市视角看农村，以城市的思维规划农村，无法突出乡村旅游、畜禽养殖等乡村特色用地类型，进而形成了广大农村均质化、单一化的农村居民点发展模式。

农村居民点是农村人口生产和生活等综合功能的承载体，具有生活功能、生产功能、生态功能及文化功能等。这些功能随着农村居民的需求而不断发生变化，部分功能逐渐消失，同时另一部分发展出新的功能。具体来看，随着社会经济的发展、城乡分工体系的不断完善，农村居民点的生产功能逐渐被弱化，生活功能日益凸显，生态功能逐渐受到重视。这种变化促进农村居民点土地利用类型发生变化，从而改变了农村居民点内部用地结构。因此，农村居民点承担功能的变化是其内部结构变化的直接动因。但由于当前分类体系把内部用地类型日益多元化的农村居民点作为一个整体应用于土地规划与管理实践中，农村居民点承担功能实现要求用地结构与之相协调的矛盾日益突出，在一定程度上影响了农村居民点土地利用的科学研究及其应用管理实践。因此，亟须建立一个基于农村居民点功能演变的土地利用分类体系，明确各个用地类型的主导功能，以综合反映农村居民点用地系统的生产、生活、生态功能及其协调关系。

表 4-1　农村居民点用地分类现状

分类名称	年份	地类名称及代码	含义
土地利用现状分类及含义	1984	农村居民点（52）	镇以下的农村居民点
全国土地分类（试行）	2001	农村宅基地（253）	农村村民居住的宅基地
全国土地分类（过渡期间适用）	2002	农村居民点（203）	镇以下的农村居民点
土地利用现状分类（GB/T 21010—2007）	2007	村庄（203）	农村居民点，以及所属的商服、住宅、工矿、工业、仓储、学校等企事业单位用地

续表

分类名称	年份	地类名称及代码	含义
城市用地分类与规划建设用地标准（GB 50137—2011）	2011	村庄建设用地（H14）	农村居民点的建设用地
村庄规划用地分类指南	2014	村庄建设用地（V）	村庄各类集体建设用地，包括村民住宅用地、村庄公共服务用地、村庄产业用地、村庄基础设施用地及村庄其他建设用地等

二、农村居民点土地利用功能分类体系构建

（一）分类原则

一般意义上的农村居民点指不设建制镇的集镇和村庄居民点用地，主要包括农户用于所建住房以及与居住生活有关的设施用地。作为农村人口生产和生活等综合功能的承载体，农村居民点具有生活、生产、生态等多种功能，其内部的土地利用类型和强度能够直接影响各项功能的实现。因此，针对农村居民点用地的多功能性，本章在村域尺度上综合乡村当地社会经济发展情况和土地利用的生产、生活及生态功能差异，对农村居民点内部各类用地进行划分，其分类原则如下：

1. 突出乡村土地利用特点

在进行农村居民点用地分类之时，应重点考虑其与土地利用分类、城市用地分类的不同特点，如以农业生产为主要生计方式的村庄，用地复合功能明显，适当增加体现农村居民点特点的用地类型，对农村居民点内部出现较少的类型进行一定的合并，使得分类体系详略得当，适用于农村居民点。

2. 服务现代土地管理需要

针对当前农村居民点空心化严重、城乡建设用地增减挂钩、农村经营性用地入市、农村人居环境提升等现实情况，新的分类体系应着重考虑服务乡村土地的管理，如用地挖潜、确权等，在分类体系中应体现出农村居民点中的闲置用地、生态用地等用地类型并予以关注，同时应体现土地权属，服务农村土地的确权工作。

3. 体现社会经济发展

土地利用功能类型的划分，还需考虑到经济建设和社会发展的要求，体

现出随社会经济发展而出现的一些具有时代特点的用地类型，如农家乐用地类型的出现、打谷场等用地类型的逐渐消失等，真实反映农村用地类型、结构及农民生计类型的变化。

4. 与现有分类衔接

通过综合住房和城乡建设部、自然资源部、农业农村部等部门发布的相关分类指南，对分类含义和标准进行科学的界定，将新建立的分类体系和现存体系相衔接，便于成果共享。

5. 突出土地利用功能特点

土地是一个综合的功能整体，一个健康的用地系统不仅应该具有结构上的完整性，还应具有功能上的连续性，因此应针对不同用地类型承担的生产、生活、生态功能等进行区分，突出用地的主体功能，以便更好地配置农村居民点的各个功能结构。

（二）分类方法

《土地利用现状分类》（GB/T 21010—2007）从土地用途的角度将农村居民点进一步细分为商服用地、工矿仓储用地、住宅用地、公共管理与公共服务用地等，表明农村居民点内部的土地利用类型具有多样性，不同的土地利用类型承载着不同的功能。农村居民点作为农村居民生产生活的基本载体，农村居民更为关注其所承担的功能能否满足需求。

本书基于《土地利用现状分类》（GB/T 21010—2007），对农村居民点内部不同用地类型所承担的功能进行划分，将农村居民点内部各类用地划分为生产功能用地、生活功能用地、生态功能用地和潜在功能用地。其中，生产功能用地依据产业类型划分为农业生产用地、工业生产用地和商旅服务用地。农业生产用地涵盖农村居民在农村居民点内部的种养殖及其配套设施用地；工业生产用地主要是指农村居民点内部建设厂房从事工业或仓储等经营活动；商旅服务用地则囊括了集贸设施、个体商服、旅游服务等活动的用地类型。生活功能用地则按照农村居民的需求类型划分为居住用地、公共设施用地和交通用地。居住用地特指宅基地中承担农村居民居住生活的卧室、客厅、厨房等地类；公共设施用地包括教育、医疗、公共空间等为农村居民提供生活服务的用地类型；交通用地是指农村居民点内的街巷用地，作为连接农村居民点与外界的纽带，同时也是划分农村居民点各个小的居住单元的自然分界线，在农村居民点中显得尤为重要。随着农村人居环境建设、生态文明等理念的提出，农村居民点的生态功能逐渐受到关注，农村居民点内的生态功能主要体现为其内部的绿地和水域。同时，为了服务农村居民点管理需求，甄别暂时未体现出相应功能的空闲地等用地类型，应设立潜在功能用地。

在分类过程中，将《土地利用现状分类》（GB/T 21010—2007）地类字典表的二级地类对应或转化为农村居民点用地类型的三级地类；同时，对于典型区域农村居民点采取实地调研、半结构化访谈等方式，深入了解其内部用地的基本情况，并对《土地利用现状分类》（GB/T 21010—2007）未出现的用地类型进行补充，从而形成三级用地细分类型。其后，根据农村居民点特点，对一些地类进行合并，如将农产品加工用地和农产品服务设施用地合并为农业服务设施用地，同时考虑到当前打谷场已经基本不承担晾晒谷物的功能，可实现用地挖潜，以将打谷场从农业服务设施用地中提取出来等处理方式，形成农村居民点用地的三级地类。虽然该分类体系中农村居民点内部地类名称与现有《土地利用现状分类》（GB/T 21010—2007）地类字典表中地类名称类似，如工业生产用地、商旅服务用地、居住用地等，但从其空间分布来看，本分类体系中这些地类有不同于一级地类显著零散性的分布特征，它们与农村居民点空间关系更为密切，多分布在农村居民点内部，且对农村居民点的影响较为显著。两者在空间属性和分类等级上有明显差异。

（三）分类体系

本书中的农村居民点内部土地利用分类体系共设三级。其中一级类是以农村居民点用地的功能类型为主要划分依据，突出了土地利用的功能特点，设有生产功能用地、生活功能用地、生态功能用地和潜在功能用地 4 个一级类。二级类则主要是以土地用途为主要划分依据，衔接现有的用地分类体系，共包括 10 个二级类，其中生产功能用地以产业类型为划分依据，划分为 3 个二级类；生活功能用地按照农村居民的生活需求为划分依据，分为 3 个二级类；生态功能用地则按照土地覆被类型划分为绿地和水域 2 个二级类；潜在功能用地则按照整理利用难度划分为未利用地和待修复地 2 个二级类。三级类则在二级类的基础上进行了进一步细化，根据《土地利用现状分类》（GB/T 21010—2007）及实地调研结果，突出了农村居民点用地的特点，纳入能够体现社会经济发展的用地类型，同时关注农村居民点土地在管理层面上的需要，共设有 37 个三级类。

此外，新分类体系与《土地利用现状分类》（GB/T 21010—2007）地类字典表的对应关系也在表 4-2 中有所体现。需要指出的是，土地利用现状分类与土地利用功能并非能够完全一一对应，由于集约程度、轮作方式、需求淡旺季变化等管理方式的差异，相同的土地利用类型存在不同的土地利用功能。因此，理论上建立的依据土地利用功能分类体系可能会存在一定的功能交叉情况，如住宅用地的一间屋子用作小型商业的情况，因此基于该分类体系的用地分类需要结合实地调研，辨别相同的土地利用类型存在的功能之间的变动与转换，确定农村居民点内部土地的功能承载情况。

表 4-2　农村居民点土地利用功能分类体系及其土地利用现状分类衔接情况

农村居民点土地利用功能分类体系				土地利用现状分类对应二级地类
一级类	二级类	三级类	含义	
生产功能用地	农业生产用地	苹果自给用地	庭院内及附近种植蔬菜、果树等用地	
		畜禽养殖用地	养殖畜禽用地	
		水产养殖用地	养殖水产的坑塘水面	
		农业服务设施用地	各类农产品加工和服务设施用地	
		农具存放用地	存放农业生产所需农具及农用车辆等用地	
		打谷场	晾晒谷物用地	
		育秧房	繁育秧苗用地	
	工业生产用地	乡村型工业用地	基本不会对居住和环境造成干扰和污染的工业，如工艺品、缝纫等类型的工业用地	工业用地
		干扰型工业用地	对居住和公共环境造成一定影响和污染的工业，如食品、纺织、小型机械等工业用地	
		污染型工业用地	对居住和公共环境造成严重干扰和污染的工业，如采矿、化学、冶金、建材、造纸、制革等工业用地	
		普通仓储用地	存放一般物品的仓储用地	仓储用地
		危险品仓储用地	存放易燃、易爆、剧毒等危险品的仓储用地	
	商旅服务用地	小型商业用地	包括小超市、小卖部、小饭馆等配套商业	商务金融用地
		集贸设施用地	定期聚集进行商品交易的场所，包括集贸市场专用的各种设施和通道占地面积等	批发零售用地
		民俗旅游用地	村集体或农民用于旅游接待的餐饮住宿等设施用地	住宿餐饮用地
		其他商服用地	上述用地以外的其他商业，如洗染店、废旧物资回收站、维修网点、照相馆、理发美容店、洗浴场所等用地	其他商服用地

续表

农村居民点土地利用功能分类体系				土地利用现状分类对应二级地类
一级类	二级类	三级类	含义	
生活功能用地	居住用地	使用中宅基地	处于利用状态的宅基地，包括正在建设的宅基地	农村宅基地
		闲置宅基地	连续两年居住月数不足一个月的宅基地	
		住宅租赁用地	用于出租，承租方居住时间超过 3 个月的宅基地	
	公共设施用地	行政管理用地	政府、团体、经济、社会等管理机构用地	机关团体用地
		教育机构用地	托儿所、幼儿园、小学、中学及培训机构用地	文体娱乐用地、科教用地
		医疗保健用地	医疗、防疫、保健、休疗养等机构用地	医卫慈善用地
		公共空间用地	文化、体育、图书、文物、纪念、宗教及公共广场等的设施用地	公共设施用地
		供应设施用地	供水、供电、供热、供燃气、通信设施、广播电视设施等设施用地	
		环境设施用地	垃圾转运站、公厕、垃圾处理、危险品处理等设施用地	
	交通用地	主干路用地	农村居民点内的主干路，一般指宽度>6 米的道路	街巷用地
		其他道路用地	除主干路外的其他道路用地	
		交通设施用地	公交站、停车场等交通设施的占地	
生态功能用地	绿地	公共绿地	向公众开放，以游憩为主要功能的绿地	公园与绿地
		生产防护绿地	具有卫生、隔离和安全防护功能的绿地	
		庭院绿地	宅基地内部庭院中的绿地	
	水域	河流水面	指天然形成或人工开挖河流常水位岸线之间的水面	
		坑塘沟渠	指人工开挖或天然形成的坑塘常水位岸线所围成的水面	
潜在功能用地	未利用地	空闲地	土地状况较好，但处于闲置状态	空闲地
		裸土地	表层为土质、基本无植被覆盖的土地	
	待修复地	灾毁地	由于灾害导致用地毁坏	
		危害环境用地	由于人为干扰受到一定污染的土地	

三、农村居民点空间功能识别与分类

（一）农村居民点空间功能识别

农村居民点空间功能是依托农村居民点自然资源禀赋存在的自然本底功能。地域功能是资源开发和人类利用的复合特性：先是资源禀赋供给的基础功能，更重要的是因人类生活生产需求衍生的功能。农村居民点发展潜力是在发展过程中尚未体现出来的，需要特定的外部环境影响和内生动力驱动才能够展现，利用现有资源的综合能力。农村居民点空间功能、地域功能与发展潜力三者之间以及两两之间存在相互联系、相互影响、相互制约的互动关系。

农村居民点空间是产生地域功能的基础：农村居民点空间的要素组合和结构，对农村居民点地域的功能属性和强度起决定性作用。在构成要素方面，农村居民点空间功能与地域功能的要素之间存在重叠，水资源、土地资源、矿产资源以及生态状况是支撑农村居民点经济活动和社会生态系统环境的基础资源，这些资源的数量和质量直接决定了农村居民点空间功能的强度。农村居民点地域功能是人类因为生产生活活动需要赋予自然资源的利用价值，直接体现为农村居民点产业布局、空间区位、基础建设、生态保育活动等的生产、生活、生态功能。在外部调控与自然资源要素自变动的共同作用下，农村居民点空间与地域的非物质、物质元素之间产生了多种多样的交互作用。农村居民点土地利用结构、就业结构和社会组织结构也发生了相应转变，导致农村居民点生产功能、生活功能、生态功能等地域功能的产生和演化。

（二）农村居民点空间功能分类

土地是农村居民点生产、生活、生态活动的基本载体，本书中农村居民点功能重在关注土地所承担的功能及其数量强度能否满足需求。因此，参考《土地利用现状分类》（GB/T 21010—2017），将农村居民点空间多功能定义为生产功能、生活功能、生态功能和潜在功能四类。其中，生产、生活和生态功能是农村居民点空间的主导功能，功能之间具有互相关联、互相促进的关系。农村居民点的生态系统支撑着居民的生产、生活活动，但居民的生产、消费等活动又反过来影响着生态系统，导致生态功能发生变化。

1. 生产功能

农村居民点生产空间是指以土地为载体进行物质供给、基础生产以及间接生产的地域空间。根据生产要素特点和产品服务范围，生产功能又细分为内生型和外向型两类。内生型生产功能包括在农村居民点生产活动范围内，基于村庄自身基础生产的产品且主要服务本村村民日常消费行为的功能。外向型生产功能是指在农村居民点生产活动中，生产产品以输出型为主且服务本村范围之外的功能，通过集贸设施、个体商服、旅游服务、工业生产等活动的用地类型进行评价。

2. 生活功能

农村居民点生活空间是为居民日常活动提供生活居住、娱乐消费和文化休闲的地域空间。依据居民的需求层次特征，从基础型生活保障功能和发展型服务保障功能两方面表征生活功能。基础型生活保障功能是指维持居民日常衣食住行等基础需求的功能，发展型服务保障功能是指能提供居民消费和服务、保障发展的土地功能。基础型生活保障功能通过居住用地（宅基地中承担乡村居民居住生活的部分用地）进行刻画，发展型服务保障功能利用公共设施用地（包括教育、医疗、公共空间等提供生活服务的用地）和交通用地（街巷用地）进行刻画。

3. 生态功能

农村居民点生态空间是提供生态产品及生态服务的地域范围。农村居民点空间具有的生态功能体现在生态保育和环境维护两个层次，其通过提供承载空间消解容纳污染物，从而达到维护生态系统特征和服务、维持农村居民点生态平衡的目的。本书从生态净化以及生态供给两个角度刻画农村居民点生态功能强弱，具体而言，生态净化是指生态资源提供的水土保持、气候调节性等功能，生态供给则强调农村居民点空间向乡村居民提供生态产品和景观欣赏的功能特性。

4. 潜在功能

农村居民点空间由于空闲地的存在还有较大释放潜力，空闲地潜在的使用价值、经济价值和生态价值尚未得到充分发挥，通过对暂未体现出相应功能的空闲地类面积进行统计，对农村居民点潜在的空间功能进行评价。

第二节 实证研究

一、研究区概况与数据来源

（一）研究区概况

延庆地处北京市西北部，为北京市郊区之一。东邻北京怀柔区，南接北京昌平区，西与河北省怀来县接壤，北与河北省赤城县相邻，距北京德胜门74千米。海拔500米以上，气候独特，冬冷夏凉，素有北京“夏都”之称。境内海陀山主峰海拔2241米，是北京市第二高峰。延庆地域总面积1993.75平方千米，其中，山区面积占72.8%，平原面积占26.2%，水域面积占1%。区内有Ⅳ级以上河流18条，其中Ⅲ级河流2条，年可利用水资源总量为1.9亿立方米。拥有105平方千米的地热带，具有丰富的浅层地热资源。年日照2800小时，是北京市太阳能资源最丰富的地区。延庆官厅风口70米高风速7米/秒以上，风力资源占全市的70%。

延庆区下辖11个镇4个乡3个街道办事处，分别为延庆镇、康庄镇、八达岭镇、永宁镇、旧县镇、张山营镇、四海镇、千家店镇、沈家营镇、大榆树镇、井庄镇、刘斌堡乡、大庄科乡、香营乡、珍珠泉乡、百泉街道办事处、香水园街道办事处、儒林街道办事处。

截至2020年12月底，延庆区常住人口为34.6万人，其中：城镇人口为20.6万人，占常住人口比例为59.5%；农村人口14.0万，占常住人口40.5%；男性人口为18.2万人，女性人口为16.4万人。常住人口按年龄结构划分：0~14岁人口为4.0万人，所占比重为11.7%；15~64岁人口为22.6万人，所占比重为65.3%。60岁及以上人口8.0万人，所占比重为23.0%。

（二）数据来源

本书所采用的数据包括各类统计数据和微观农村居民点内部用地结构数据两部分。其中，土地利用数据来源于延庆区1∶10000土地利用变更调查图，各类统计数据和社会经济数据来源于《北京延庆年鉴》，交通数据来源于延庆区交通道路等级图，空间海拔及坡度数据来源于延庆区5米分辨率DEM数据。其他社会数据采用参与式农户调查法及实地测量获取，通过前往4个典型农村居民点进行实地调研，获取其内部土地利用现状数据。

基于自然与社会经济发展差异选取4个典型农村居民点，利用ArcGIS10.0以特征点对Google Earth影像进行叠加配准，并以Google Earth影像为参照，通过实地踏勘调研，结合村干部、村民及长者访谈，获取并核实农村居民点内部用地现状结构，根据实地调查结果勾画新分类体系下的农村居民点用地现状，并与《土地利用现状分类》（GB/T 21010—2007）中的农村居民点用地现状进行对比分析，进而对各个地块添加编码字段和用地类型属性值，获取农村居民点内部结构一手资料。

二、研究方法

（一）典型农村居民点发展类型划分与选择

农村居民点是农村居民在长期的生产、生活过程中聚集而形成的定居场所，其布局和发展受到自然条件、区位条件、经济因素以及人口因素等的综合影响。本书以延庆区康庄镇、八达岭镇、张山营镇镇域内行政村的农村居民点作为研究范畴，从自然条件、区位条件、经济因素和人口因素、农村居民点用地结构差异等因素，构建农村居民点地域功能评价分类指标体系。

根据3个镇内村庄的实际发展情况，同时咨询相关专家意见，将延庆区行政村划分为4类，最终确定八达岭镇里炮村、康庄镇火烧营村、康庄镇东官坊村、张山营镇后黑龙庙村4个村为本书重点分析的典型居民点。

1. 八达岭镇里炮村

八达岭镇里炮村坐落在八达岭长城脚下。村庄位于G6南侧，交通条件良好。距延庆县城14.7千米，距北京城区67千米，距2019年世界园艺博览会主场馆13千米，距2022年冬奥会主场馆25千米，距八达岭长城8千米。共有居民199户，户籍人口为417人，其中男性为201人，占比48.2%；女性为216人，占比51.8%。户籍城镇人口为166人，户籍人口城镇化率为39.8%。

2. 康庄镇火烧营村

康庄镇火烧营村位于延庆区康庄镇西北，紧挨小北堡村、北曹营村，北临妫水河。辖域面积0.58平方千米。距北京市区85千米，距延庆城区14千米，距2019年世界园艺博览会主场馆5千米，距世界葡萄博览园6.8千米，距野鸭湖湿地公园5.2千米。火烧营村位于百康路和康张路交界处，交通便利，南北都可快速直通京新高速和京藏高速，东西向经由百康路直达京礼高速，10 千米路程圈内有官厅水库、野鸭湖湿地、世园会、松山森林公园、夏都公园等著名景点。

火烧营村共有居民 107 户，户籍人口为 187 人，其中男性 94 人，占比 50. 2%；女性 93 人，占比 49. 8%。户籍城镇人口为 64 人，户籍人口城镇化率为 36. 02%。

3. 康庄镇东官坊村

东官坊村位于妫水河南岸，距离延庆城区约 5 千米，距康庄镇区约 5 千米，距康庄站 5. 8 千米。北邻大丰营村，东南与小丰营村接壤，西靠大营村与火烧营村。共有居民 175 户，户籍人口为 457 人，其中 46 岁以上人口占 47%。村中满族居多，占 60%以上，属于少数民族村。

东官坊村周边资源较丰富，拥有多个自然风景区和人文景区，如龙庆峡景区、野鸭湖景区等。

4. 张山营镇后黑龙庙村

该村位于延庆城西约 10 千米处，与张山营镇政府相距 2. 4 千米。西北距前黑龙庙 0. 5 千米，东北距西卓家营 1. 5 千米，南距官厅水库 0. 8 千米。后黑龙庙村至昌平、怀来、门头沟路程较近，距城区 83 千米，周边 2 小时交通圈可囊括整个北京市，交通潜力大。共有居民 182 户，户籍人口为 392 人，户籍城镇人口有 75 人，户籍人口城镇化率为 19. 1%。人口老龄化问题较轻，60 岁以上占全村总人数 20%。

里炮村主要的支柱性产业为苹果，农民以种植苹果和外出打工为主，是农业经济林果生产型的典型代表；火烧营村耕地资源较为丰富，村内主导产业是设施农业，是农业生产型村庄的典型代表；东官坊村是典型的少数民族村，依靠周边丰富的旅游资源，是典型的民俗旅游型农村居民点；后黑龙庙村则受到延庆城区的辐射带动作用，各个产业发展势头均较好，可视为综合发展型农村居民点。

同时，所选村庄涵盖了《乡村振兴战略规划（2018—2022 年）》划分的 3 种类型村庄，其中，东官坊村属特色保护类村庄；里炮村和火烧营村为集聚提升型村庄的典型代表；后黑龙庙村为城郊融合型村庄。

（二）农村居民点空间划定方法

目前，关于农村居民点空间分类方法主要包括定量测算和定性研究两种。

前者关注对农村居民点空间功能量化测度的结果，后者则是对土地利用空间数据进行归并分类。前者研究的尺度范围受到明显限制，未将不同主体会产生空间叠加纳入考虑范围，无法适应不同研究对象的多样化需求；后者充分结合了国家政策对乡村生态文明建设的重视程度，它严格按照划分土地利用主导功能的理论逻辑，识别和提炼出农村居民点土地利用的生产功能、生活功能和生态功能特征。

因此，本书基于分区规划的国土空间规划，结合已有的相关文献资料，考虑到各类用地主导功能及底线控制原则，对于不同利用类型所承担的功能进行划分，将农村居民点地区划分为生产空间、生活空间、生态空间和未利用空间，即生产功能用地、生活功能用地、生态功能用地和潜在功能用地。

（三）农村居民点地域功能的基本内涵

农村居民点空间功能是从农村居民点自身角度出发，由农村居民点系统自身土地资源禀赋决定的特性。与农村居民点空间功能的作用范围不同，农村居民点地域功能是特定农村居民点体系在更大的地域，将自身资源禀赋和主观能动性相结合，对自身系统和更大地域系统所提供的职能和作用，既可保障农村居民点自身发展，也对城镇系统起支撑、协作与吸纳作用。

农村居民点空间功能与地域功能通过相互关联与作用形成的复杂结构，构成了内外界相互关联与作用的农村居民点整体。为与前文提出的乡村空间功能的子功能相对应，本书将农村居民点地域功能进行了细化。农村居民点空间功能包括内生型与外向型生产功能、保障型与服务型生活功能、供给型与净化型生态供给以及潜在功能，相对应地，农村居民点地域生产功能可被细分为农业生产与工商发展功能，农村居民点地域生活功能可细分为人居生活功能、社会保障功能，农村居民点地域生态功能可细分为生态保育功能、环境维护功能等。

1. 农村居民点地域生产功能

农村居民点地域生产功能是农村居民点在创造社会财富的活动和过程中所发挥的作用，是农村居民点地域最基础的功能。在早期，由于要开展物质生产以满足自身系统的生存需要以及凭借丰富的土地资源与其他原材料优势，农村居民点地区的最重要的生产功能为农业生产功能。随着城乡融合和工商业资本下乡的发展，以农业和服务业为特征的第三产业逐渐渗透到农村地域，农村经济活力得到有效释放。同时，农村居民点具有数量巨大且成本相对较低的劳动力资源优势，农产品的供应和工业品的销售在乡村地区日益增加，工商发展功能逐渐成为农村居民点地区的主导功能之一，并随乡村产业类型的多样化及结构的高级化而不断增强。

因此，本书认为农村居民点地域生产功能会随着农村发展阶段发生协同演化，分化为基础的农业生产功能和初级的工商发展功能。

2. 农村居民点地域生活功能

农村居民点地域生活功能是指农村居民点地域在为居民提供生活居住空间，使居民享受生活上所发挥的作用。农村居民点地区是为居民提供饮食起居活动的空间地域，以人口承载为基本特征，居住和承载功能是农村居民点地域最基础的生活功能。随着农村建设的推进、经济水平的提高，农村居民就业、消费、旅游和休闲等日常活动日益增多，农村居民点地域的生活功能逐渐向为农民提供各类综合服务拓展。

此外，受近年来农村居民点文化价值输出的影响，农村居民点景观也受到了广泛关注，人们普遍认识到农村居民点不再仅仅是土地表面文化现象的反映，更是一个地区的人文地理特征的综合体。

因此，农村居民点地域的生活功能不仅包括人居生活功能，也包括社会服务、文化传承和休闲旅游功能等综合类型，本书将其归纳为社会保障功能。

3. 农村居民点地域生态功能

农村居民点地域生态功能是其他地域功能存在和发挥的前提。它是指在人类赖以生存的农村居民点系统生态过程中所形成及维持的自然环境状态与效用。生态保育和环境维护是生态功能的两方面，因此可将农村居民点地域生态功能细分为生态保育功能和环境维护功能。

本书中林地、草地、水域是最为重要的三类生态用地。其中，森林、草地具有释放氧气、固定二氧化碳、改良土壤、固土保肥等生态保育功能。居民点地区的湖泊、湿地对涵养水源、蓄水防洪等具有重要作用，承担着重要的环境维护功能。

4. 农村居民点潜在功能

农村居民点潜在功能是指农村居民点地区未被利用的土地资源，在可开发利用的前提下，能提供的功能潜力值。由于农村居民点地区尚具有较大释放潜力的存量用地资源，开发这些潜力可以增加土地资源利用效率、提高资源产出效益，是新形势下农村居民点整治、空间结构优化以及实现乡村重构的关键要素。

在农村居民点发展过程中，农村居民点地域生活、生产、生态和潜在功能共存于农村居民点地域系统中，在地域系统中彼此兼容协同又相互冲突。生产功能是基础，其能否正确发挥会对生活、生态功能的发挥产生或积极或消极的影响；生活功能是目的，发展生产和保护生态环境的根本目的是提高生活质量；生态功能是保障，良好的生态环境能促进生产活动的有序开展和生活质量的提高；潜在功能向农村居民点地域生产、地域生活和生态功能方向进行转换，是功能之间的缓冲。四者相辅相成、相互影响而又相互制约，共同构成农村居民点地域空间。

（四）农村居民点地域功能评价指标体系构建

本书遵循系统性、代表性和可操作性等原则，结合延庆区乡村发展现状，综合考虑指标相对稳定性、评价单元数据的可获取性，根据土地类型分类方法对延庆区 4 个典型农村居民点进行了空间分类。

参考国内学者构建的地域功能评价指标体系，结合本书对农村居民点地域功能的定义和分类，以及考虑到数据易得性，采用层次分析法构建包含 4 个一级功能、7 个二级功能、26 个指标的延庆区农村居民点地域功能评价指标体系（见表 4-3）。

表 4-3 乡村地域功能综合评价指标体系

一级功能	二级功能	指标层	单位	性质	权重
生产功能	农业生产功能	人均耕地面积	平方米	+	0.10
		粮食总产量	吨	+	0.13
		果品总产量	吨	+	0.12
		农用地可达性	—	-	0.02
		海拔高度	米	-	0.01
		耕地坡度	度	-	0.01
	工商发展功能	人均工商业用地面积	平方米	+	0.21
		二三产业从业人数	万人	+	0.11
		二三产业产值	万元	+	0.17
		距离城区距离	千米	-	0.13

续表

一级功能	二级功能	指标层	单位	性质	权重
生活功能	人居生活功能	人均宅基地面积	平方米	+	0.15
		人口规模	万人	+	0.14
		人均 GDP	万元	+	0.14
	社会保障功能	人均公园绿地及公共设施用地面积	平方米	+	0.11
		人均图书馆面积	平方米	+	0.16
		人均农村道路用地面积	平方米	+	0.05
		距中心医院距离	千米	−	0.23
		是否为民俗旅游村		+	0.02
生态功能	生态保育功能	人均林地面积	平方米	+	0.28
		人均水域面积	平方米	+	0.15
		植被覆盖率	%	+	0.08
		生物多样性指数	—	+	0.11
	环境维护功能	是否为生态文明村		+	0.29
		生活垃圾产生总量	吨	−	0.04
		村内垃圾桶数量	个	+	0.05
潜在功能		人均空闲地面积	平方米	+	0.02

1. 生产功能

农村居民点的生产功能体现在经济结构中的就业形式和产业构成。本书从农业生产功能、工商发展功能两个角度进行刻画，前者包括经农林牧渔等产业生产粮食、果品等初级产品的功能。利用人均耕地面积（X_1）、粮食总产量（X_2）、果品总产量（X_3）、农用地可达性（X_4）、海拔（X_5）和耕地坡度（X_6）6 个指标来衡量农业生产功能。X_1、X_2、X_3反映乡村土地粮食生产能力的现状，值越大说明农业生产功能越强，属于正向指标；X_4、X_5、X_6反映土地生产力本底条件和障碍因子，属于负向指标。工商发展功能是指生产功能中除农业生产外的部分（即二三产业经济特征）。受农村居民点产业价值提升和产业链构建的影响，工商发展功能日益增强。本书选取人均工商业用地面积（X_7）、二三产业从业人数（X_8）、二三产业产值（X_9）、距离城区距离

（X_{10}）4 个指标来计算工商发展功能。X_7、X_8、X_9反映农村居民点工商业的用地情况、人口从事二三产业生产的情况；X_7、X_8、X_9值越大，表明农村居民点工商业的经济活力越强，属于正向指标。

2. 生活功能

提供居住空间、社会保障服务和传承乡土文化是农村居民点地域最主要的生活功能。本书将其划分为人居生活功能和社会保障功能。人居生活功能主要是为区域人口提供生活空间的功能，本书选取人均宅基地地面积（X_{11}）、人口规模（X_{12}）、人均 GDP（X_{13}）3 个指标来衡量人居生活功能。这 3 个指标是反映农村居民点人口特征、经济条件和居住条件的基础指标，X_{11}、X_{12}、X_{13}值越大，表明乡村地域的人居生活功能越强，属于正向指标。人均公园绿地及公共设施用地面积（X_{14}）、人均图书馆面积（X_{15}）、人均农村道路用地面积（X_{16}）、距中心医院距离（X_{17}）和是否为民俗旅游村（X_{18}）是反映农村居民点社会保障功能的指标。其中，X_{14}、X_{15}、X_{16}、X_{18}是反映农村居民点基础设施建设水平、民俗文化保护水平和人居质量环境水平的基础指标，其值越高说明居民的生活状态越好，而 X_{17}为负向指标。

3. 生态功能

农村居民点地域的生态功能包括生态保育和环境维护两方面。根据研究区的土地资源和基础生态资料，重点选取了提供生态功能的自然资源和环境现状指标进行评价。前者包括人均林地面积（X_{19}）、人均水域面积（X_{20}）、植被覆盖率（X_{21}）和生物多样性指数（X_{22}），后者包括是否为生态文明村（X_{23}）、生活垃圾产生总量（X_{24}）、村内垃圾桶数量（X_{25}）。植被覆盖率（X_{21}）是林地面积与区域总面积的比值，生物多样性指数（X_{22}）指单位面积内生物物种的种类数量。X_{19}、X_{20}、X_{21}和 X_{22}数值高，表明这个系统不仅能维持现有结构，还具有较高的自我调节水平。X_{23}、X_{24}、X_{25}代表了农村居民点整体的生态文明建设情况以及垃圾处理能力，其中 X_{24}为负向指标。X_{22}的计算首先需要确定生物丰度指数影响因子的权重，参考《生态环境状况评价技术规范》（HJ/T 192—2015）得到其计算公式：生物丰度指数（X_{24}）= 0. 01×未利用地面积占比+0. 04×建设用地面积占比+0. 11×耕地面积占比+0. 21×草地面积占比+0. 28×水域湿地面积占比+0. 35×林地面积占比。

4. 潜在功能

农村居民点地域的潜在功能体现在未利用地的挖掘潜力上。本书利用人均空闲地面积（X_{26}）进行测算。

鉴于所列指标包括数值型指标和其他特殊指标两类，对前者（土地面积或产值、居民收入、人口数量等）均按照极值标准化公式进行处理；参考已有研究，用赋值法对特殊指标（“是否为民俗旅游村”和“是否为生态文明村”）进行量化，对民俗旅游村和生态文明村赋 100 分，而对其他村赋 80 分。最后，根据权数计算结果汇总各子功能得分，最后计算综合功能得分。

第三节　延庆区典型农村居民点用地结构分析

一、典型农村居民点用地数量结构差异

（一）生活功能分析

对比用地结构分类结果，从用地面积占比来看，生活功能用地在各个典型农村居民点中普遍较大，分布于 30. 2%~49. 5%，相对变动率为 63. 9%，变动幅度较小，可视为农村居民点用地的基本结构。综观生活功能用地所包含的二级地类，居住用地比例较为平稳，除里炮村外，基本维持在 25%左右。公共设施用地在 5. 8%~13. 2%波动，相对变动率达 127%。东官坊村村委会建成满族文化展览陈列室，其公共设施用地占比高达 12. 01%，远高出其他几个居民点。此外，4 个典型农村居民点交通用地占比在 4. 4%~11. 8%浮动，基本较为稳定。

从生活功能来看，随着与城区、乡镇的临近，农村居民点生活功能表征属性表现为居住用地面积逐渐增大，基础设施水平显著提高，后黑龙庙村的公共基础设施密度分别是里炮村和火烧营村的 7. 6 倍和 2. 4 倍。居民日常出行、购物等生活便利程度能够提高农村居民点生活功能，后黑龙庙村农村居民点距城区距离及人均农村道路用地面积分别为里炮村和火烧营村的 1. 3 倍、1. 5 倍和 2. 6 倍、7. 8 倍。

（二）生产功能分析

不同类型农村居民点生产功能用地面积占比差异较大，后黑龙庙村仅占 8. 2%，而火烧营村占比则高达 51. 3%，生产功能用地相对变动率高达 525%，

与生活功能用地相比，波动更为剧烈。同时，生产功能用地所包含的二级、三级地类与农村居民点发展类型密切相关，是农村产业结构现状的直观反映。农业生产用地在5.4%~18.3%波动，工业生产用地在0~11.6%变化，商旅服务用地则在0~23.5%波动。生产功能用地是农村从事生产活动、发展经济的载体，可视为农村居民点用地的衍生结构。

从生产功能来看，随着与城区中心的距离缩短，农村居民点的农业生产功能呈现规律性变化，农村居民点用地中农业用地比例逐渐下降，较远距离的里炮村的人均耕地面积比例分别为东官坊村和火烧营村农村居民点的1.3倍、2.1倍和1.5倍、2.3倍；工商发展生产功能表征属性中，后黑龙庙村农村居民点的非农收入比重和非农生产用地比例分别为火烧营村和里炮村的1.4倍、2.3倍和1.9倍、4.5倍。

（三）生态功能分析

生态功能用地占比在4个典型农村居民点中呈现出较为明显的差异，里炮和东官坊村的生态功能用地面积占比均高于22%，而火烧营村、后黑龙庙村生态功能用地占比仅在8%~13%变动，占比均较小，可视为农村居民点用地的辅助结构。

从生态功能来看，对农村居民点缓冲区内人均绿地面积和人均水域面积进行测算，发现里炮村农村居民点的绿地面积和水域面积分别为东官坊村、火烧营村和后黑龙庙村农村居民点的1.5倍、1.3倍、1.8倍和3.2倍、1.6倍、1.8倍，表明农村居民点生态功能适宜性受城镇建设开发等人类活动的影响破坏较为严重。随着城镇建设开发对生态环境保护的重视，后黑龙庙村农村居民点的生态整治力度有所提升，而火烧营村、东官坊村农村居民点因村庄生态保护欠缺等原因，其生态功能适宜性明显下降。自然地理因素如坡度坡向、海拔高度、地质灾害等对农村居民点生态功能也存在一定影响。

（四）潜在功能分析

潜在功能用地在0~3.8%波动，主要集中在2.1%~3.8%。该类用地可能会因农村居民点自身发展需求转向其他功能，可视为农村居民点用地的可变结构。

二、典型农村居民点内部用地空间结构差异

分析比较4个典型村各类用地的空间分布特征，同时结合现场实地调研

情况，不同农村居民点类型的内部用地空间结构呈现大致趋同性。

生活功能用地空间构成了4个典型农村居民点的主体部分，其中，宅基地占据了区位条件较好的核心位置，呈现明显的交通指向性，闲置宅基地则呈现散点状分布。公共服务用地一般呈现随机点状分布，一定程度上反映了4个农村居民点基础设施不完善且缺乏规划的现象。

生产功能用地布局和村庄类型联系密切。其中，农业生产用地多与宅基地分布紧密联系，位于宅基地内部或周边；而农业服务设施用地、打谷场等用地类型因其占地空间较大，一般多接近于农用地、较远离宅基地，处于村庄边缘地带。大型工业生产用地兼具交通指向性及远离宅基地等特征。其他小型乡村工业用地在农村居民点内部呈现散点分布。商旅服务用地区位指向性明显，主要依附于交通干线和特殊旅游资源分布。

从生态功能用地空间分布来看，典型农村居民点的生态功能用地分别在后黑龙庙村东北部、东官坊村西北部及火烧营村的西北部等村庄边缘或外围轮廓区域呈条带状集中分布；而里炮村整个居民点空间则以生态功能用地为基底，生态功能用地空间范围基本勾勒出了整个居民点的轮廓。

整体上，生活功能用地占据村庄核心地位，并与生产功能用地互相依存，生态功能用地多位于村庄边缘或外围轮廓。

第四节 延庆区典型农村居民点优化途径分析

基于农村居民点地域功能评价结果，综合考虑乡村的发展优势，参考前人的研究成果，将4个典型农村居民点发展类型分为城镇共融带动型、休闲旅游发展型和特色农业带动型3类。

一、城镇共融带动型

结合乡村振兴村庄类型识别，可划分为城郊融合类村庄。后黑龙庙村位于延庆城西约10千米处，与张山营镇政府相距2.4千米，地理位置十分优越，为城镇共融带动型。定义该类型农村居民点成为乡镇或区县经济增长点，是居住、商业等发展的聚集区，发展方向以技术、物流、商品等为主的产业。在规范土地用途管制、提高土地利用效益的基础上，完善社会、经济服务水平，加大城镇化建设力度，强产业、优环境、重传承，共同推动农村居民点的建设；区位优势明显，发展“菜篮子”工程，规范土地流转，加强产城联动，提升农业加工产业化、专业化的水平。因此，该类型农村居民点采用社区营造式优化策略符合其生活宜居的本底特征。该策略的重点是以兼容社区管理、服务、资源整合为一体的农村社区营造为目标，提高乡村居民的居住环境治理和福利水平。应制定合理的村庄规划，完善道路交通、教育、医疗、供水、电力等基础设施配套；适当提高居住密度，鼓励农户迁往社区集中安置，并将腾退出的农村居民点用地进行复垦；加强乡村地域文化的传承和发扬；借助于区位优势发展商饮、物流等现代服务业，实现农村居民点功能演变与城镇功能的有效衔接。

二、休闲旅游发展型

结合乡村振兴村庄类型识别，可划分为特色保护类村庄。东官坊村，清初满族入关时建村，传说隶属镶黄旗，由皇帝亲自统领。在保留本民族传统文化的同时，吸收、借鉴了汉族及其他民族的优秀文化，形成了地方特色鲜明的乡土文化，成为妫川文化的重要组成部分。居民点内建成满族文化展览陈列室，展品包括花轿、水车、纺车等和满族日常生活有关的物品共计 100 余种。该居民点表现在自然资源和文旅资源丰富、环境优越、服务完善和交通可达性强，具有发展休闲旅游的优势。发展策略：坚持主题挖掘，彰显满族特色，打造满族特色休闲旅游资源，坚持景区与居民点联动，开发满族特色资源和保护文物古迹，打造特色旅游品牌。依托历史文化资源进行观光旅游的开发，开展相应民宿节庆活动。特色农业可追求更高品质，依托政策扶持、互联网等继续做强品牌效应。

三、特色农业带动型

结合乡村振兴村庄类型识别，可划分为集聚提升类，即存续提升类。里炮村和火烧营村均属于此类型。两个居民点内，农业种植业发达、农业基础设施较好且耕地资源充足，地形地势平坦，均属于特色农业带动型。发展策略：立足农业生产基础，制定特色化农业发展方向，向现代高效农业发展方式转变，注重特色农业品牌的塑造；延伸农业产业链，依靠农业资源进行产业深入挖掘，可适当进行农业旅游的开发；完善必要的基础设施和公共服务设施。该类型农村居民点应遵循产业重构式优化策略：非农生产功能较强的农村居民点布局优化按照“规划先行，管理优化，基建加强，产业发展”的思路，在协调城镇规划、土地整治等多种规划的前提下，促进农村居民点用地集约高效利用，加强基础设施建设，鼓励农户依托区域特色，实现农村居民点的非农化转型；对于农业生产功能较强的农村居民点，应充分利用农业生产区位优势发展都市特色农业，引入农业园区、农事体验等现代农业，鼓励农户将农村居民点改造为乡村民宿、农家乐等用途，推动乡村第一二三产业融合式重构。

四、未来研究方向

伴随着社会经济加速转型，农村居民点内部形态特征及其承载的功能属性正在经历着转型与重构的过程，精准识别各类农村居民点的用地特征及其体现在生产、生活、生态的功能差异性，是对区域农村居民点进行整治和优化的重要前提。

本书利用影像解译与实地调查相结合的方式，将农村居民点划分为居住用地、院坝用地、农用圈舍仓储用地和非农生产用地 4 类，并充分考虑内部功能和外部环境适宜性的综合影响，从“三生”功能视角评价农村居民点多功能优势度，根据不同区位农村居民点的优势功能差异，划定功能优化分区及制定优化策略，为区域农村居民点用地的精细化管理和差别化整治提供了新的思路。

但是，不同的社会经济发展阶段对地域空间的影响表现在区位交通、城乡关系互动、政策管理制度、规划调控手段、人口迁移与衰退、地域新兴文化等诸多方面，在这些因素的综合影响下，农村居民点形态及承载功能经历着连续且漫长的演变过程，从单一时间节点对农村居民点的多功能优势度进行评价识别，难以完全揭示农村居民点形态及功能对社会经济发展的实际响应方式。因此，在较长的时间序列尺度下探究社会经济转型与乡村地域空间的演变规律，是未来深入研究的重点方向。

第五章　乡村振兴战略下“园—县（镇）—村”一体化发展研究

姜翠红　钟春艳

第一节　典型案例研究

一、发展现状

江苏省高淳区位于南京市南郊，东邻溧阳，西南接（安徽）宣城、马鞍山，北邻南京市溧水区，是首批“国家级生态示范区”，也是世界慢城联盟授予的中国首个“国际慢城”。当地水网发达，螃蟹养殖业是该区的重要富民产业，全区螃蟹养殖面积超 20 万亩，总产值 20 亿元，从事与螃蟹相关产业农户有 10 万多户。

（一）园区概况

高淳区现代农业产业示范园于 2018 年获省级批准创建，2019 年 6 月正式确认列入国家现代农业产业园创建行列，2020 年 12 月通过农业农村部、财政部认定。园区位于南京市高淳区西南（濒临固城湖），园区规划总面积为 30. 57 万亩，以螃蟹养殖为主导产业；螃蟹养殖面积为 15. 51 万亩，主导产业覆盖率达 89. 7%，螃蟹养殖规模连片面积全国领先。园区范围涉及阳江、砖墙两镇、经开区及淳溪街道部分区域，全境被固城湖、石臼湖和水阳江环抱，水源丰富、水质优良，是江苏省淡水鱼类重点生产基地。

园区各功能板块基本构建完成，基础设施得到全面改善，科技应用、产业融合、品牌建设、服务体系得到全面发展。现已建成中华绒螯蟹原种场、螃蟹研究所、南京固城湖螃蟹交易市场、绿色服务中心。积极推动生产主体与农户融合，园区拥有农业产业化龙头企业 17 家、国家级龙头企业 1 家、省级龙头企业 4 家，专业合作社 247 家，家庭农场 158 家。创建以来新增各类主体62家。绿色标准化水产养殖区、水产品加工区、饲料加工区、0.8万亩结合生态涵养的水慢城等生产分区和功能配套区分布合理、相对集中，第一、第二、第三产业板块联系紧密。

（二）园区产业现状

近年来，园区主导产业围绕“生产+加工+科技”，通过养殖规模化、加工集群化、科技集成化、营销品牌化的全产业链开发，初步形成园区大产业、大基地、大科技、大加工、大平台发展格局。园区已完成760亩鱼池标准化改造项目、5800亩高标准蟹苗培育基地、20000亩标准化螃蟹养殖基地和30800亩耕地质量提升项目建设。

2020年，园区水产健康养殖面积达16.1万亩，其中螃蟹养殖面积为15.51万亩，主导产业覆盖率达89.7%；园区实现总产值82.35亿元，其中主导产业总产值为76.61亿元。

园区农业工厂化建设取得突破。“产加销”链条全面打通，农产品精深加工企业10家，建成南京固城湖螃蟹交易市场，新建2万平方米螃蟹仓储深加工产房。“农旅文”融合迈上新的台阶，先后在产业园生态涵养区内规划建设水慢城湿地公园、乐活漫漫精品民宿、砖墙镇省级电子商务特色产业园、茅隅湾农耕文化等一批休闲观光园区、乡村民宿和康养基地。2020年，园区实现二三产值64.45亿元。

（三）园区内镇村发展情况

1. 乡镇

园区规划范围内涉及两个乡镇，即阳江镇和砖墙镇。

阳江镇位于高淳区西端，土地总面积为19.67万亩，其中耕地占11.2万亩。全镇总人口为7.101万人，其中乡村实有从业人员41816人。阳江镇乡村总户数为22424户，养殖面积为85846亩，实现地区生产总值33.94亿元，完成财政收入1.43亿元，全年农村居民人均可支配收入为3.27万元。

砖墙镇位于高淳区西端，土地总面积为11.38万亩，其中耕地占6.1万亩。2019年，全镇总人口为3.57万人，其中乡村实有从业人员20486人。砖墙镇乡村总户数为11136户，养殖面积为54443亩，实现地区生产总值20.84亿元，完成财政收入1.3亿元，全年农村居民人均可支配收入为3.26万元。

2. 村庄

园区内有16个市级美丽乡村（见表5-1）、8项非物质文化遗产，园区建设与村庄建设、生态宜居统筹谋划、同步推进，形成园镇村一体、产业融合的格局。阳江镇、砖墙镇围绕园区内美丽乡村共计投资0.97亿元，提升了当地人居环境，形成了“一村一品”“水韵宜居”等水乡农村风光特色；每年举办的“四节”——金花节、荷花节、螃蟹节、民俗文化节等节日，对园区及当地生态人文旅游等三产发展起到了积极的推动作用。

表5-1　2016—2019年美丽乡村建设规划投资数量

序号	美丽乡村名称	所属镇	规划投资（万元）	年份
1	高淳区阳江镇西村美丽乡村	阳江镇	1029.4	2016
2	高淳区阳江镇张家沟美丽乡村	阳江镇	890	2016
3	高淳区阳江镇西莲村埒草埂美丽乡村	阳江镇	300	2017
4	高淳区阳江镇沈家美丽乡村	阳江镇	409	2017
5	高淳区阳江镇孙家宕美丽乡村	阳江镇	300	2017
6	高淳区阳江镇大李家美丽乡村	阳江镇	601.49	2018
7	高淳区阳江镇孙家跳美丽乡村	阳江镇	765	2018
8	高淳区阳江镇沟梢头美丽乡村	阳江镇	104.8	2018
9	高淳区阳江镇楼下村美丽乡村	阳江镇	75.6	2018
10	高淳区阳江镇南埂村美丽乡村	阳江镇	98.8	2018
11	高淳区阳江镇水埠头美丽乡村	阳江镇	112	2018
12	高淳区阳江镇李家村美丽乡村	阳江镇	96.3	2018
小计			4782.39	
13	高淳区砖墙镇港口社区港口村美丽乡村	砖墙镇	1090.18	2018
14	高淳区砖墙镇俞家村美丽乡村	砖墙镇	2377	2018
15	高淳区砖墙镇水碧桥村美丽乡村	砖墙镇	920.2	2018
16	高淳区砖墙镇桥湾社区李家自然村美丽乡村	砖墙镇	523.25	2019
小计			4910.63	
合计			9693.02	

二、运行模式分析

高淳区依托国家现代农业产业园，推动资源要素向园区集聚，在园区的建设运营过程中，探索出“园镇村一体化”发展之路，提出打造农业全产业链，并逐步形成“高淳”模式。“高淳”园镇村发展的经验模式主要体现在以下4点：

（一）产业定位明确，重视产业化建设

园区明确螃蟹产业主导地位，以提升优质螃蟹主导产业发展水平为重点，积极打造集优良种苗培育、饲料加工、电子商务、餐饮服务、加工、休闲渔业于一体的全产业链，形成生态环境友好、产业特色明显、技术装备先进、农村一二三产业融合、促进产业增效增收的发展新格局。在建设过程中，园区紧扣“产业围绕新村转、新村围绕产业建”的思路，统筹考虑和规划产业发展与村庄空间布局、基础设施配套、公共服务配置，放大“园镇村一体化”发展的带动效应，推进产村融合、园村共建。

（二）树立正确发展理念，实施生态养殖模式

高淳区是全国第三批生态文明建设试点地区，也是江苏省首家全国生态县，但在经济社会快速发展过程中，资源环境已成为发展的“硬约束”，成为现代化建设必须跨越的一道“坎”。园区在带动当地产业发展的同时，坚持生态绿色发展理念，推广种草养殖绿色生产，按照“6553”模式统一养殖标准，全部实现种草养殖生态模式。提升养殖尾水处置系统，建设回收处理中心，铺设管网并新建养殖尾水处理设施，确保园区可持续、高质量发展。通过园区绿色水产产业发展，全面提升园区农业及经营主体发展都市型现代农业的理念，对周边省市及地区产生辐射带动作用，推进园镇村一体化，加快水产养殖高端高效发展，形成互相影响、互相依存的良性互动关系，实现区域协调发展。

（三）构建联农带农机制，带动农民增收

高淳区依托现代农业产业园平台，按照“龙头企业+基地+合作社+农户”的模式，共建联合体，形成“养殖—生产—加工—销售”一体化经营的完整产销链。把就业岗位更多留在农村、产业链增值收益更多留给农民，近70%的农户与各类新型经营主体建立了利益联结机制。园区全面推行土地资金、劳务薪金以及分红股金“3个一千”，农民人均可支配收入达2.1万元，比全国平均水平高约31%。积极推广“园镇村一体化”模式，推进产城产村融合发展，为农村经济发展创造了更好的条件，也引发了当地经济发展观念的转变，推动转型升级，带动农民长久稳定增收，建设生态宜居、业兴人和的美丽乡村。

（四）创新农业经营机制，平台运行实现经营转型

高淳举全区之力推进规模化养殖，先后流转了阳江镇、砖墙镇和淳溪街道的2.1万亩土地，以500亩为一个单元进行标准化蟹塘改造，同时配套建设道路、看管房等基础设施，统一对外招标。鼓励、吸引新型经营主体入园发展，以订单农业、土地入股、股份合作等模式，不断推进“企业+合作社”“企业+自建基地”“企业+基地+合作社”等多种经营模式共同发展，形成多种经营模式共同发展的格局。推行“10个统一”服务，即统一生态改造、统一招标经营、统一养殖模式、统一技术培训、统一种苗繁育、统一饵料供应、统一渔药配送、统一质量标准、统一品控溯源、统一品牌营销。该经营模式，有助于打造全链条服务体系，降低经营主体入驻成本，提高养殖户生产保障，并提供专业技术培训、科学养殖技术指导以及技术难点解答，推动产业标准化发展。通过将园区的影响力辐射到镇上、辐射到村里，使镇、村形成合力，提升了自身的造血功能，助力推动镇村发展，实现了园区带镇、镇带村的良性循环。

三、存在的问题

（一）全产业链存在短板

产业是园镇村一体化发展需考虑的重要因素，产业与园镇村融合需要各类要素的协调和互动，高淳区提倡打造农业全产业链发展，不可避免地存在着一些问题。高淳目前主要以螃蟹养殖为主，产业结构层次低，缺少深加工，产业标准化基础薄弱，轻工业、服务业落后。第二产业结构仍需优化，第三产业缺少服务业、电商交易等支撑，本地品牌知名度仍有待提高，产品单一且文化植入方面亟待提高。考虑产业需要的生产性服务不多，让伴随产业发展起来的村镇缺乏发展动力，也无法依托产业园区的资源来壮大自身的规模。产业链的不完善，影响了产业与园镇村的交融发展。

（二）村镇产业经营主体发挥作用不明显

园区内部入驻的经营主体，在青松水产专业合作联社的带动下，发展模式较为成熟，组织模式从螃蟹经纪人阶段、标准化养殖阶段，现已过渡到“公司+合作社+农户”阶段。随着组织模式的演变，组织的紧密程度越来越高，发挥的作用越来越多。但在园区外仍存在部分乡村产业经营主体小规模

分散经营、产品附加值不高、抗风险能力弱等问题。农业企业和集体经济组织的发展模式较为滞后，新型经营主体对农户的辐射带动作用还不够明显。县域产业平台与村集体、农户的协同发展水平需进一步提高，生产组织模式需进一步完善。

（三）产业协同需进一步发展

高淳引领第一、第三产业联动发展的国际慢城品牌效应发挥不充分，缺少龙头项目、高端项目支撑，西部圩区仍以螃蟹养殖为主，产业结构层次低，缺少深加工，轻工业、服务业落后。城乡产业融合提升空间较大，推动城乡要素跨界配置及产业有机融合，如何发挥产业平台载体带动作用，构建以城带乡、以工促农的现代产业体系是难点。园区自身可以提供和解决，往往不需要村镇的支持，产业园区在发展过程中形成了独立的成熟模式，而村镇的发展也只是基于自身原有的资源发展，导致产业与村镇间的资本、人才、技术、市场、中介等的交融极少。两者相互服务与被服务的关系很难产生，村镇无法更好融入产业园区的整个产业链中，也无法通过园区需求的生产性服务来催生村镇新的产业。

（四）园区发展有待突破

一是由于高淳区国家农业园建设土地指标较少，拓展二三产业链延伸特别是深加工项目建设，吸引入驻农业经营主体和科研院所，都需要大量的土地指标，但现有园区土地指标难以满足建设需要，园区发展受到一定的制约。二是距离高标准建设科技化、智能化、数字化园区的水平还有不小差距。在科学研究、蟹苗培育、带动农户致富等方面，还有较大发挥空间。

（五）社会资本下乡动力不足

高淳现阶段工商资本下乡积极性尚显不足。在制度层面上仍缺乏吸引工商资本下乡的激励机制，用地、资金、劳动力等方面的扶持政策不够完善，企业与村集体互动不足，资本下乡积极性不高；而且工商资本助力城乡产业渠道单一，工商资本与乡村的利益联结主要集中在村集体投资标准厂房、土地流转、物业出租、村民进厂打工等途径，企业与乡村的联结不够深入，对乡村产业转型发展、村民职业技能培训等方面的作用较弱，对乡村振兴的作用仍然表现在外在拉力，而未能提升乡村发展的内生动力。

第二节　“园—县（镇）—村”一体化空间结构与功能研究

一、空间演变历程

农业园区空间演变通常有两种形式：外延式扩张和内涵式调整。演变过程通常可以分为4个阶段：点状生产阶段、轴向扩展阶段、伸展轴稳定阶段、内向填充阶段。在前期奠定基础阶段，园区同样呈现出“点状”生长空间特点；在加速发展阶段，则表现出明显的“片状”丰富特点；在转型跨越发展阶段，则主要体现出“外部扩张”空间特点，“片状”丰富在园区内部依然存在。

园区首先表现出“点状”生长特点，缘于建设之初，园区较大的开发面积和有限的财力物力导致园区无法同时同步整体开发，因此发展必须从局部入手。规划选取具有良好资源和区位优势的“点”优先进行产业项目用地开发。随着园区经济增长“点”发展成熟，周边片区逐步被带动起来，表现出圈层蔓延式或轴向伸展式的发展，或是表现出“块状”的开发。园区在转型跨越时期表现出明显的“外部扩张”特点，园区扩张源于园区内部发展，依据主导产业选择新引入企业，大量企业入驻引发用地规模增加和人口激增，无论是用地规模增加还是人口激增，最终落实到空间上都将引起园区“外部扩张”。

二、高淳区农业园区空间结构演变

高淳现代农业产业园区规划范围不断向近城端靠近，乡镇街道开始向园区内部延伸，呈现出园区、县区、镇区、村区、景区融合发展的趋势。县区与园区沿主要发展轴不断发展公共建筑、生产企业和居住点，带动商贸等第三产业集聚到发展轴。其结果是，原来在地理上相距数千米的两个社会经济客体逐渐形成一个相互联结的统一整体，它们不仅在地理上连接，基础设施建设和功能也相互融合。同时，景区与园区之间在规划内容上互相关联，在功能上互为补充，在城乡一体格局下，共同体现出田园综合体的属性。农业园区作为城乡系统中重要的发展点，不可能脱离城乡而孤立发展，在高淳农业现代园区的发展过程中，从内部来看，经济组织从点状发展向轴线发展；

从外部来看，园区与城区及乡镇的服务功能逐步衔接，设施开始共建共享。在园县系统中，园区具有重要的经济地位，处在城市腹地的农业园区基本会被纳入城市发展规划中，农业园区也会发挥其资源优势，积极发展第三产业，与城市形成良性互动；在园镇系统中，农业园区以其资金优势，对园镇共享的基础设施进行建设，尤其是园区对交通路网的投资使乡镇也能分享政策的红利。

高淳现代农业产业园区的建立有助于引导劳动力资源回流乡村，促进城乡要素流动的多元化、自由化与平等化发展。农业园区创业的软硬环境皆优于普通乡镇，基础设施现代化、交通便捷、生产服务设施配套完整等硬环境，再加上优良的创新文化、规范的制度建设、强有力的资金和政策支持等软环境，使农业园区在招商引资方面具有核心竞争力，为资金、技术、人才等要素回流农村提供了平台。

园区生产环节使用的劳动力基本来自乡镇和村庄，故园镇村三者在发展过程中互为利益相关者，园区是新型城镇化中农民非农就业的安置点；园村系统的优势更多地表现为园区第一产业与当地农民的利益连接，农业园区的生产基地布局在农村地区，园区以其稳定的加工能力与农民建立生产关系，园区的产业发展与当地的农业紧密相关，二者相互融合。高淳现代农业产业园区的功能随着空间结构的高级化而愈加多样化。园区空间结构诸要素由简单到复杂、由孤立到互联，园区的功能也由生产型到综合型。园区与县、镇、村不仅在地理上连接，基础设施建设和功能也相互融合，对农业农村创新创业作用也更加明显。

三、功能结构转变

（一）由“建设单一产业园区”转变为“建设综合性功能园区”

传统产业园区是单一产业功能主导的开发区模式。自 2006 年兴起以来，园区功能单一，综合服务缺失，正面临着园区无活力、环境无品位及人才易流失的困境。

“园—县（镇）—村”新型共建园区从“建设单一产业园区”转变为“建设综合性功能园区”。“园—县（镇）—村”新型共建园区转变了单一产业功能模式，加强产业与行政县、镇、村的融合，培育多样化的产业功能和城镇、村功能，将产业型经济功能园区转变为城镇型经济功能园区，打造功能多元、生产生活方便、富有活力和特色的综合性园区；不仅要重视产业功能的集聚发展，更要注重服务功能的配套和完善；既包括金融商务、物流运输等生产性服务功能，也包括居住、文化、休闲和旅游等生活性服务功能。

在加强高端产业集聚的基础上，依托优越的交通区位和生态环境，大力发展总部办公、会议交流、精品展览和教育培训等商务服务业，整合当地特色旅游资源和产品，构筑旅游圈，打造都市圈特色的商务休闲节点；注重园区内资源的保护与利用，通过高端商务、生态休闲和品质居住等功能的复合发展，创建区域品牌，彰显发展特色，增强地方吸引力，促进要素资源和人气的快速集聚。

（二）从“被动封闭运作”转变为“主动互惠共赢”

传统的园区运作模式主要以封闭运作为主，在稳定性和执行效率上存在着一定的限制，使得区域合作双方在发展红利的互惠共赢上也受到了一定的制约。

“园—县（镇）—村”新型共建园区在运作模式上需要加强制度和理念创新，促使协作三方更加主动和更加高效地参与到园区共建的过程中，更加切实地在发展红利上互惠共赢。在充分结合苏北地区自身资源特点的基础上，实行“自上而下”与“自下而上”相结合的组织模式。“自上而下”，就是加强区域协作三方的组织协调，充分调动三方的能动性，突出对发展政策的调节引导作用，着重提供公共服务产品；“自下而上”，就是发挥市场在资源配置中的决定性作用，利用区位禀赋的级差，自然承接各项生产和生活要素的转移。

第三节 “园—县（镇）—村”一体化资源集聚要素研究

“资源”一词在不同的研究领域具有不同的内涵。一般来说，资源就是存在于自然界或是人类社会中能够被开发利用的要素，包括物质的和非物质的。大自然中的矿藏、水源、土地、林木等都属于物质的自然资源，而人类社会中知识、科技、文化等都属于非物质的资源。当然，人类社会中也有物质资源，比如设施、资本等。而“集聚”从经济学角度来解释，是指经济活动者为了某种目的而向特定区域集聚的过程。“资源集聚”是一个动态的过程，在经济活动中主要表现为人力资源、资本和科技资源等一系列可流动资源的持续流动，形成集聚效应，从而带动经济的增长，具有如下 3 个特性：

首先，资源流动的逐利性。在市场经济条件下，资源的所有者在不考虑风险的情况下，尽可能地追求收益最大化。事实上，资源持有者们只要看到哪里有利可图，就会将资源投向哪里。

其次，资源流动的自由性。现代经济活动是一个开放式的经济活动，任何一个地区的经济发展不可能完全依靠其本身所拥有资源去解决所有的问题，资源集聚必不可少。各种资源不受阻碍地自由流动，一方面能够满足资源所有者和使用者双方的供需要求；另一方面能够提高资源的使用效率，促进区域经济的更快发展。

最后，资源在流动过程中，往往会受到某些客观因素的限制。例如，行政壁垒和行业壁垒的存在等，使得各种资源只能在一定的市场范围和规则下流动，限制了资源在区域之间的自由流动，从而降低了资源的使用效率，这是我们应该修正和避免的。

单从资源流动的方向上来看，具体表现为集中和扩散。集中是指各种资源在市场条件、政府引导和企业战略等众多因素的影响下，密度不断提高，是集聚的动态过程；而扩散则是指各种资源向周边区域、市场和企业的发散，是密度降低的过程。两者之间是对立统一的关系：因为其方向相反，所以说对立；因为在经济活动不断升级的条件下，低端、劣质的资源逐渐被“边缘化”，以梯度队形由集聚区域向周边的地区扩散，这在一定程度上加强了集聚核心区域对各种高端、优质资源的集聚能力。资源的集中和扩散通常是同时进行的，但资源种类可能完全不同。总体上来说，优质和高成长潜力的资源多趋于集聚，那些由成熟走向衰退中的资源则趋于扩散。

资源集聚按照生命周期，可以划分为 3 个阶段：第一阶段为起步期；第二阶段为成熟期；第三阶段为衰退期。生命周期各个阶段的竞争力、集聚规模、比较优势、发展速度、创新能力以及对外部的吸引力水平的演进如表 5-2所示。

表 5-2　资源集聚生命周期的演进过程

	起步期	成熟期	衰退期
竞争力	快速增强	缓慢增强至峰值	逐步减弱
集聚规模	由小到大	大	较大
比较优势	具备比较优势	发挥比较优势	变为比较劣势

续表

	起步期	成熟期	衰退期
发展速度	快速增长	缓慢增长	衰退
创新能力	由弱到强	强	弱
对外部的吸引力	大量企业进驻，吸引力不断增强	趋于稳定，吸引力下降	竞争加剧，吸引力进一步下降

第一阶段为起步期：资源集聚在形成初期具备比较优势，由资源禀赋、地理位置以及地方政府政策支持等原始动力驱动。这个阶段的资源集聚具备较强的外部吸引力，不断吸引其他关联产业进入该地区。随着集聚程度的深化，集聚规模的不断扩大，集聚体内部生产和服务网络逐渐形成，加快信息的传播速度并增强了知识溢出的程度。在提升产业创新能力的同时发挥了集聚效益，集聚进入了实质性增长阶段，使得集聚体内外部相关资源得以充分利用。

第二阶段为成熟期：随着集聚体内部生产和服务网络的不断完善，资源集聚步入成熟期，集聚体内部趋于稳定，产业之间呈现既竞争又合作的状态，显著地发挥了资源集聚的比较优势。此时随着集聚的进一步加深，资源集聚发挥扩散效应，通过生产要素流动促进周边区域的发展。在资源集聚成熟期阶段，集聚体总体呈现资源配置效率高、劳动生产率高的状态。

第三阶段为衰退期：随着区域内资源集聚程度持续提高，资源集聚体的规模不断扩大，产业之间的过度竞争情况加剧导致的生产成本增加、创新能力下降、环境污染以及交通不便等问题抵消了集聚的经济效果，出现了“集聚不经济”的情形，资源集聚迈向衰败，该阶段集聚体经济发展缓慢，资源配置效率降低。

因此，区域内资源集聚存在最佳集聚规模：当资源集聚处于起步阶段时，集聚的规模逐步扩大，其创新能力、集聚效应不断增强，资源配置效率得以提升；发展到成熟阶段，资源集聚的比较优势显著，集聚体的创新能力、集聚效应发挥最佳作用，呈现资源配置效率高以及劳动生产率高的最优状态；当区域内资源集聚程度持续走高，产业间过度竞争会抵消集聚的经济效果，直接导致集聚体内经济发展缓慢，资源配置效率降低。

本章确定的研究对象为高淳区现代农业产业园与所辖的阳江镇、砖墙镇，以及所属村庄，以下以科技资源集聚、金融资源集聚、人力资源集聚为例进行研究分析。

一、科技资源集聚

科技资源集聚是在无数个小系统逐渐集成的过程中逐渐累积和成长的，在一定时间和空间范围内，受到多种因素的影响，并可以分为外部因素和内部因素。其中，外部因素主要是指一定时间和空间范围内的经济、社会、政策和文化发展状况；内部因素主要是指该科技资源聚集系统内的高校、科研院所、企业和科技中介机构自身的发展状况。这些影响聚集的各因素并不是独立作用于该系统，而是相互影响、共同作用的。

科技资源集聚的类型根据市场和政府在资源配置过程中发挥的作用，可以分为市场主导型科技资源集聚模式、政府主导型科技资源集聚模式、协同型科技资源集聚模式 3 种类型。

（一）市场主导型科技资源集聚模式

在“自由、公平、竞争和发展”理念的影响下，市场在资源的配置中发挥主导性的作用，科技资源在自由流动中实现优化配置和集聚。市场主导型科技资源集聚模式是一种自组织性质的科技资源集聚模式。在该模式下行为主体自由选择合作目标和方式，并自愿选择双方共同认可的集成方式。自组织性质的科技资源集聚，行为主体的合作多是以契约关系为基础，彼此之间的联系常常较为松散，科技资源集聚时，合作各方目标的一致性较高，资源调度和管理的主动性也较高，且操作简便易行，政府不需要过多的参与。

市场经济的基本运作方式是多元化利益主体之间出于各自利益最大化的动机而进行的自愿交易和竞争。这个运作过程总是以新结构的边际利润提高实现对每一利益主体的激励。在市场经济体制背景下，无论是在生产和经营领域内，还是在科技成果的研制与转化的领域内，市场驱动力都占据着主导地位。一个地区市场化水平、市场的成熟程度也大大影响着其科技资源的集聚能力。

（二）政府主导型科技资源集聚模式

政府主导型科技资源集聚模式是指政府通过行政指令、命令和计划干预科技资源配置，这种方式是以政府为绝对的配置核心，中央与地方的关系基本上停留于行政命令。政府通过行政指令来约束和规范企业、大学、科研机构这些主体，形成了一个“上传下达”的资源配置体系。

政府主导型科技资源集聚模式是他组织性质的资源集聚模式。政府在科技资源的集聚过程中处于绝对支配地位，政府意志通常对资源的流向具有决定性作用。这种他组织模式能够以国家利益为出发点来从宏观上配置各种资源，因此能够指导各主体按计划指令活动，满足集中性发展目标的要求，避免单纯市场机制的盲目、无序的竞争，充分发挥制度优势。

（三）协同型科技资源集聚模式

协同型科技资源集聚模式是指在充分发挥市场这只看不见的手的作用的同时，通过政府的有效制度安排，引导主体基于自身目标采取的一系列行为策略，实现科技资源的有效聚集。协同型科技资源集聚模式不仅包括政府宏观层面，而且还包括地区层面。制度安排下的政府与市场的协调互动，有助于使不同层面的政府都进行有效的制度设计，为主体提供法规政策方面的保障措施，从而使各个创新主体更好地形成共同的配置目标，建立起一个互相协调配合、联动开放的科技资源集聚体系。在这种创新资源聚集模式中，主体参与的积极性和参与程度都得到了明显提高。它既发挥了政府有力的激励监管职能，同时也体现了配置主体间的协调行动，更强调资源配置的可持续性和动态性。

协同型科技资源集聚模式主要是充分发挥市场和政府两个方面的优势，但是两者都有失灵的区域，并且存在交叉。为此，必须充分发挥社会组织在科技资源聚集活动中的作用。充分发挥社会组织在科技资源聚集活动中的作用，就是要建立社会驱动机制，一方面是指社会氛围及社会各种非政府组织在资源配置中的作用，另一方面也是指各种非制度性联系和网络的配置力量。社会的氛围是社会各种愿望、想法和思潮在社会进步中所起的作用。政府、社会机构以及企业组织无不为所处社会矛盾缓解的压力而端正自己的行为，这是一种客观的社会进步的力量，也是在体制完善的过程中所不能缺少的社会人文环境。

随着当地农业经济社会的发展，高淳区的科技资源集聚趋于合理，逐渐由政府主导型转变为协同型科技资源集聚。

二、金融资源集聚

金融资源集聚能够为集聚区内的金融机构带来源源不断的好处，使得一些地区争相形成了各种集聚区，金融集聚能够对集聚区内的金融机构产生额外的收益。金融资源集聚效应主要体现为共用外部基础设施而获得的额外效益、相互协同发展带来的网络效应以及合作与竞争带来的技术创新效应。

（一）金融集聚规模效应

金融集聚对于金融资源配置效率的规模效应主要体现在金融机构集聚之后，庞大的金融机构群体能够为所在区域提供便利的融资和投资服务，降低成本和减少投资风险以便吸引更多客户，有效提高金融机构为经济发展提供流动性的能力。金融机构能够共享辅助性基础设备和用户资料等，降低金融机构的经营风险和成本。

（二）金融集聚的网络效应

金融集聚区内形成的网络为金融机构加强分工合作提供可能，有利于增强金融机构之间的业务联系，更好地分工合作和互相监督；有利于节省金融机构周转资金余额，而且还能够降低金融机构面临的风险，加速集聚区内资金的流动，给金融集聚所在地区的企业提供更低的融资成本。金融机构之间网络一旦形成，不仅能够畅通各机构之间的交流，而且降低了搜寻和共享客户信息的成本。同时，机构间的知识溢出使其转化为生产力，集聚区内形成的网络结构正好能够使知识的作用发挥到最大，使区域内金融机构不断优化升级。

（三）金融集聚的技术创新效应

各式各样的金融机构集中在一起，形成了复杂的产业集群，同时不断吸引来自四面八方的金融专业人才。这些专业人才本身就具备较强的创新能力，加上金融集聚后方便不同金融机构人才之间的交流使得技术创新速度更快。此外，不同金融机构之间的竞争越发激烈，使得在集聚区域内的金融机构不断更新自身的产品，提高产品的科技含量并且要不断完善管理水平以达到降低成本的目的。这些都会使得集聚区内技术不断地进步。

从 2016 年开始，截至 2019 年末，高淳区的投资额已从 1029 万元增至 9693 万元，金融资源集聚效果明显。

三、人力资源集聚

人力资源集聚就是个体由于受收入、文化、环境等因素的影响，而向某个特定的区域流动与聚集，造成区域内的人力资源快速密集，对该区域产生一定的效应影响。在集聚现象出现之前，人力资源个体分散于各子系统中，由于受到某些因素的影响，人力资源个体会根据个人意愿对是否流动或流入地进行决策。而影响人力资源集聚的因素有很多，结合已有丰富的研究成果，认为人力资源集聚的主要影响因素可以概括为个体驱动性和外部引致性因素两个方面。人力资源集聚机理如图 5-1 所示。

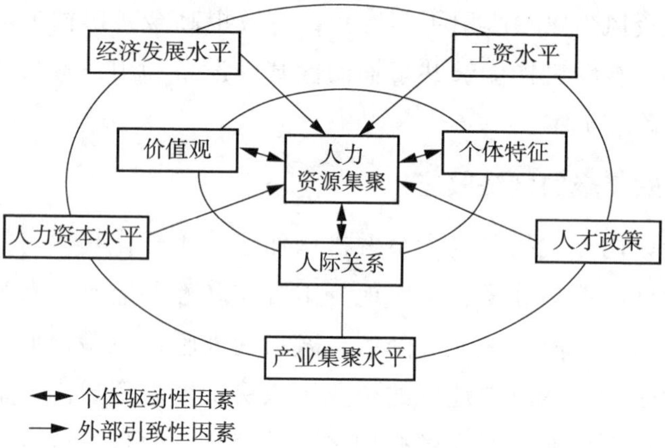

图 5-1　人力资源集聚机理

从个体驱动性因素角度来看，人力资源集聚包括个体的价值观、人际关系和个体特征等。人力资源在对是否流动或流入地进行决策时，更倾向于选择向与符合自己价值观的区域流动，因为价值观不一致的人之间矛盾会更多，不利于人力资源个体自身价值的实现。人际关系也是一样，和谐融洽的人际关系是良好工作、生活环境的重要部分，人力资源个体在和谐的人际关系中更愿意进行知识分享，工作积极性也更高，有利于提高人力资源集聚的知识溢出和创新效应等。另外，性别、性格、文化程度等因素也会对人力资源个体的集聚意愿产生重要影响，性格差异大的人之间很难交流和合作，自信心不足的人更倾向于保持现有的状态，到新地方聚集的意愿更低。

从外部引致性因素角度来看，人力资源集聚包括经济发展水平、工资水平、人才政策、人力资本水平、产业集聚水平等。经济发展水平越高，该地区的生产要素边际收益就越高，越有利于吸引人才流入。人才政策对人力资源的流动具有强大的引导作用，人才政策尤其是人才引进政策、使用政策能有效激发人才的集聚意愿。在经济人假设下，人才是为经济利益驱动的，因此工资水平是影响人才集聚的关键因素。另外，产业集聚水平越高则意味着区域内各种生产要素的规模越大、质量越高，人才也是一种生产要素，因此，产业集聚水平对人力资源的集聚影响重大。

高淳区充分发挥在宁高校、科研院所及企事业单位的技术和人才优势，争取高端人才的智力支持和指导服务。截至2019年末，已有上百名高端人才入住该区域。

第四节　“园—县（镇）—村”一体化发展对策建议

一、明确“园镇村”各自的定位

（一）县（镇）要积极转变政府职能，提升行为科学性

县（镇）政府把管控对象逐步由公司转向产业，由“家长”变为“服务者”，把行政干预方式由直接转变为间接，由重视投入变为重视成果，由重视扩大项目数目转变为注重项目发展质量，指引园区发展的重心。对于园区的服务和指导应当根据市场实际的运营情况进行，对园区运营当中出现的尖锐和瓶颈问题应当予以重点关注，加速基础设施的建设，提高公共服务能力，有侧重地帮扶优秀园区健康发展。在指导园区发展的进程中，县（镇）政府多做实地调研，进行科学合理的论证，充分运用地区的优势资源，如文化和人力市场、地理以及各种资源，归纳借鉴其他园区发展进程中的教训及经验，塑造发展主导产业（优势特色），推动园区健康发展。

（二）园区顺应农村发展新形势，明确自身功能定位

现代农业产业园区能够有效地创造聚集力，通过共享资源，推动产业集群的形成，并形成产业园区和产业集群的良性互动。因此，现代农业产业园区需要对产业精准定位，并对产业链进行梳理和趋势研判，综合把握园区的地理区位、资源禀赋、整合资源能力、经济发展水平等外部条件和内部因素，在一定区域范围内释放现代农业功能元素，从而在更大范围内展示拓展引领农业农村现代化趋向。同时，理清与园区有关的各个主体之间的责权利关系，以减少内耗、形成合力，向着前面的定位方向前进。首先，现代农业园建设要强化生产功能，严格规范土地流转行为，坚决抵制“非粮化”“非农化”

倾向。根据粮食生产功能区、重要农产品生产保护区和特色农产品优势区的区域资源优势和产业特色，建设规模化、机械化、标准化、集约化和产业化程度较高的现代农业园区，带动所在区域农业现代化发展。其次，现代农业园区建设要强化创新功能，加快推进农业关键核心技术攻关和科技成果转化应用。实行产学研深度结合，大力推进农业技术创新，强化现代农业园区研发、集成、运用、示范、推广新品种、新技术和新装备的功能，稳步提升当地农业质量效益和竞争力。再次，现代农业园区建设要强化绿色功能，推动形成绿色生产方式和生活方式。严守耕地和生态保护红线，节约资源，保护环境，促进农村生产生活生态协调发展。大力发展农业节水，全面推行“一控两减三基本”，推进种养循环一体化，支持秸秆和畜禽粪污资源化利用。推进农业标准化生产，健全农产品可追溯体系，确保农产品优质安全。最后，现代农业园区建设要强化组织功能，提升农业生产组织化程度和促进小农户与现代农业有机衔接。巩固和完善农村基本经营制度，加快培育农民专业合作社、家庭农场等新型农业经营主体，健全农业专业化社会化服务体系，推动建立符合区域实际和产业特点的现代农业生产经营组织形式。完善利益联结机制和拓宽农民增收渠道。建立股份合作、订单合同、服务协作、流转聘用等利益联结模式，促进农民收入持续稳定增长。

（三）村庄做好保障，与园区良性互动

全国各地乡村按照“产业兴旺、生态宜居、乡村文明、治理有效、生活富裕”的总体要求推进乡村振兴战略实施。现代农业产业园区周边村庄在推进乡村振兴时，务必认识到：产业兴旺是乡村振兴的重要基础，现代农业产业园区是乡村产业振兴的“领头羊”、农民就业增收的“动力源”、县域经济增长的“新引擎”、乡村建设的“助推器”。产业园区建设以产业兴、农村美、生态优为导向，与休闲观光、民俗风情有机结合，将产业发展与村庄空间布局、基础设施配套、公共服务配置、美丽新村建设同步规划，能够培育生产生活生态相融相促的乡土小村、特色小镇。因此，村庄在建设发展过程中，应与园区有机融合，协调发展。在共同促进、共同发展的过程中，形成明确的责权关系，为园区发展提供土地、人力、基础设施、公共服务等多方面的保障，减少不必要的内耗，确保园区建设成效好，辐射带动能力明显，带领村庄产业进一步兴旺，促进村民进一步增收。

二、推进园区产业化发展，促进产业集聚

（一）发展具有特色的主导产业

现代农业产业园区应重视本地区特色产业，充分利用当地的市场条件、资源条件、文化条件，在现有园区建设的基础上，突出本地区蔬菜、水产、畜禽等特色农产品生产，特别是名、优、稀、特产品，形成优势产业；发展多元化特色主导产业，基于自身特色，积极发展农产品物流、加工、储运以及休闲农业和乡村旅游项目，拓展园区农业产业链，培育新兴产业。为避免与区域内其他园区之间的恶性竞争，同类园区可以通过相互合作实现规模壮大，并带动周边村镇农户共同融入园区的发展中，在园区周边一定范围内建成稳定的产业基地，以提高区域农业带动能力和扩展科技推广深度为目标，建设若干个农产品加工基地、科技研发基地、标准化生产基地和科技培训基地，通过基地建设，为农业产业园区建设现代农业提供平台。同时，在农业产业园区内实施标准化生产战略。农业产业园区在生产、加工农产品和质量、环境管理以及销售等各个环节推行标准化生产，鼓励企业制定生产技术标准和进行国际认证，建立从土壤环境质量到种养生产过程，从收获、加工到包装、储运等环节的质量控制体系，确保农产品质量安全，形成规模化和专业化的名牌产品生产，创建品牌效益，增强市场竞争力，提高市场占有率和农产品的国际竞争力，促进“园镇村”一体化发展。

进一步推进产业融合，依托现代农业产业园区与村镇的特色文化等打造“农商文旅体”融合发展的示范，保持农业本底，以乡村旅游为重要抓手，以市场规律和产业融合条件为基础，推动“农业+”模式，在园镇村范围内选取适合的场景植入农事体验、农业观光、文化创意等元素，促进产业融合，增加园区的聚集效应；推动城乡融合，充分挖掘丰富的本地文化资源，以当地特色小镇和主题公园为载体，有效植入庄园文化和园区主导产业文化，完善配套基础设施，加快推进特色镇建设。在园区发展的过程中同时推进要素融合，积极发挥园区人才、资金、土地、技术、市场、信息等要素聚集融合优势，提高各种资源资产配置效益。

（二）推进农业产业园区产业化经营

推进农业产业园区产业化经营，培育农业产业园区科技型龙头企业。根

据所在区域产业特点和优势，积极发展一些技术含量高、市场前景广阔的农业科技型企业，重点发展产前、产后领域的龙头企业，提高产品科技含量，使之成为农业产业园区产业化经营的龙头。推进农业产业园区产业集群建设。在园区形成大中小企业密切配合、专业分工与协作完善的产业集群，提升农业产业园区的产业竞争力。

整合园区产业链，对产业链环节中的主导园区企业通过调整、优化相关企业关系使其协同行动，提高整个产业链的运作效能。同时，将园区内已存在的产业链尽可能地向上下游拓展延伸。现代农业园区产业链向上游延伸使得产业链进入到基础产业环节和技术研发环节，向下游拓展则进入到市场拓展环节。产业链延伸必备的条件是科学技术。有知识、懂管理、善经营的管理人才和懂得农业技术的农民技术骨干以及农民企业家是农业园区产业链延伸不可或缺的因素。因此，农业园区的上至管理者下至一般的农民都需要用知识武装自己、提高自己，通过引进、进修、培训、自学等方式提高技能素质。推进园区农产品生产、加工、物流、研发、示范、服务等相互融合的全产业链发展。

（三）增强园区辐射带动能力

在农业生产方面，园区应大力培育专业大户、家庭农场、农民合作社三大经营主体，使他们成为园区农业生产的主力，推动园镇村农业生产规模化。在农产品加工方面，积极引入与园区主打产品相关联的加工企业，着力建立“公司+合作社+农户”的利益联结机制，同时依托企业培育农产品品牌，实施农产品品牌的市场化运作。在农产品营销方面，每个园区都要因园制宜建立农产品营销平台，实现实体平台与网上平台的有效对接；积极开发与产业特点相融合的营销路子，优质粮油产品在着力进入全国50强大型超市上下功夫，应时鲜果产品重在建立一支农民经纪人队伍，特种养殖要做大区域性公共品牌，花卉苗木要与交通、城市建设中的绿化工程有机结合，观光农业要强化科普功能，培植具有自身特点的“节庆”活动。

三、加大对农业产业园区的投资力度

（一）合理使用农业资金

地方财政应设立农业产业园区发展专项基金、科技成果产业化专项基金等，集中力量扶持发展较好的国家级及重点地市级园区，进行基础性、公益性、试验性项目建设，增强它们对各地农业产业园区的示范带动作用。财政支农资金、农业综合开发资金、种子种苗工程资金要向现代农业产业园区建设倾斜，市、县科技部门在条件相同的前提下让农业产业园区优先承担相关科技项目。同时，把所有涉及农业部门计划投入到农业产业园区发展的资金进行捆绑使用，发挥政府资金的引导作用。对政府投入资金，要从提高投入效果出发，调整投向，主要投入基础设施建设、农业产业园区建设研究、建立信息服务体系、人才与技术培训等，不应过多地投入农业产业园区企业，更不能以政府资金建设具体项目。在不断增加政府投入的同时，吸引社会各方面力量参与，逐步形成多元化的农业产业园区投资机制。

（二）促进农业产业园区多元投资

首先，县（镇）政府可以通过税收减免、贷款贴息等手段，以引导和鼓励民间的资本投入农业产业园区，并致力于营造不同投资主体公平竞争的环境。农业产业园区建设可采用企业化运作机制，由工商企业、民营企业及其他有实力的企业参股投资，按股份制进行经营和管理。吸收国内外科技企业、社会团体、个人进园，以股份、独资、合作等形式进行资金投入。在利益分配上，按照“谁投资、谁建设、谁受益”的原则，依法保护各类园区尤其是民营农业产业园区的合法权益。其次，县（镇）政府对农业产业园区及农业产业园区项目的投资，应改变完全由政府立项、政府建设、政府管理的组织形式，建立“政府导向、法人投资、企业化管理、市场化运作”的新型体制，用工业生产的思路开发农业科技项目。

农业产业园区建设应采取政府建园、企业建区的办法，即建设初期由政府投资作为启动资金，并进行农业产业园区基础设施（包括水、电、路“三通”等）建设，待基础设施建设基本完成后，再通过优惠政策吸引企业投资农业产业园区各功能区的项目建设，包括技术、设备引进等资金的投入。

（三）拓宽企业的融资渠道

第一，争取金融机构的支持。地方金融机构在发放贷款的审核上，除了按照规定的程序进行以外，优先考虑贷款给农业产业园区的中小企业，必要时可以由政府出面担保。由于银行的放贷资金受到限制，社会上对资金的需求量较大，因此在发放贷款时尽量避免重复性放贷，也就是一个行业选择几家有实力和发展前景的企业给予资金支持，而不是谁有关系就把资金给谁，减少发放不良贷款。

第二，合理利用非金融机构的闲置资金。农业产业园区要发展离不开中小企业的支持，很多中小企业在获得充足的资金后很可能会发展成为大型企业，政府要加大宣传力度，鼓励和支持非金融机构给农业产业园区内中小企业的发展提供资金来源，同时要求中小企业也要制定出科学的发展规划来增强投资者的信心，企业自身和政府两方面努力来开辟非金融机构的资金来源。

第三，农业产业园区内企业建立帮扶机制。在农业产业园区内鼓励发展具有内在联系的企业之间进行资金的融通，一个产业链条上的企业之间可以先采取大帮小、强帮弱的形式进行融资，这样做不仅能够保证大企业发展的稳定性，还有利于中小企业的迅速成长。在招商引资的时候也可以考虑农业产业园区内企业之间是否具有内在的联系，是否处在一个产业链条上，这不仅有利于企业之间的共同发展，还有利于经济目标的实现。

四、构建农业产业园区科技创新体系

（一）探索农业产业园区科技创新模式

探索农业产业园区科技创新模式，建立“技术引进开发+技术转化”与“示范推广+技术产业化”，以及“技术成果孵化基地+技术企业孵化基地”的发展模式和机制，积极推进科技产业化，孵化和培育一批有强大竞争力的农业科技企业及企业集团，使农业产业园区成为农业科技成果引进、转化和组装集成的平台。

（二）构建多元化的科研投入机制

政府要积极争取国家资助园区科研项目，加大对现代农业产业园区科技项目、农业科技成果转化项目的扶持力度，同时政府要以优惠的政策、灵活的管理机制、合理的利益分配机制和完善的基础设施吸引农业科技企业、大专院校、科研机构的科研人员到农业产业园区开展农业科学技术研究，试验、示范科研项目和成果，形成农业产业园区多元化科研投入机制。

（三）完善农业产业园区农业科研机构

农业产业园区应建立自己的科研机构和研发队伍，增强农业产业园区自主研发能力。在做好技术引进和示范的同时，建立具有地方特色和区域优势的农业新技术、新品种、新设施、新体系。

（四）提高农业产业园区科技服务水平

健全农业产业园区农技推广组织、农民教育培训中心和农业专家大院、农资销售中心，为企业和农户提供农技物资供应、技术咨询、产品流通等方面的服务。农业产业园区要重视加强农业产业园区与科研院所、大专院校等单位的联系，形成强有力的科技服务支撑。

（五）拓宽科技服务领域和服务范围

随着农业产业园区的不断发展壮大，科技服务的领域与范围必须进一步拓宽，不仅要开展技术服务，还需要提供经济与社会领域的服务；不仅要提供产中服务，还要强化产前和产后服务；不仅要重视提供经营性服务，还要重视技术培训的服务，提高企业经营素质和农民的科技文化素质。

五、镇村提升公共服务水平

（一）提升服务意识

一是优化政策服务。基础设施建设应当不断完善，与此同时，也要重点改善“软环境”，为管理能力和管理效率的提升及管理方式的创新做出努力，一站式的服务要实施，比如企业入园申请、用地审批、开工建设。二是优化日常服务。定期走访入园企业和合作组织相关负责人，为了帮助企业解决一些问题，比如土地、人才、知识产权等方面的问题，选择一批基层领导干部派遣到企业，为企业解决困难。三是积极构建新型的商政关系。“店小二”式的服务必须要提供，为了达到解决实际困难的目的，应当注意观察聆听实际工作过程中遇到的困难，寻访企业管理人员并进行沟通，重视并关怀普通员工的工作情况。

（二）加强园区基础设施建设

高风险、低利润及过长的回报期是农业生产经营的特点，农业基础设施建设投资既具有专用性资产性质，也具有公共产品的性质，所以政府作为主体，对农业基础设施建设的力度要加强，对水利设施常年没有修整、山塘水库严重堵塞及土壤营养减少的状况应当重点关注。对于一些农业基础设施建设比如电、林、渠、路等方面应当大力发展，将土地流转经营、规模经营主体生产和一些涉及农业的项目相结合，比如农田水利工程建设、农业综合开发、标准农田建设、增强土壤肥力的工程、创业帮助农民发家致富、专业合作社、村级“一事一议”等，最终集聚效应产生。园区基础设施建设水平事关农业园区发展大局，必须从投资标准、投资组织和投资的落实 3 个方面突破。树立高标准投入的理念：据有关资料分析，高效设施农业亩均投资强度需达到 1 万元，观光与休闲农业园区亩均投资强度需达到 6 万元，农产品特色加工园区亩均投资强度需达到 120 万元。落实基础设施投资包干制度：重点农业园区内的主干道由交通部门统筹解决，村道由所在地镇政府解决，重点农业园区内的骨干河道疏浚、重要控制建筑物由水利部门解决，重点农业园区内的 1000 kVA 线路、变压设施由供电部门解决，重点农业园区内农业技术服务工作由农业部门解决；高效组织投资，每项基础工程明确工程进度，考核序时进度和月度序时投入。

（三）加大服务平台建设力度

加强社会服务建设，进一步推进农业科研和推广体系、农产品质量安全及流通体系、对农民进行教育培训的体系建设，特别要加强信息化及农产品质量安全建设与重点投入。应当不断加强农业信息网络建设，有关农业的信息特别是农产品供求方面的信息，需要及时发布及更新。为了提升农产品质量安全水平，需要投入更多来建设农产品认证、检验检测及农业标准化的相关体系。

（四）推进园区人才培育

建立农业园区“科技平台”。要突出现代农业园区管委会的职能，强化人才支撑作用。根据不同类型农业园区的资源优势，结合园区主导产业发展方向，与涉农院校、科研单位建立多种形式的合作。以园区管委会为主体，在园区内建立“科技人才平台”，设立“院士（博士）工作站”“科技创新中心”等机构。组建农业园区“人才团队”，培养人才。各级人才管理部门要充分发挥农业龙头企业集聚人才和培养实用人才的作用，优化农业园区人才结构，组建多层次人才梯队，建立为农业园区优势产业和企业主导产品服务的“人才团队”，集聚创新人才、经营管理人才、专业技能人才“三支队伍”，围绕主导产业建立健全人才体系，形成人才“金字塔”结构，为农业生产、农产品加工、品牌营销、农业科技创新等提供全产业链服务。园区建设主管部门应加大对人才培养和知识更新方面的扶持力度，鼓励开展不同层次人才、不同类型园区人才的交流。

第六章　国外乡村振兴之产业发展研究

第一节　国外的农地保护制度

一、美国的农地保护措施

美国在快速城市化进程中，也遭遇了耕地被转为建设用地，优质农地大量减少，与此相关的自然景观、农业景观、野生生物、小流域保护、生物多样性、公共健康以及农业生产能力等问题越来越成为公众关注的话题。针对这一系列问题，美国联邦政府及州政府在其城市化发展的不同阶段制定或调整了一系列农地保护政策，使之尽量既兼顾到公平与效率，又具有可操作性。

（一）农地立法保护

美国很注重对农地保护的法律和政策体系建设。早在 20 世纪 30 年代，美国就制定了《水土保持和国内生产配给法》，实行农业保护规划。50 年代中期，联邦政府加大了对耕地的保护。60 年代，已开始关注农地流转问题。70 年代，优质农地（prime farmland）受到重视。70 年代中期，美国农业部恢复设立了“土地利用委员会”，其主要职能是致力于用综合的政策工具来保护优质农地。80 年代，美国联邦政府制定了《农地保护政策法》（1981 年），旨在最大程度地降低由联邦项目引起的不必要的农地转用。该法规定了对基本农田的具体保护措施，并用经济手段来提高农民参与耕地保护的积极性。只要对符合耕种的土地进行必要的保护，政府就给予一定的补贴。90 年代，美国通过了《联邦农业发展与改革法》（1996 年），其中对农业影响最大的是备用地保护计划，农场主只要将符合耕作条件的土地作为保护地就可以获得补贴。2000 年，出台了《农业风险保护法》，通过限制在基本农田和特殊农田的非农利用，来保护土地的生产能力。2002 年，又颁布了《农场安全与农村投资法案》，大幅提高对农业的补贴和投资。

（二）土地区划政策

土地区划政策是根据斯托里指数法、SCS 系统或 LESA 系统等对土地质量进行适宜性评价，将优质及较好的农地划分出来，利用联邦政府或州政府的警察权（police power）来严格控制土地用途，以防止农地向高价格土地用途转移，调节土地利用。它是美国采用最广泛、最普遍，也是最早的政策工具。在美国，土地区划高于其他任何形式的土地利用规定。区划与其他指导性措施，如土地分割控制、小地块控制、健康与卫生法令等相结合，在防止灾难性、不协调的土地利用上起到了突出作用。

（三）税收优惠政策

基于对农地质量等级划分，美国对级别较高的耕地设定了一定的税收减免或优惠政策，通过优惠征税、递延征税和限制性协议等方式，促使农民保护优质耕地，甚至阻止改变农地用途。

（四）土地征用与补偿

为了社会共同利益，如保护风景的美学价值、野生生物、生物多样性和小流域等，确需征用私人土地时，美国政府会通过土地征用获得产权，从而达到土地保护的目的。但土地征用需征得土地所有者的同意，并以土地的市场交易价格给予土地所有者补偿。

（五）农地发展权购买制度

农地发展权国家购买制度是一个比较成熟的做法。20 世纪 70 年代，这一政策率先在芝加哥、纽约等地实施。最初完全由州和市财政出资向农地所有者购买发展权，价格为公平市场价格与农业用途价格的差价，接受政府出价的农地所有者与政府达成协议，将今后变更农地用途的权利转让给政府，以此保证农地农用，并且不得反向回购发展权。由于这一政策既不剥夺土地所有者的所有权，又不像土地征用政策那样需要给予土地所有者以补偿，而且实际操作起来简单、成本低，因此在美国推广较快。1990 年，美国通过《农场发展法》（*Farms for the Future Act*，FFA），联邦政府设立基金项目，可以借款给州政府用于农地发展权的购买，条件是该州必须能够补充相应的资金到基金中。2002 年通过的《农场安全和农村投资法》规定由农业部下属的土地利用委员会联合地方政府和民间组织共同设立基金来完成对发展权的购买，而联邦政府负责该基金数额的一半，由此不仅减轻了地方的负担，同时还吸收了民间资本的参与。

二、日本的农地保护措施

由于人多地少、耕地后备资源稀缺，日本历来非常重视耕地的保护，采取了世界上最为严格的耕地保护措施。

（一）立法保护

早在明治三十二年（1899 年），日本就制定了严格的耕地整理法。到目前为止，日本关于土地管理方面的法律已有 130 多部。

日本在 1952 年制定的《农地法》对优质耕地实行严格管制，并在 1969 年的《农振法》和 1992 年的《农促法》中通过实施一定的区域规划政策、采取一定的经济手段来诱导耕地的合理利用，促进耕地资源的可持续发展。1974 年制定的《国土利用计划法》将土地划分为城市地域、农业地域等 5 个地域，通过明确划分土地类别，并制定一系列的规则促使土地利用向着重视耕地保护和生态保护的方向调整。

（二）分类管理

日本的农地一般被分为一、二、三类，不同类别的土地有不同的限制规定。一类农地主要包括生产力高的农地以及利用公共投资进行土地改良、整理的农地和集团农地，此类农地除公共用途外不得转用。三类农地原则上可以转用，主要包括土地利用区划调整内的土地，上下水道等基础设施区内的农地，铁路及码头、轨道等交通设施需占用的农地，以及宅地占 40%以上的街路围绕的区域的农地。二类农地介于一、三类之间，可有条件转用。

日本一方面依法划定农业振兴区域范围，在此范围内的优良农地不准任意转用；另一方面规定以农地转用为目的的土地买卖，必须得到都道府县知事或农林水产大臣的许可。此外，根据农地所在的区域与都市规划范围关系不同又可分为市街化区域和市街化调整区域两种。在《都市计划法》规定的市街化区域内的农地，如进行以转用为目的的买卖，须事先申报；而在该法规定的市街化调整区域范围内的农地转用则采取许可制度，同时还规定，非农民不得取得转用以外的农地。

（三）表土保护政策

日本《城市规划法》明确规定，土地开发规划中“应采取必要的植被和表土保护措施”。在土地改良中，剥离因建设而占用地区的较为肥沃的表土，作为客土加入已经列为改良项目区的土壤中，在日本是比较常见的表土保护与利用方式。日本除国土交通省、农林水产省和环境省及其下设的管理机构以外，各町、村还设立土地改良事业团体联合会，农民个人自发进行表土剥离的还给予适当优惠。日本每年的政府开支都有专门用于土地改良（包括表土剥离）的补贴。

三、英国的农地保护措施

英国的土地虽然在法理上属国家所有，但实际上全英 90%左右的土地属于私人所有，因此英国是一个典型的土地私有制国家，其农地保护主要通过立法限制与用途管制两条途径进行。

英国是世界上最早通过立法限制土地开发的国家。其在 1947 年制定的《城乡规划法》规定所有土地的发展权均属于国家。任何人欲开发土地，均需申请并取得开发许可，以获得土地发展权，并要缴纳相应的土地发展价值税。英国主要通过掌控土地的发展权来保护农地。

英国的土地用途管制制度的核心是土地开发许可制度。该制度规定：土地所有权人或土地开发者欲以土地上进行建筑、土木工程、采矿或其他工程，或土地、建筑物任何用作实质性改变的土地开发行为，均必须向地方规划机关申请开发许可；地方规划机关根据相关政策和对公共利益的影响程度而决定是否准许开发，或有限制条件地准许开发。这种先审查后开发的土地开发许可制度，是为了确保把开发建设活动对环境的影响降到最低，更加有效地利用土地资源。

另外，英国还在程序和权力上对农地转用进行了限制，规划机关在审批开发申请时若涉及对农地的用途变更利用，应向农业部咨询；因开发而损失过多农地的，环境大臣有权收回地方规划机关的申请核准权，以限制开发活动对农地的过度侵占。

四、韩国的农地保护政策

（一）韩国土地政策的演变过程

韩国土地政策的变化大致历经了 3 个时期：一是从国家建立到 20 世纪 50 年代，初步形成资本主义农地政策的基本框架。新政府 1948 年成立后制定的宪法明确规定耕者有其田，并保障财产权。1949 年制定的《农地改革法》又规定，在耕者有其田原则下，非农民不得拥有农地。二是 20 世纪 60 年代到 20 世纪末出台一些强制措施用来防止“农业振兴区”内的农用地改变为其他非农用途，并进行农业基础设施建设，包括土地整理、水利灌溉设施的投资、培养地力等措施。三是进入 21 世纪后，韩国政府继续加大对农业和农村经济发展的投入，同时放宽农地所有者上限，提出每年培养 1000 名创业型农民的目标。此外，韩国土地政策也发生了很大的转变，除了继续贯彻执行 20 世纪 90 年代的土地政策外，以直接管治为主的土地政策向以间接诱导为主的土地政策转变，进一步改革和完善土地开发制和租税制，并充分利用 GIS、GPS、RS 等现代信息技术，实现土地利用调查及规划的科学性与前瞻性。

（二）韩国的农地保护政策

1. 农业振兴区域制度

韩国的《国土利用管理法》将国土按用途分为城市地区、准城市地区、农林地区、准农林地区和环境保护地区 5 类，采取严格的耕地保护措施，对农业振兴地区的和按用途划分地区的土地转用加以限制等。依据《国土利用管理法》的有关规定，农业振兴地区包括农林区域内的耕地及城市和环境保护区域内的部分耕地，其他耕地属于非振兴区域。农业振兴区域里不仅要对耕地进行整顿，还要增加灌溉基础设施的建设，除为了公共利益等个别情况外，耕地是不能任意转为他用的。在个别情况下，农业保护区域限制转用许可面积为优良耕地面积的 20%。

2. 实施农地转用许可措施

转用许可审查的标准是：①耕地的转用是不是合乎转用目的的利用；②要转用的耕地是否相当于耕地转用不许可设施；③要转用的耕地有没有农用生产建设的整理及集体性质的保护利用的价值；④有没有因农地转用使得道路被破坏、造成水土严重流失及废水排出等，使农村的环境受到侵害等情况的发生。

3. 申请转用与协议转用机制

申请转用局限在准城市地域里被许可的农地利用的行为，它适用于农民的宅基和农业有关的基础建设等。协议转用的机制主要适合城市变更计划区域及控制开发的区域内、城市开发地区里的耕地等。

4. 征收耕地开垦费

为维持耕地的绝对面积、维持粮食的自给而准备开垦、开发耕地的必要资金，以解决因转用导致耕地减少的问题。耕地开垦费的缴纳对象为所有耕地转用的农户，并由农林部根据土地种类和单位类别来确定应缴的金额，耕地开垦费用的缴纳基点为公告地价的20%。

5. 利用规划对耕地转用进行控制

对土质质量良好的保护机制，就是将农业振兴地区里指定的和将用途划分地区的转用进行控制。农业振兴区域内的耕地是不能随意转让的；对于农业保护地域的耕地，要控制转用许可耕地面积。原来，耕地转用面积40%以上是优质可耕地，实行耕地转用限制以后则下降为20%。对非农业目的建设要进行限制，还要对耕地的基本建设增加必要的资金投入等。在非振兴地区里，用保护价值较小的土地当作农民和渔民生活用地、厂矿用地。由于韩国农业振兴地域的土地只有50%，因此其他非振兴地区的土地转用问题非常严重。

6. 对耕地利用的监管

为了防止农田休耕或撂荒，韩国政府采用了耕作代理机制，通过耕地整理、劳力的支援等方式强化耕地利用。除此之外，政府对耕地的非法转用行为的举报支付奖励金，鼓励民众对非法转用耕地的行为监督举报。

五、国外农地保护的经验与启示

（一）划定优质农地，加以重点保护

优质农地是农业生产有效供给农产品的基础保障。美国1976年开始在土壤评价的基础上对农地进行分级保护。政府组织专家科学评估土地质量，成立专门机构编制土地保护图件，划定农地保护边界。通过评估土地质量，划分出优质农地，加以重点保护。20世纪80年代以后，美国开始把遥感、地理信息系统（GIS）及专家系统用于农地动态监测和农地保护。日本也依法对每一块土地进行调查、划分等级，对不同等级的农地进行分类管理，只有低等级的土地才能有条件转用，从而达到保护优质耕地的目的。

（二）赋予农业部门农地转用的决策地位

农地虽然是农业生产的重要基础和生产资料，但我国的土地规划和利用

却归国土资源部门管理，尤其是在农地转非过程中，农业部门处于弱势地位和被动地位，几乎没有话语权。为加强农地保护，应赋予农业部门在农地转用方面的决策地位。如日本，凡是涉及农地转用的必须得到都道府县知事或农林水产大臣的许可，而不是土地管理部门的许可。英国不仅规定在农地用途变更利用时，需向农业部咨询，而且如果因开发而过度侵占农地，环境大臣有权收回地方规划机关的申请核准权。这就使得农地用途变更不仅在源头上有农业部门的指导意见，在执行过程中的偏差也能够得到及时纠正和制止。

（三）对表土剥离做硬性规定

表层土壤的形成极其缓慢，对促进土壤形成过程、植物生长以及农业利用有着极其重要的作用，但却很容易受到自然条件和农业生产的破坏。目前，中国《土地管理法》对表土剥离的要求只是弹性的和指导性的，地方政府对表土剥离的重视程度不够，只有少数地区在积极探索表土剥离和再利用，尚未形成规模，表土剥离在实践中也缺乏具有可操作性的技术规范的指导。日本的表土剥离与再利用政策值得我国学习和借鉴。应制定有关表土剥离的专项法律法规，将表土剥离的指导性规定更改为硬性要求，对表土剥离的技术规程、标准规范做出详细规定，进一步明确表土剥离的主体和资金来源，以保障其可行性和可操作性。

（四）鼓励公众参与农地保护

在城市化进程中，在农业比较效益不断下滑和农业劳动力不断流失的情况下，农村出现了大量的农田撂荒现象或农地转非现象。国外的农地多为私人所有，政府除运用立法和强制措施进行农地保护外，更多的是鼓励土地所有者和民众参与农地保护。如，韩国通过设立耕地非法变更农业用途行为举报奖励金，强化普通民众对耕地利用的社会监督。又如，美国政府一方面通过媒体宣传，增强公众的环境意识、资源危机意识及社会福利意识；另一方面又通过补贴、财政刺激等经济手段鼓励公众参与农地保护活动。美国政府在20世纪80年代中期至90年代初，针对东北部各州（缅因、马里兰、纽约、宾夕法尼亚、新泽西、康涅狄格等州）人口稠密、城市化水平高、农地向住宅和其他城市用途流转压力大的状况，开展了“保护储备计划”（CRP），通过提供补贴，使土地所有者登记参加这项农地储备计划，保护农地和生态环境。

第二节　国外的土地流转制度

从世界范围看，土地流转是经济发展和城镇化进程中必然出现的问题。对我国而言，在经济不发达、城镇发展缓慢、只求温饱的年代，土地是中国80%以上人口的生存依赖，彼时土地流转无需求也无市场。进入21世纪以来，我国的城镇化率从2000年的36%快速上升到2020年的64%，越来越多的农村人口进入城市，不再依赖土地而生存。从土地供应（可流转的土地）的角度来看，供应量逐年增大；从土地需求的角度来看，一些新型经营主体需要扩大土地经营规模以获取更大的收益，需求量也与日俱增。土地流转成为大势所趋。

为促进土地流转，从中央到地方都出台了大量的政策和文件，也起到了积极的推动作用。但就目前我国土地流转的整体状况来看，因受到体制、机制等多方面因素的制约，土地流转程度不高的问题依然十分突出。尽管国外的土地制度与我国大不相同，但其对土地进行有效管理、促进土地高效流转的制度和经验值得我们学习和借鉴。

一、国外土地流转制度

国外的土地流转是指广义上的土地流转，包括国家对土地的征收、征用和土地所有权权能交易。与土地相关的所有权权能均可流转。但土地流转有两个重要的前提，即土地所有权主体明晰、权能分离。国外通过官方、半官方和民间的方式实现土地流转，并通过合理补偿实现土地流转的利益平衡。

（一）土地流转的重要前提

1. 土地所有权主体明晰

国外主要资本主义国家的土地所有制是建立在私有制基础之上的，土地的所有权主体主要有国家、团体和私人三类，其中私人是最主要的土地所有权人。

2. 土地所有权权能分离

国外主要资本主义国家的土地所有权权能是分离的，甚至成为一种独立权利，有独立的主体，如土地租赁权、抵押权和土地开发权等。英国和美国的土地开发权归国家所有，以此实现对土地资源的规划和管理；土地的租赁和抵押权可以进入土地市场实现流转。

（二）国外土地流转的主要方式

1. 官方土地交易

英国的“强制购买”制度。1942 年，英国政府通过强制性购买手段将土地的开发权转移到了国家手中；此后，土地所有人欲变更土地用途，需向政府申请规划许可。

法国的征地购买制度。在法国，只有中央政府才有权征用土地，并由第三方进行地价评估，政府与出卖土地者通过协商或上诉等程序来确定成交价格。这实际上是一种准强制性购买制度。

美国的土地购买制度。出于公共利益的需要，美国联邦和州政府保留对土地的征用权。即便是用于公共目的，也需征得土地所有者的同意，并以市场价格进行购买（补偿）。如果土地所有者反对，则征地不能实行。

2. 民间土地交易

美国、英国和法国农地产权边界明晰，土地交易大都通过自由的民间市场完成。土地市场发展比较完善，各种配套制度也都比较完备，土地买卖或出租的价格由交易双方（不论是政府还是个人）协议确定。

日本的土地可以自由买卖、租借和转让，但买卖和转让价格远高于农业经营者所愿付出的购买价格，因此，土地租赁市场逐步发展起来。农地保有合理化法人是日本最著名的土地流转中介组织，它先接收欲出租的农地，再将这部分农地租给求租者。

3. 半官方土地交易

法国的土地整治和农村安置公司。法国政府建立了土地整治与农村安置公司，专门购买土地，并具有收购土地和农场的优先权。把分散的土地买来后，经过合并、整治、改良和规划，使土地达到一定的规模，然后将经过整治后的土地转让给有需要的农民。该公司不以营利为目的，在于能够实现土地的有效利用和国家对土地的规划管理。

法国设有土地事务所，土地转让或租赁必须经过土地事务所，同时土地事务所对小块土地有优先购买权。法国还建有土地银行，土地银行出钱购买土地，然后租赁给农民并订立长期租约。为了扶持中等规模的农场主，政府赋予中等农场主对土地的优先购买权，并在土地购买、贷款和税收上给予其优惠。

法国为了促进土地的集中流转，还建立了农民退休金和补助金制度。具体做法是对大龄的农场主在他们有生之年给予退休金补贴，条件是停止经营或自愿让出他们的农场。为防止土地碎片化，法国立法规定土地转让不可分割，必须整体出让，也只能由一个继承人继承。

法国是土地优先购买制度比较典型的国家。所谓“土地优先购买”，即土地所有者在出卖自己的土地时，政府或政府指定的机构（如土地事务所或土地整理和农村安置公司等）有权优先购买其土地。但也只有在土地所有者表示同意让出土地时，优先购买权才起作用。法国政府于 1986 年开始实行土地优先购买制度。政府通过对土地优先购买权的设定，利用土地整治公司和土地银行等半官方组织，在宏观上间接调控土地交易的过程，实现了对土地交易的有效管理。

日本的土地交易管理制度。日本从 20 世纪 70 年代起建立了一整套以限制土地交易为主要目的土地交易管理制度。在该制度体系中，最重要的是土地交易审批制度，用以直接控制某些地区的地价水平及土地使用目的。

美国的土地交易管理制度。美国的土地交易从法规管理到经济调节，都不是绝对自由的，而是一种准完全市场行为。美国允许土地买卖和出租，但必须在合法的范围内，并遵守法律规定的义务。美国法律赋予了政府对土地使用权的终决权，包括占有、控制、管理、优先购买权等。美国政府一般不干预合法的土地交易，主要通过基础设施、交通条件、产业政策等来影响地价。

二、国外土地流转的规模限制

国外多数国家对农场规模（上限或下限）并没有特别的限制规定。如英国政府在政策导向上是支持大农场，排挤小农场。1967 年修订的《农业法》规定，政府提供合并小农场所需费用的 50%；同时，根据各个农场的经营面积与销售情况对农产品实施价格补贴，经营面积越大，销售的金额越多，获得的补贴也就越多。这在一定程度上鼓励了农场向规模化、大型化发展。美国农业生产经营的主体是大型家庭农场，农场平均规模 178.4 公顷（美国 2017 年农业普查数据）。日本对农地经营规模也没有限制，但由于人多地少，其农业法人（组织经营主体）的平均规模只有 320 亩。而法国则根据国情提出了“加速土地集中、扩大小农场规模、限制大农场面积的无限扩大、建立最佳规模的中型家庭农场”的土地政策，并规定中等农场对土地有优先购买权。法国农场的平均规模为 820 亩。法国还规定私有土地必须用于农业，不准弃耕、劣耕和在耕地上搞建筑。对于弃耕和劣耕者，国家有权征购，提高土地税或让其出租。

三、国外的土地补偿与收益分配制度

合理补偿土地流转方或放弃土地经营方的利益是土地流转的重要环节，也是实现土地流转利益平衡的重要保证。

（一）土地流转方的合理利益补偿

1. 英国的土地补偿及收益分配制度

英国的土地补偿包括：①对征用的土地开发权的补偿。国家建立了土地补偿金制度，对在土地开发权国有化过程中丧失土地开发权的土地所有者进行补偿。②对征用土地的补偿。补偿价格以被征用土地在公开土地市场上能得到的售价为计算标准。③对因土地丧失而带来利益受损的补偿。主要包括：对租赁权受损的补偿，即契约未到期被征用而引起的损失；对迁移费、经营损失的补偿；对其他必要费用支出的补偿（如律师或专家的代理费用、权利维护费用等）。除对土地征用对象进行补偿外，英国还通过征收土地改善税用以调节收益分配。因土地被征用于建设而导致其他相邻的土地增值，这些间接受益的土地所有者需向政府缴纳特别税，即改善税。

2. 日本的全面土地补偿制度

日本实行土地全面补偿制度，其补偿范围主要包括产权损失、财产损失、失业损失和其他损失等。具体有五类补偿：一是对土地征用的补偿。一般参考较近地区的土地交易价格确定被征用土地的补偿额。二是对附带性损失的赔偿，即对被征用土地上的建筑物、设备、树木等给予补偿。主要包括搬迁费赔偿、歇业赔偿、停业赔偿、农业赔偿等。三是对被影响者的补偿。如果征用土地对其邻近的人造成影响，使其受到损失，也应给予适当赔偿。四是对失业者的补偿。被征用土地权利者的雇佣人员因土地被征用而失业，应被给予适当补偿。五是对环境损失的赔偿。包括对土地开发后造成的噪声、废气、水质污染等损失进行适当赔偿。

3. 美国的土地征用补偿制度

美国土地征用补偿以征用前的市场价格为计算标准。补偿范围包括被征土地的现有价值，补偿土地可预期、可预见的未来价值，因征用而导致相邻土地所有者、经营者的损失等。

（二）合理补偿放弃农地经营的农民权益

欧盟各主要国家对离开土地、放弃土地经营权的农户实施奖励补偿。

1. 法国提供“离农终身津贴”

根据法国《农业指导法》的补充法规定，设立农业结构社会行动基金，其基本职能是运用国家财政资金，资助多余的农民离开土地，特别是“给停止农业活动或自愿让出农场的老年农民”，提供“离农终身津贴”。补贴金制度的实施，明显加速了土地集中的进程，到 20 世纪 70 年代末，有超过 57.6 万名老年农民放弃土地，停止经营农场，移交出的土地面积达 1010 万公顷，约占全法农田面积的 1/3。

2. 联邦德国实行“改行奖金”和“提前退休奖金”

联邦德国时期实行“改行奖金”用于鼓励小农户弃农转行；“提前退休奖金”用于鼓励农民提前退休；“土地出租奖励法”对为期 12～18 年的长期出租给予奖励。据统计，领取改行奖金而交出的土地达到 3713 万公顷，相当于联邦德国农地总面积的 3%左右；1966—1975 年，土地租赁面积占农地总面积的 25%左右。

四、国内外土地流转的比较

国外在土地所有权主体明晰、权能分离的基础上，通过官方、半官方和民间的方式实现土地流转，并通过合理补偿实现土地流转的利益平衡。经过对美国、英国、法国、日本等国土地流转制度的研究发现，国外在土地流转的标的物、调节机制，土地流转的补偿范围与补偿标准，土地流转的主流方式等方面与我国差异较大。

（一）国外土地流转的标的物更加多样化

国内外土地流转的标的物不同。国外的土地所有权包括各项权能，每一项权能都可以与所有权相分离，成为一项独立的权利，可以为非所有权人所享有。各项权能均可流转。因此，国外土地流转的标的物是土地所有权、开发权、使用权、租赁权、抵押权和收益权等。而我国的土地所有权归国家和集体所有，土地流转目前仅涉及土地经营权的流转，不涉及土地承包权的流转。相比较而言，国外土地流转的标的物更加多样化。土地流转的标的物少，制约了土地流转的市场规模。

（二）国外土地流转的调节机制更灵活、更有效

国内外土地流转的调节机制不同。国外主要通过市场机制来调节土地流转，能够充分发挥市场的灵活性，基于市场机制的土地补偿制度很好地解决了土地流转过程中的利益平衡问题，因此，土地流转发展比较顺利。我国的土地流转是政府政策主导的，由于缺乏对市场机制的运用，导致土地流转利益失衡。相比较而言，国外土地流转的调节机制更灵活、更有效，土地流转的利益调节更均衡。

（三）国外土地流转补偿的范围远大于我国

国内外土地流转的补偿范围不同。国外土地流转（这里特指征用）的补偿范围包括被征土地的现有价值，补偿土地可预期、可预见的未来价值，因征用而导致相邻土地所有者、经营者的损失等方面，不仅包括被征用土地的所有者，还包括受到影响的相邻土地的所有者和经营者。我国的土地征用补偿包括土地补偿费、安置补助费以及地上附着物和青苗的补偿费，仅涉及被征用土地的所有者。相比较而言，国外的土地流转补偿范围要远大于我国。土地补偿的范围小，不利于维护土地出让者的合法权益。

（四）国外土地流转的补偿标准远高于我国

国内外土地流转补偿的标准不同。国外土地流转（此处特指征用）的补偿标准以土地市场交易价格来确定，买卖双方自由交易；我国的土地征用为强制性征用，是按照被征用土地的原有用途（主要是农业用途）给予补偿，而征用后的土地则大多用于建设，政府独占土地增值收益。相比较而言，国外的土地流转补偿标准要远高于我国。土地补偿标准低，直接影响了农民进行土地流转的积极性。

（五）国外市场交易的主流方式更有利于土地流转的市场发展

国内外土地流转的主流方式不同。从国外土地流转的 3 种方式来看，民间自由市场的土地交易是其土地流转的主流方式。但对于我国而言，充分自

由交易的市场条件还不成熟，土地市场也尚在发育之中。国外的官方土地交易相当于我国的土地征用，区别主要在于征用的补偿制度与定价标准上。在半官方的土地交易中，国外政府一般都扮演服务者的角色，如法国的土地整治公司和日本的农地保有合理化法人。我国官方背景的土地交易与此类似，但政府在其中扮演的是管理者和指挥者的角色。相比较而言，国外市场交易的主流方式更有利于土地流转的市场发展。

五、国外在土地流转制度设计上的几点启示

（一）在战略层面上，适度推进土地流转和适度规模经营

我国目前的城镇化水平刚过60%，与发达国家（80%）有不小的差距。从城镇化的发展趋势来看，我国城镇化仍将持续几十年甚至上百年，这就意味着农村人口必然会持续减少，土地也会进一步集中；从国际农业发展趋势来看，农地适度规模经营是农业现代化的必然趋势，只是每个国家的“适度规模”受本国自然地理条件、农村资源条件、经济社会条件、历史文化因素的综合影响而有所不同。

农村人口转移是土地规模经营的前提，这一过程不宜求快，因此，推进土地流转也要适度，要与城镇化的发展相协同。同时，土地经营规模也要适度，防止片面追求大规模。土地规模超过适度标准，必然会带来难以化解的资金和成本压力，反而不利于新型经营主体的发展，有拔苗助长之嫌。

土地流转是短期内解决土地适度规模的必要手段，但从长远来看（两代人以上），弃地进城将会成为越来越多的“农*N*代”的选择，土地集中是必然趋势。鉴于我国农村土地为集体所有制，土地最终会再一次大规模回流到集体。国家在政策层面上要提前做好土地承包权“依法自愿有偿”退出的制度准备和法律准备。目前，我国已有多地、多部门正在积极探索进城落户农民农村“三权”维护和自愿有偿退出机制。

（二）在操作层面上，成立半官方的土地整理公司

从国外土地交易的3种方式比较来看，半官方的土地交易方式最值得我们借鉴。可借鉴法国和日本的经验，成立以国家或集体为背景的土地整理公司，有计划地回收土地承包权或经营权，降低一家一户进行土地流转的成本；回收的土地经过合并、整治、改良和规划后，租给有需要的经营主体，如农

村集体经济组织、承包农户、家庭农场、专业大户、农民专业合作社、农业企业等各类农业经营主体，同时也降低了新型经营主体土地流转的交易成本。土地整理公司应不以营利为目的，兼具管理与服务职能，并逐步过渡到服务型机构。

（三）在政策层面上，针对不同情况分类施策

我国目前土地流转难的原因无外乎有3方面：一是一部分农民离不开土地。土地是这部分农民安身立命的依赖。二是一部分农民不想离开土地。这部分农民不完全依赖土地而生存，但又不能完全脱离土地，土地对于他们更多地起着社会保障的作用，而且他们有深厚的土地情结，不愿放弃土地。三是一部分农民虽然已经完全不再依赖土地而生存，甚至已经进城落户，但对土地增值有预期，持地观望，待价而沽，不愿放弃土地承包权。针对上述三方面原因和3种类型的农民，土地流转应分类施策。

对于第一种离不开土地的农民，土地政策的着力点不在于流出而在于流入，让更多的土地流转到这些农民手中，使他们能够依靠土地而实现“生活宽裕”。对于第二种农民，要通过完善和有力的社会保障制度解除农民的后顾之忧，使其能够安心地放弃土地承包权。对于第三种农民，一方面要对土地耕种有严格要求（如不准撂荒），另一方面可以鼓励在城镇有稳定的就业和定居的农民在依法、自愿、有偿的前提下放弃土地承包权。尽管《中华人民共和国农村土地承包法》规定不得以退出土地承包经营权作为农户进城落户的条件，但从长远来看，会有越来越多的城镇落户农民愿意放弃土地，因此有必要积极探索农民承包地的退出机制。

但同时要防止农民非真实意愿放弃土地，需对土地承包权交易设限，满足条件方可交易或放弃土地。在此基础上，还要建立合理的土地补偿制度，甚至是农民退休金制度：一是未达到退休年龄的土地承包权人，能充分证明其有稳定的非农职业或者有稳定的收入来源，不再依靠土地而生存，自愿放弃土地承包权，可一次性支付“离农金”。该笔资金由新的土地承包权人或土地整理公司支付。离农金的标准可综合考虑土地的可承包年限和当时的土地租金水平及未来的预期等因素共同确定。二是达到退休年龄，土地承包权因无人继承或继承人放弃继承，而自愿放弃土地承包权的，由土地整理公司回收承包权，并按月支付其退休金直至终老。退休金金额可参考当地土地租金水平而定。

第三节　国外农村产业融合发展

一、法国

法国是传统的农业国家，拥有良好的农业基础，而且其旅游业比较发达，良好的农业基础和发达的旅游业为法国乡村旅游的发展奠定了一定的基础。法国乡村旅游起步很早，20 世纪 70 年代开始，法国开始发展乡村旅游，经过几十年的探索，已经形成了较为完善的经营、管理模式以及系统的行业标准和规范。目前，乡村旅游已经成为法国第二大旅游产品，仅次于以滨海游为主体的蓝色旅游。法国的乡村旅游在促进农产品的直销、保护文化遗产、调节农业收入的季节性等方面都发挥了重要作用，不仅解决了农庄的生存问题，而且促进了法国经济、社会、文化的可持续发展。

（一）法国乡村旅游的要素

法国的乡村旅游主要有 3 种形式：休闲、探奇、运动。休闲是指游客通过一些休闲的活动来放松身心，如泡温泉、桑拿或者漫步田间。探奇指游客参观一些和自己原来所居住的环境或文化差异很大的地方来满足自己的好奇心，如乡村旅游。运动是指一系列体育活动，如滑雪、攀岩、登山等。在法国的乡村旅游中，旅游活动主要集中在农场美食品尝、农场参观、骑马和遗产、文化类参观等方面。

虽然旅游形式多样，但旅游要素也无外乎吃、住、行、娱、购、游，其中最重要的是餐饮、住宿和购物。

1. 餐饮

法国乡村的餐厅一般提供有地区特色的菜肴，烹饪的原料来源于周边农场和牧场，因此特别受游客欢迎。同时，法国乡村餐厅非常注重获得各种称号或认证，这些称号或认证是招揽客人的重要保证。

2. 住宿

法国乡村旅游的住宿呈现多样化的模式，主要包括乡村别墅、露营和乡村酒店等。乡村别墅作为一种既能在法国乡村享受假期而又不算昂贵的方式，非常受欢迎。从简单的农居到奢华的城堡，各式各样。成立于 20 世纪 60 年代的法国乡村住宿协会通过认证的方式对乡村别墅进行规范和管理。另外，法国乡村别墅注重特色化。根据不同的区域，乡村别墅被划分为不同的主题，如美食、钓鱼、骑马等，并分设了一些具体的标识，如“鱼屋”“雪屋”“农屋”，根据其不同的经营性质，所提供的服务都各具特色化。露营是法国乡村住宿最普遍的形式，价格低且形式多样，可以是帐篷、旅行挂车或者是四周有游廊的二层矮楼的度假小屋。但这些住宿的地点有严格的规范，住宿活动必须在专门设立的露营地开展。乡村酒店包括连锁酒店和独立酒店。为了规范酒店的经营管理，法国对 2 万多家乡村酒店进行了重组和规划，颁发质量认证书和共同的标牌，取得了很好的效果。

3. 购物

法国乡村旅游的特产很大一部分是地区性的农产品，一般是通过“绿色食品”或“健康食品”认证的产品。

（二）法国乡村旅游的特点

法国的乡村旅游在一定程度上推动了当地农业向第二、第三产业融合发展，在延伸产业链条、提高农民收入、促进农村繁荣等方面都发挥了重要作用。

1. 本土特色突出

法国制定了严格的乡村旅游管理条例，以促进本土农产品直销、特色化经营，避免同质竞争。法国农民充分挖掘自身的优势，打造独具特色的本土体验项目。例如，提供饭店餐饮的农庄，食材必须使用当地生产的农产品，必须使用本地的烹饪方法，农庄外观须遵照当地风俗，餐具应使用粗陶、瓷器等代表性材质。这些管理条例保证了当地农村的原真性与独特性，凸显了农场的特色。

2. 高度的行业自律

法国政府与行业协会在乡村旅游方面的合作自乡村旅游起步之初就已开始。协会在政府政策范围内制定行业规范、制度以及质量标准，以达到行业自律。这些行业协会包括法国农会、法国友人之屋协会、法国农民房协会等。法国的行业协会有力地推进了法国乡村旅游发展的标准化、规范化。

3. 完善的营销体系

法国乡村旅游拥有较为完善的营销体系，目标市场定位在周边省份、国内大城市以及周边国家大城市，针对目标市场对本土的旅游产品进行推广。一方面通过互联网建设自己的网站，与旅行社开展合作，扩大销售范围，利用报纸、杂志等渠道进行营销，吸引客流量；另一方面注重与客人的沟通交流，通过会员卡、邮件宣传以及高品质的服务留住客源。另外，农会常设委员会（APCA）设计的“欢迎莅临农村”组织网络，成为一个链接各大地区农庄的营销网络平台。

（三）法国乡村旅游的相关协会

在乡村旅游的发展过程中，法国成立了一些半官方、半民间以及民间的相关行业协会。这些民间组织逐渐形成了乡村旅游的行业自律，在一定程度上有效弥补了政府或官方协会监管的不足，对乡村旅游的可持续发展起到了促进作用。

1. 法国农会

法国农会是公共职业联合机构，具有半官方、半民间性质。1935 年成立的农会常设委员会（APCA），代表农民利益干预政府政策。1988 年，APCA 设立了农业及旅游服务接待处，它研发了“欢迎莅临农场”组织网络，有组织、有系统地整合各个区域的发展，将法国乡村休闲旅游农场划分为 9 种，分别为农产品农场、农场客栈、点心农场、骑马农场、狩猎农场、教学农场、探索农场、暂住农场和露营农场，主要提供美食品尝、休闲参观、学习知识、乡村住宿等旅游产品；并对它们进行了严格规定，要求不得贩卖其他地方农产品，否则取消资格，在很大程度上保证了产品质量。它的设立有力地推进了法国乡村旅游向规范化和标准化发展。

2. 法国农民房协会

法国乡村各地的民居风格各异，不仅保留着与当地环境协调的建筑风格，而且数量庞大，保存完好。保留乡村老房子是法国农民房协会的宗旨，该协会成立于 1965 年，如今已发展成为一个全国性的协会。该协会的宗旨主要有 3 点：一是保护传统农民房，并提供符合该地区传统建筑风格与技术特点的修缮、修复知识与技术咨询服务；二是使农民房与周边自然环境相协调；三是促进高质量的现代建筑、无害建材与周边环境的协调处理。根据上述宗旨，协会组织研究并提供信息、知识和技能方面的服务，如通过出版系列刊物，举办展览会、技术交流会等形式，呼吁将保护农民房、祖屋和传统村落等作为流传给下一代的国家历史遗产的一部分；提出制定相关保护法律法规的建议；向会员和公众提供与保护农民房相关的信息，包括历史价值、技术修复及技术培训等。法国农民房协会还每年组织全国性的农民房修复评比大奖，对那些对老房子“起死回生”做出贡献的工匠和技术人员进行奖励。协会对老房子的修缮提出了“三宁”原则：宁修不拆，宁用老材料不用新材料，宁动内部不动外表。

3. 最美村镇协会

“最美村镇协会”成立于 1982 年，是法国最具影响力的乡村保护协会之一。如今法国共有 155 个最美乡村，分布在 21 个大区和 68 个省。协会创立之初便确立了以下宗旨：维护和提升乡村历史文化遗产的品质，在控制人流的同时提高它们的知名度，促进当地经济发展。首先，协会设定了近 30 项条件作为参选乡村的评价标准，这些标准简明而实用，确保了入选乡村的品质。其次，入选的“法国最美乡村”获国家注册商标。因此，协会非常重视品牌的维护和推广，通过米其林地图、旅游指南等产品对品牌进行宣传，并借助于媒体宣传提升入选乡村的知名度。最后，协会倡导特色乡村旅游发展模式，在充分考虑游客需求的基础上，为他们量身定制个性化的旅游产品，在吸引“过路式”游客的同时注重吸引“度假式”游客，并通过组织有当地特色的文化活动丰富游客的旅行体验。“法国最美乡村”从发起、参选、维护到经费来源都离不开当地村民的支持，正因如此，入选乡村才不至于成为“无灵魂的博物馆”，而是有活力、有生气、有未来的乡土之地。

4. 农家住宿协会

该协会成立于 1987 年，由法国一批年轻的农民在农业与环境研究所的帮助下建立，目的是在保持农业生产的前提下，寻求多种经营：一方面，增强农户的抗风险能力；另一方面，增强与城市居民的沟通，传授土地、环境保护、农业生产的知识。协会总的原则是在保证农业生产的基础之上，以周年经营的产业模式帮助农民获得更多的经济收入。农家住宿的接待通常是让游客与农户同吃同住，以融入式的方式体验农村生活。协会会对申请入会的农户提出卫生条件的要求，但对于家庭风格、住房形式等则完全适应当地的自然条件和生活水平。审核通过后，会发放资格证书。这些农民在获利的同时，并没有荒废土地，农业生产仍然得以保证。

5. 法国友人之屋协会

法国友人之屋协会成立于 1997 年，明确规定从事乡村酒店服务的主人必须是住户。为保证接待质量，房间不允许超过 5 间，每次最多接待 15 人，为游客提供真实的信息，接待游客如同自己的朋友一样，人性化的服务受到了游客的欢迎。要求会员不仅仅是为旅客提供住宿、用餐等服务，而是通过家庭日常状态来分享他们对生活的热爱。协会目前大约有 500 个会员单位，通过考核的成员将获得太阳花商标，每年缴纳 250 欧元的会费，有效期为 1 年，每年重新审核一次。

（四）产业融合的促进政策

法国乡村旅游的经营主体是“所有的农业开发者和乡村居民”，而非外来投资商，法国乡村旅游一直在政府的主导下发展。通过政府的引导，制定乡村旅游发展的政策措施及总体方针，引导行业协会制定行业规范，进行数据统计和分析。近年来政府管理职能有所弱化，但加强了监管职能。

1. 法律与法规支持

法国政府 1962 年颁布的《马尔罗法》制定了保护历史性街区的法令，确立了保护历史街区的新概念，保护区内的土地使用以及设计受到一定的管制，指定区域内、外部的变动都受到地方委员会以及法国建筑师的监管，这不仅使古建筑得以保护，也促进了乡村旅游的发展。1974 年法国政府颁布的《质量宪章》对民宿的住宅质量、服务质量和周围环境都制定了严格的规定和标准。另外，“法国家庭农舍”品牌机构根据相关标准制定了“一枝麦穗”至“五枝麦穗”的评定等级，为游客的选择提供参考。“五枝麦穗”的民宿要具备私人花园、停车库、网球场、游泳池、桑拿等设施设备，要求十分严格。为鼓励民众出游，1982 年修改的《劳动法典》规定正常的工作者都拥有 30 天非假日的带薪年假，在很大程度上推动了乡村旅游的需求增长。

2. 财政支持

法国政府为促进乡村旅游业的发展，为乡村旅游的经营者设立了相关的税收优惠政策以及财政补贴。1955 年，法国政府启动了“农村家庭式接待服务微型企业”计划，为农庄提供经费资助以促进传统风格的民居的维护与修缮。按照规定，达到“三枝麦穗”标准且 10 年中每年开放 6 个月的旅馆可得到政府的财政补贴，补贴为修缮金额的 10%～30%。2000—2006 年，法国政府拨款 5300 万欧元修建乡村旅游景点公路。法国每年拨款 20 亿法郎用于文化遗产保护；将旅游资源的保护和开发列为国家的重要职能，用于旅游资源保护和开发的支出高达 200 多亿法郎。

二、日本

20世纪90年代，日本学者今村奈良臣提出了“六次产业”的概念，即六次产业=第一产业+第二产业+第三产业=第一产业×第二产业×第三产业，其基本含义是农业生产向第二、第三产业延伸，通过第一、第二、第三产业的有机整合，构建集生产、加工、销售、服务为一体的农业产业链，并实现价值链的延伸。

（一）日本产业融合的发展

日本的乡村振兴始于新农村建设运动。大体上可分为3个阶段，前两次的新农村建设运动，为乡村振兴和随后的乡村产业融合奠定了重要基础。

1956—1962年，为第一次新农村建设阶段。日本政府确定了推进新农村建设的区域，推动农户的联合经营，建立新农村建设体制机制，加大资金和技术扶持力度。实行“一村一品”，发掘乡村中的特色资源和产品，重点培育和扶持以“品”为基础的产业。

1967—1979年，为第二次新农村建设阶段。政府着力推进区域发展，加大资金扶持力度，加强基础设施建设，鼓励城市产业向农村发展。通过出台配套政策和提供配套资金以及公共设施和服务，促进产业融合。

2010年以后，进入乡村产业振兴阶段。日本政府重点推进“六次产业计划”。通过推进农村产业融合，提高农民收入水平。

（二）日本“六次产业化”的特点

1. 农工商充分开展合作

以《农工商合作促进法》为基础，以工带农、以商促农，推进中小企业者与农林渔业生产者利用各自的资源加强合作，提升综合价值。同时，要求工业、商业的资本占比不得超过49%。其目的在于引导农林渔业生产者成长为经营主体，而非工商资本整合兼并农业，确保农户得以分享产业融合发展带来的红利，实现农民增收。

2. 地产地消

日本农业“六次产业化”的核心是促进农产品的“地产地消”，即当地生产的农产品在当地消费：一是以本地产品为加工原料代替外地引进的产品；二是以本地加工产品代替原料产品输出，将加工、流通、消费等环节内化于农村地域内部。日本农业“六次产业”包括产地加工型、产地直销型、消费旅游型3种主要形态。其政策目标是至2020年，销售额达到1亿日元的直营店比例达到一半以上，学校的食品原料中本地生产的比例达到30%以上，乡村旅游设施的容纳人数达到1050万人次。

3. 科技创新和品牌建设

日本农林水产省农林水产技术会议制定了“农林水产技术研究计划”，旨在鼓励研发农业创新技术并进行推广，注重保护知识产权，发展生物能源，利用农村的可再生能力。日本中央通过召开生产者协议会，构建科学管理体系以推进农产品品牌建设，旅游部门与农村共同打造旅游品牌等，通过农业品牌化发展，进一步促进产业融合发展、农民增收获益。

（三）日本产业融合的促进政策

1. 法律与法规支持

日本政府根据“六次产业”发展情况出台了相关法律政策，成立了“六次产业化”推进组织机构，通过这一系列政策的顶层设计和积极推进组织机构建设，全面促进“六次产业”发展。2008年，日本政府首次在政府大纲中提出了“六次产业”，出台了《农工商合作促进法》，鼓励中小企业与农林渔业生产者加强合作共同开发，旨在促进农村的农、工、商业合作发展。2010年，日本内阁通过了《食品、农业和农村基本计划》。2011年，水产厅成立“水产业六次产业化推进团队”，都道府县组建“六次产业化地产地消推进委员会”。2013年，日本政府提出大力发展“六次产业”的发展方针，强调农业后向延伸，以推动农业产业链发展。继2008年的《农山渔村第六产业发展目标》提及“六次产业”，此后又发布了《六次产业化白皮书》《农山渔村六次产业化政策实施纲要》《农业主导型六次产业化准备工作实施纲要》等重要文件，日本自上而下地全面规划农业“六次产业化”，还成立了专门的组织机构“六次产业化地产地消推进委员会”以实现该战略的有效推进。

总体而言，日本“第六产业”的法律体系可分为两类：一是基本法律，一般从利用地区资源创造新事业、增加粮食供给等领域，积极支持“第六产业”的发展。这些法律涵盖《农山渔村第六产业发展目标》《第六产业化法》等。二是与“第六产业”有关的法律，主要有《中小企业新事业活动促进法》《地区产业集群形成法》等。

2. 财政支持

20 世纪 60 年代后，日本政府不断加大农村基础设施建设的投入力度，为“六次产业化”提供基础条件。日本政府为推动“六次产业化”，推出了一系列包括定额补贴以及比例补贴在内的财政补贴。例如，对新产品开发和市场拓展的支出补助从 1/2 增加到 2/3，对新的农产品加工、销售所需的设备购买建设支出给予 50%的补助，还包括延长无息农业改良贷款期限、增加贷款最高额度等政策措施。2010 年，日本内阁通过《农林渔业成长产业化支援机构》法案，由国家和企业共同出资成立农林渔业成长基金，以政策补助金、“劣后”贷款、股权投资的形式给予投资支持，促进农业“六次产业化”发展。

从日本金融支持农村第一、第二、第三产业融合发展的实践来看，主要分为两条渠道：一是政策性金融支持日本“六次产业化”，发放优惠贷款；二是财政投入和社会资本共同设立“六次产业化”专门基金，并由专门基金与商业性金融共同出资成立地方子基金，提供资金支持。

农业改良贷款，是为农业经营者提供的贷款，以改善农业经营为目的，主要包括设施改良、多年生作物栽培、家畜购买、扩大经营规模，生产方式、经营管理的合理化，以及从事农业的形态改善。该贷款主要针对小农户、认定农业者等 10 类农业从业者，采取无息方式发放，个人额度为 5000 万日元，企业法人额度为 1. 5 亿日元，期限一般为 10 年以内，最长可放宽到 12 年。

低息新事业活动促进贷款。中小企业和农林渔业从业者联合开展“六次产业”，并经过农林水产大臣认定，才能申请该项贷款。贷款分两种类型：一种是设备资金贷款，期限 20 年，贷款额度为 7. 2 亿日元；另一种是运转资金贷款，期限为 7 年，贷款额度为 2. 5 亿日元，利率优惠从 6 年以内的 0. 5%递增到 20 年以内的 1. 2%，基本上都比基准利率优惠 0. 9%。

金融机构参与出资设立产业化成长基金。一是直接出资：以政策补助金的形式直接出资资助发展“六次产业化”的农户和合作企业，不需要担保，但资金用途有限制，且有严格的业务要求，最高限额为申请者自有资金的 2 倍；二是提供贷款：以“劣后”贷款的形式提供资助，需要担保，且资金用途有限制，最高限额为申请者自有资金的 5 倍；三是股权投资：接受投资的经营主体一般为企业，不需要担保，但财务制度要完善，且项目设计的自由度要高，以股权投资的形式给予最长 15 年的投资支持，最高限额为申请者自有资金的 20 倍。

在具体财政支持方面，日本对“六次产业化”经营主体建设直销店及流通和销售设施、购买加工设备、企业和农户开发新产品以及开拓销售渠道、农协建立直销店等分别给予最高3/10、1/2、1/3、7/8的财政补贴，对于开展技术研发、实施海外开发活动推进项目、举办洽谈会及交流会等予以定额补助，补助金额可上下浮动30%。

三、韩国

为推进乡村振兴，韩国政府于1962年设立了农村振兴厅。从新村运动开始，韩国的乡村振兴实践已连续开展超过50年。

（一）韩国产业融合的发展

1971—1976年，基础设施建设阶段。在这一阶段，政府组织农民改善居住条件，改良农业生产品种。通过改善农村环境，补齐公共设施短板，为发展三产奠定基础。

1977—1980年，充实提高阶段。在这一阶段，政府鼓励发展农产品加工业和特产农业，政府侧重发展农村金融业、流通业。通过促进农业多元化经营，尝试进行产业融合的探索。

1981—1988年，社会管理阶段。在这一阶段，政府构建体制机制，社会组织则承担和完善了新村运动的组织工作。主要措施是释放社会活力，培育乡村新业态。

1988年以后，自我发展阶段。在这一阶段，政府侧重社区文明建设与经济开发。通过为“六次产业”发展提供配套服务，以实现基于农业多功能性的价值增值。

由此可见，韩国通过兴建基础设施和完善公共服务，改善乡村生活环境和农业生产能力，为随后二三产业的兴起奠定了基础。进入20世纪90年代后，通过转变政府职能，提升社会管理水平，激活了社会自我发展能力，促进了产业融合。在2010年前后，韩国政府开始正式为乡村产业融合提供更高效的政策支持，通过推广“农工商+政产学研”合作模式，在乡村发展中大力推广“六次产业”，最终实现农业价值链的延伸。

（二）韩国产业融合的促进政策

1. 培育产业融合经营主体

为了继续挖掘农业内部潜力，提高农业发展活性，2013年韩国颁布的

《农业产业化推进计划》提出通过农业产业融合发展，培养1000个在2017年销售额达到1000韩亿元以上的农业产业融合发展经营主体（农业、村庄共同体，法人经营体，自营个体）的计划，为农村地区的个体农户和高龄女性提供每年5000多个工作就业窗口，提高农户的非农收入，增加农业农村经济增长的动力。

2. 加强对乡村旅游的扶持

2013年10月，《农业、农村及食品产业发展规划（2013—2017年）》颁布，以产业园区带动农业产业发展，加强对农村体验等旅游服务质量以及附加值较高的项目扶持和政策支持，支持农工商融合型先导企业的培育和服务定制，进而不断推动农村产业融合发展。

3. 实施对融合产业经营的认证

2014年，韩国颁布了《农村融合复合产业培育及支援法》。"所谓农村融合复合产业，是指农民和在农村地区居住者，利用农村地区的有形和无形资源，通过制造业和服务业复合性的结合，提供相关的产品和服务，创造附加值或高端产业。"以该法为依据，韩国每五年制定一个"农村融复合产业"培育和支援的基本计划。韩国的农户或企业可以申请"农村融复合产业经营者"（由韩国农林畜产食品部认定），一旦获批，不仅可以享受《农村融复合产业培育及支援法》的规定，也可以享受《道路法》《山地管理法》《农地法》《都市开发法》《观光振兴法》等相关法律法规的优惠政策，以及有关政府的支援政策，如"农村融复合产业"经营者可以减免法人税、所得税、公益金等税收。

4. 财政扶持

韩国根据农业产业融合经营主体的开展状况进行财政扶持，主要有贷款和补助两种形式。就贷款而言，有低利率和无偿还贷款两种方式；而补助则包括特定数额、最大限额、事业费一定比例3种方式。韩国对购置加工、运输流通设施设备的"农业第六产业化"经营主体给予80%的财政补贴，其中中央财政和地方财政分别承担50%和30%。为充分保证农业产业融合的经营主体在生产、加工、流通、销售环节中能获得足额的资金，韩国农林食品部在2013年出资70亿韩元，民间出资30亿韩元，成立"农业产业融合相生资金"。2014年，韩国政府又追加100亿韩元，用于推进农业产业融合的发展。

5. 立法支持

韩国与农业产业融合有关的法律较为健全。虽然韩国在2014年与农业产业融合有关的法律体系才正式产生，但其在1983年制定的《农渔村收入源开发促进法》，便已积极推动非农业收入和农业观光业的发展，非农业收入开始正式化。20世纪90年代，出台了《农渔村发展特别措施法》《农渔村整顿法》等法律，积极推动农业形成复合化产业。2004—2009年是韩国“第六产业”发展的初期，出台的法律包括《食品产业振兴法》《农民等非农业收入支援法》《农渔业经营主体培育及支援法》等。2010—2014年出台的法律包括《饮食服务业振兴法》《农村融合复合产业培育及支援法》等。

这些法律政策的颁布不仅促进了韩国农村产业融合高质量发展，推动了韩国农业复合化和专业化发展，更对推进韩国农业产业化产生了积极作用。

四、英国

英国开展乡村旅游始于1970年，以农村民宿（Bed and Breakfast，B&B，床位和早餐）为开端。英国政府对乡村旅游干预比较少，没有制定针对乡村旅游的专项法律制度，相关制度一般由地区团体根据当地实际情况而制定。

英国乡村旅游的重点是活性化的地区发展和多样化的农家经营。旅游政策主要注重的是经营建议及评价、职业教育、资本投资、市场支撑等方面。其中，政府和地方自治团体负责资本投资支援，而观光协会（RTB）、农民协会（NFU）、教育委员会（TEC）等地方组织主要负责经营及评价。

1969年，英国出台了《旅游发展法》；同时，成立了非政府部门公共机构“英国旅游局”（British Tourist Authority），主要责任是开发英国的旅游产品（包括乡村旅游），在全世界范围内推广和宣传。该机构由数字、媒体、文化和体育部资助。

英国乡村旅游的内容极为丰富，除了通常的游览观光外，还有远足步行、探险、骑马、打鱼、驾船、文化节庆、观鸟、环保等活动，以及商务会议、团队组建等事项。旅游场所多样化，有农场、水道、乡村海滨、乡村城镇、村庄、酒馆、历史建筑、考古场地、花园、湖泊、森林、山脉景观、国家公园等。优美宁静的乡村环境吸引了不少公司将工作场所设在乡村。在英国，位于乡村的工作场所占了37%。乡村旅游歇宿既有个性化的特色旅馆，也有廉价的青年旅社、背包旅社，还有B&B民宿接待，可以最大化地满足游客的多样化选择。

英国乡村旅游度假休闲的社会组织很多，如农场度假协会（提供农业体验服务）、苏格兰农家度假协会（提供乡村旅游住宿）、沃尔西寄宿协会、棚屋协会（提供旅行棚屋装备）。欧盟及一些非政府组织、公司也致力于发展乡村旅游。乡村旅游还受到许多机构、专项工程和基金会的支持，如苏格兰旅游创新基金会、苏格兰旅游发展基金会、苏格兰乡村开发工程等。随着旅游与休闲的发展，乡村也面临着许多新挑战。2001 年，英国将“农业、渔业和食品部”改为“环境、食品和乡村事务部”（Department for Environment, Food and Rural Affairs, DEFRA）。这反映了政府乡村发展战略的转变。

英国规范旅游业的行业组织“旅游联盟”（Tourism Alliance，自称“旅游业之声”），包括 55 个旅游业组织，如旅行协会、B&B 民宿协会、全英啤酒馆和酒吧协会、全英景点协会、全英教育旅行协会、全英假日和国内公园协会、全英酒店协会、国家海岸旅游研究院、全国信托基金会、旅游学会、旅游管理研究所、英国农场度假协会、铁路遗产协会、历史建筑协会等。这个组织代表了英国 20 万个各类旅游企业，宗旨是提高旅游行业标准和质量，与政府就旅游业发展的重要问题进行沟通磋商。

最近，英国计划投资 2500 万英镑促进乡村旅游、提升乡村景点质量：①由“旅行英格兰”（Visit England）网投资 1200 万英镑宣传乡村旅游，促使更多的人到乡村旅游；②DEFRA 建立一个 1000 万英镑的基金，支持启动乡村旅游，开发乡村景点，加强乡村旅游企业建设；③DEFRA 将与 34 个“英格兰卓越自然美景”共同努力，帮助它们开发新的可持续旅游项目；④DEFRA 拟提供 200 万英镑帮助地方社区增加旅游项目；⑤DEFRA 拟提供 100 万英镑给英格兰西北区，启动其乡村可持续旅游项目。据称这一计划可新增乡村旅游 1.1 亿人次，创造 3000 个工作岗位。

英国在其制定的《2010—2020 年乡村旅游发展近期规划》中，提出乡村旅游对地方经济的贡献每年要增长 5%。为此要实现三大目标：①乡村旅游产品多样化、现代化，在适宜地方环境和地方社区的前提下开创商机，开发适合全年旅游的项目；②增强消费者意识，使之了解和享受乡村旅游产品和旅游体验；③鼓励乡村社区参与开发、经营和保护乡村资源，从乡村旅游中受益。具体行动计划分 21 个细项，如努力增加旺季之外的旅游产品，挖掘国际游客参加乡村旅游的潜力（2009 年入境游 2540 万国际游客中，仅 17%在乡村旅行过）等，进一步明确了行动内容、行动合作者、行动目标等。该规划还对乡村旅游产品和旅游体验、乡村旅游资产进行了界定。

五、国外产业融合的经验与启示

从国外的发展经验来看，推进农村第一、第二、第三产业融合发展，必须结合实际情况，因地制宜，因势利导，尊重农民意愿，在政府的引导下统筹发展，开发农业的多功能性。

（一）政策支持及规划管理

如法国、日本都制定了相应的项目或计划，从战略高度上引导农村产业融合发展。日本和韩国更是分别于 2011 年出台《六次产业化法》、2014 年出台《农村融合复合产业培育及支援法》赋予产业融合政策的法律地位。在财政支持政策上，国外政府都投入了大量资金，以财政优惠、补贴、低息或免息贷款的形式刺激各经营主体大力发展融合产业。一方面，中央政府制定相应的法律法规以及各项政策来保障农村产业融合的开展；另一方面，地方政府根据各地实际情况来制定其发展规划，引导各经营主体自主性发展。在日、韩两国的实践中，均通过农村基础设施和公共服务均等化，奠定了产业融合的基础。随后，政府主导的产业政策，开始强调产业融合对乡村产业振兴的重要性。在 20 世纪 90 年代末，两国先后进行了“六次产业化”的实践，将乡村产业融合发展推进到新阶段。

（二）产业融合注重突出地方特色

法国制定了严格的管理条例来避免产品雷同所引发的恶性竞争，引导各地农村产业融合发展，积极探索本土化的发展模式，体现本区域的历史、文化以及民族特色。法国还强调餐馆需使用当地的农产品以及烹饪方法，促进农产品的“直销”，这与日本“六次产业化”所强调的“地产地消”目的一致。

（三）强调农户的经营主体地位

法国规定乡村旅游的经营主体是“所有的农业开发者和乡村居民”，日本则要求工商资本的占比不得超过 49%，以保障农户利益，让农户得以分享农业产业链延伸的红利，提高农民收入水平，缩小城乡收入差距。

（四）依靠行业协会提高行业自律

不论是法国的旅游协会还是日本的农协，都在乡村旅游发展之初就参与了行业规范的制定，并通过行业自律，规范乡村旅游的发展。行业协会作为连接农户和政府的桥梁，在促进乡村产业融合发展方面都发挥了重要作用。尤其是成立于1947年的日本农协，是一个专门为农民服务的组织，从中央到地方层层设立，与农民结成经济利益共同体，各级农协组织农民合理调整产业结构，建立生产基地，从农产品购销、融资、保险和农业基础设施建设提供全方位的服务。正是有了农协产、加、销、游一体化的服务，日本的六次产业才得以蓬勃发展。

（五）从中间向两头延伸农业产业链条

以日本和韩国为例，农业产业融合的价值链运作常常是基于某“中间产品”为中心，逐步塑造农业产前、产中、产后的混合（纵向或横向）产业组织关联，渐渐产生较为健全的农业市场化产业链。同时，依靠工业、服务业技术及其产业化成果逐步在农业部门的普及运用，逐步增加农业产前、产中、产后诸多环节的增值机会和增值空间，不断拓展农业产业链。

（六）乡村旅游要突出乡村特色和个性化

乡村旅游区别于城市旅游和景区旅游的重要一点就是乡村的特色。法国的“家庭旅馆”规模都很小，是与正规的旅馆酒店业完全不同的真正的“家庭旅馆”，它依靠的主要是退休或只适合全家庭劳动的人员，依靠的是自家较为宽敞的住房条件，给游客营造出“家”的感受。为了达到这个效果，法国民宿协会把每家家庭旅馆的房间严格限制在5间之内，一次最多接待15名游客，这正是一个五口家庭接待游客的最大能力，超过这个规模，就偏向于商业性旅馆，失去家庭旅馆本来的含义了。

（七）推行乡村旅游品质认证制度

从前面对法国乡村旅游的论述可以看出，法国不论是在餐饮、住宿，还是在购物方面，都通过认证来进行规范和管理。一方面可提高乡村旅游的经营管理水平；另一方面也保障了游客的合法权益。我国乡村旅游在服务质量、卫生状况和安全水平等方面还需要努力提高，推行乡村旅游品质认证制度对乡村旅游的健康成长具有重要意义。可由当地旅游局会同相关部门对餐饮、住宿、农产品及其他设施进行检验，凡合格者，颁发认证标章，不合要求的予以淘汰。

第四节　国外农业支持保护政策

农业是基础产业，但同时也是弱质产业，各国都采取了一系列政策措施对农业进行支持和保护。其措施主要包括促进土地集中、鼓励规模经营、稳定土地租赁关系、保护农业生态环境、多元化的补贴政策等。

一、农地经营者的支持保护政策

为促进土地流转和规模经营，欧盟主要国家都采取了限制土地所有权人，而有利于农地经营者的保护政策，具体如下：

（一）英国减少地主对租佃土地的干涉和延长土地租期

从20世纪起，英国农业政策更倾向于维护土地经营者的利益。1906年的《农业持有地法》规定，地主不得干涉农场主如何使用租佃土地；如果地主单方面解除租约或在租约到期前将土地售出，租佃农场主有权要求地主补偿他们为改善土地而耗费的资金。1941年的《农业法》规定，“农场主可获得终身租期”；1976年，法律又把租期延长到租地农场主死后的两代人。这种对地主权力的限制，挫伤了地主持有土地的欲望，促进了租佃制农场的衰落和自营农场的发展。1986年，在坚持赋予租地农场主终身租赁权和两代继承权的同时，对租金实行3年一次评估调整，防止租金过高。

（二）德国实施农地产权交易限制的特殊管理

由于农地的特殊性和农业发展需要，德国对农地所有权的自由交易实行严格限制，以防止农地细碎化，防止土地集中到非农民手中，导致农业滑坡。自1918年以来，德国就对农地自由交易实行控制并延续至今。德国《土地交易法》规定，出让农地所有权，应经地方农业局许可，对可能导致土地分散经营或者细碎，出让价格与土地价值严重背离，改变农地用途的不得批准出让。

另外，加强农地租赁管理。为防止改变农地用途，实现农地可持续利用，保护租赁双方合法权益，德国不断加强农地租赁管理。1986年，联邦德国颁布实施了《农地用益租赁交易法》，规定农地租赁实行合同备案制度，租赁期限为12~18年，地租要符合国家规定，并由农业部门定期检查；重点检查租金是否适当、股东或者合伙人是否变动、用途是否改变、是否转租等，并根据检查结果对租赁合同做出调整。如果承租人两个季度未付租金，或者未经批准转租、改变用途，则要求当事双方解除合同。

二、促进土地集中的支持政策

欧盟农业政策是扶持有生命力的家庭农场，其经济补贴、价格支持、农产品进出口政策等都服务这一目的。

（一）对兼并小农场给予补贴

以英国为例，1967 年颁布的《农业法》规定，政府对于兼并小农场的单位提供其所需费用 50%的支持；同时，根据各个农场的经营面积与销售情况对农产品实施价格补贴，经营面积越大，销售的金额越多，农场获得的补贴也就越多。这在一定程度上鼓励了农场向规模化、大型化发展。

（二）土地集中整治政策

法国：国家成立“土地整治和农村安置公司”，从自愿放弃经营的农场主手中购买土地，经合并、整治、改良和规划，达到“标准经营面积”后再以较低价格转卖给 4 类人：有投资能力和投资意愿的人；具有较高农业技术和经营管理水平的人；对土地最需要的人；有经营能力的小农场主和代表着农业未来的青年农民。在加速土地集中的同时，法国政府还采取了一些限制土地合并的政策，避免农业土地过于集中在一些大型农场主手中，限制大农场面积的扩大，以期建立最佳规模的中型家庭农场。

德国：为解决“二战”后形成的农地地块分散、细碎、不便于机械化作业问题，德国从 1953 年起按照《田亩重整法》规定，实施了田亩重整计划。该计划由参与的农地所有者组成共同体，在国家支持下，通过田亩重整程序，对不同所有者的农地进行互换、重新登记，并加以平整改造，使之成方连片，适合机械化耕作，促进了农业集约化和规模化。德国《农业法》允许土地自由买卖和出租，使规模很小、生命力不强的小农场转变为拥有 10～20 公顷或规模更大的“富有生命力的农场”。但同时德国对农地所有权的自由交易实行严格限制，以防止农地细碎化。

（三）土地不可分割继承的政策

为避免农户土地由于多子女继承而导致的碎片化，德国和法国的法律都规定了农户的土地不可分割继承，只准许多子女中的1人继承（但需向共同继承人给付补偿金）。

三、鼓励规模经营的支持政策

为推进土地规模经营，欧盟各国非常注重运用投资、信贷和价格等政策促进农民扩大农场规模。

（一）法国的贷款投资和价格补贴

法国政府对农业投资以贷款为主，重点支持规模较大的农场与合作社。为了支持、鼓励土地集中和生产机械化，法国政府规定，凡购买农业机械和土地所需的资金，都可向政府申请低息贷款，这类优惠贷款利率为3%~4%，比一般利率低50%左右，并规定从1960年开始，对“不生利的农场”停止发放低息贷款。同时，法国政府为使农民从出售农产品中获得较高利润，实施了价格补贴政策，价格补贴主要受益者是产量高和商品率高的中型以上农场，这对农场规模扩大起了一定作用。

（二）德国对规模经营给予投资补贴和低息贷款

1969年联邦德国颁布了《市场结构法》，规定加入“生产者共同体”的只能是10公顷以上的大农场，在履行合同的条件下，国家前3年向“生产者共同体”提供一定的财政补助，并给予20%的投资补贴；在信贷政策上，对规模农场（占地10公顷以上）提供中长期低息贷款（年息3%~7%），而小规模农场（占地10公顷以下）只能得到年息8%~12%的短期贷款。这一政策也促进了德国的农地租赁。德国36%以上的农田是租赁使用的，60%的农场是通过租种而扩大经营规模的。1970年，又规定对生产和收入基础薄弱的经营者，不予以新的投资刺激和帮助，而是采取促进他们脱离农业的社会政策措施，如鼓励其到第二、第三产业中就业，年老者提前退休（1989年提出农民的退休年龄从60岁提前到58岁）等，出让土地或长期出租土地。

农户移民补贴政策。德国支持并鼓励农户迁出人口稠密的村子，在人口稀少的地方安家。一方面让出土地可扩大原居住地农户的经营规模；另一方面迁移者可开拓大片土地。

在这些政策的推进下，德国农户平均土地经营规模从1949年的7公顷增加到1993年的20.6公顷，2000年平均规模达到40公顷，取得了非常显著的成效。

四、农地生态环境保护政策

20 世纪 90 年代中期以来，欧盟的农业污染问题使其对农业环境保护越来越重视，欧盟农业共同政策 2000 年、2003 年和 2008 年版详细规定了农地环境保护的要求，也成为欧盟各国农地管理的重要内容。

法国强调农业不只是生产农产品，同时也具有保护环境、整治国土的功能和效应。1999 年，法国制定了《农业发展方向法》，加大了农业用地和环境保护的力度，对在休耕、轮作、养殖密度、化肥农药使用等方面达到要求的农场主给予补贴。

五、灵活多样的农业补贴政策

（一）美国的农业补贴政策

美国是发达国家中实行农业补贴最早的国家，其农业补贴主要包括直接补贴、投入品补贴、营销补贴、反周期补贴、出口补贴和农业保险保费补贴等。政府根据市场和产业发展的变化，及时对农业补贴政策进行调整。在传统农业政策阶段，美国农业支持与保护政策主要包括两类：一类是保护农业资源和促进农业科技发展的政策，另一类是直接保护和支持农业发展的政策。美国农业支持与保护政策体系的核心是直接保护和支持农业发展的政策，这类政策的内容包括农业信贷优惠、农业保险、目标价格补贴、储存或缓冲库存计划、面积和产量限制、出口加强计划、贸易控制计划和食品援助计划等。1996 年，美国出台了《1996 年联邦农业发展与改革法》，美国农业政策进入了新的改革调整阶段。这一阶段由支持保护农业资源环境、农业科技、乡村基础设施建设和农产品价格转向直接支持农民收入。2002 年，政府出台了《2002 年农场安全与农村投资法》，其核心内容是在 1996 年农业法的基础上，增加对农业的投入和补贴，扩大了农业补贴范围，包括生产补贴、环境资源保护补贴和农产品出口支持政策，从此美国进入了新时期农业政策阶段。2008 年，美国国会通过了《2008 年食品、环境保护和能源法》，主要内容包括：农业信贷和风险管理、收入和商品价格支持；土地休耕保护、土地和水资源的管理以及农地保护；促进美国农产品扩大国际市场的食物援助和农业发展计划；等等。2012 年，美国农业法建立农业收入风险保障（ARC）计划，取代反周期支付（CCPS）、直接支付（DP）等支持政策，扩大了作物保险所覆盖的产品范围。2014 年 2 月，奥巴马总统签署了《2014 年美国农业法》，该法的宗旨是削减预算，使农业走向市场化；加大风险管理，注重农业的可持续发展。该法的最大变化是取消了直接支付补贴、反周期补贴、平均作物收入选择项目，新设立了两个项目，即价格损失保障（Price Loss Coverage，PLC）和农业收入风险保障（Agriculture Risk Coverage，ARC）。该法的实施，有利于降低农场经营风险，增加农产品出口，减轻美国财政负担。

美国农业补贴政策的特点体现在 3 个方面：一是对农业补贴的形式多样化，形成了比较完整的农业保护政策体系；二是农业补贴范围广、补贴额度巨大；三是美国农业政策已经法律化、制度化，保证了政策的连续性和法治化。

（二）欧盟的农业补贴政策

农业补贴特别是价格补贴一直是欧盟成员国共同农业政策的重要内容。1992 年，欧盟对共同农业政策进行了全面调整。基本内容主要是将农业保护政策从价格支持逐步过渡到价格支持与直接补贴相结合。具体做法：一是降低价格支持水平，使农产品价格接近国际市场价格；二是控制农业生产规模，实行休耕制度（休耕 15%的谷物耕种面积）；三是实行收入支持政策，对实行休耕的农场主给予相应的补贴；四是调整农业结构。之后，欧盟的农业补贴数额有所减少，但补贴水平仍然较高。在美国等 WTO 成员的施压下，1999 年欧盟委员会通过了《欧盟 2000 年议程》，对欧盟农业补贴政策进行彻底改革。改革的基本内容是将农产品价格支持体系改为与农产品限产相结合的价格补贴体系，基本措施是降低主要农产品的行政定价，并对因降价而导致的农民收入损失给予直接补贴。这一调整并没有减少农业补贴数额，反而有所增加，只是农业补贴结构发生了较大变化，用于价格和出口方面补贴的绝对数量和占比都出现了下降，而用于农业生产直接补贴的数量和占比都有较大幅度上升。

（三）法国的农业补贴政策

农业补贴是法国农业政策的中心。法国是欧盟农业补贴的最大受益国，农业收入的 1/3 以上来自欧盟的补贴，同时法国政府也列出巨额预算补贴农业和农村发展。

法国农业补贴项目繁多，归纳起来主要有 3 类：一是农业生产补贴，包括农牧产品生产直接补贴和稳定农牧产品市场补贴；二是农村发展补贴，包括农业社会保障福利补贴、农村发展计划补贴等；三是林业持续管理补贴，包括对林业生产行业的补贴和对林地整治与保护的补贴。

除此之外，法国还建立有严格的农业补贴发放监管体系。各种补贴标准都要张榜公布，发放手续逐级审批，并伴有发放后的严格抽查。

六、国外农业支持保护政策的启示

国外农业支持保护政策发展的规律和经验可以为我国提供许多有益的借鉴和启示：

（一）构建和完善适合中国国情的农业支持保护体系

中国农业支持保护体系应以五大类政策为支撑，即产业支持政策、收入支持政策、市场调控政策、贸易促进政策、资源与生态保护政策。其中，产业支持政策主要包括基础设施建设政策、公共服务政策、经济引导类政策等；收入支持政策主要包括直接补贴政策与间接补贴政策等；资源与生态保护政策主要包括资源合理利用政策和生态保护政策。

（二）建立和完善农业支持保护的运行机制

实现对农业的有效保护，需要围绕有关政策措施的制定、实施、协调、评价等多个环节，不断完善运行机制。一是完善政策实施责任机制。明确具体的实施主体及其责任义务，确保政策措施落实到位。二是完善政策实施协调机制。要形成有统有分、部分协调配合的运转模式。三是完善支持保护政策绩效监督评价机制，加强对政策效果的跟踪与评价，不断调整支持保护政策。四是完善政策实施的保障机制，保障人财物落实到位。

（三）加快农业支持保护的相关立法

通过立法对农业进行支持与保护是发达国家的主要经验。就我国而言，重点是农业补贴政策的立法。农业补贴可以涵盖农业支持保护政策体系的各个方面，加快农业补贴的立法，可有效促进农业支持保护。

（四）延长土地流转（租赁）期限

通过延长土地流转（租赁）期限，稳定土地租赁关系，同时给予土地流入方解除租赁合同的主动权。短期的土地流转期限不利于农业经营者的投入与风险分散。在双方协调解除合同的基础上，给予土地承租方解除租赁合同的主动权，可有效保护土地承租方的利益。

（五）调整农业补贴结构

一是逐步削减“黄箱”补贴水平，提高“绿箱”补贴水平并扩大其补贴的范围，将生态环境建设纳入补贴范围；二是改补“硬件”为补“硬软件”并重，加强财政支农方式和其他支农方式的有机结合，并运用财政贴息、税收等工具，实现财政对农业机械等“硬件”和农业科技等“软件”的补贴并重；三是将价格补贴改为对农民收入的直接支付，进一步扩大农民直接补贴的规模和范围，增加对农民直接收入的支持；四是对农业补贴政策的效应进行研究，及时调整补贴项目。

第五节　国外的农业风险保障

与其他产业不同的是，农业除了具有经济风险和政治风险外，因其自然属性还具有自然风险。对农业进行风险保障是各国的普遍做法。从资金来源来看，农业风险保障主要有两大类：一是商业性农业保险，由农户根据种植的作物种类或养殖的动物种类、常见的风险类型及频率等因素，选择商业性保险公司进行投保。商业性农业保险是一种纯企业行为，遵循市场规律进行运作。国外200多年的农业保险发展历史证明，农业保险成本高，综合收益低，商业性保险公司的积极性不高，而且多是单一或特定风险的保险产品，只有依靠政策性的力量才能从根本上降低农业风险。二是政策性农业保险，是国家实施的一种扶持性制度安排，以保障基本农畜产品供给和稳定农民收入。政策性农业保险除了是农业保险的一部分之外，还是农业保险的一种特殊形态。它既有农业保险的地域性、高风险性、季节性、周期性、分散性、互助性、法律性和科学性等一般特征，同时又具有很强的公益性。只有在政府财政补贴和税收优惠等福利性的条件下，商业性保险公司才会愿意投入和经营，农民才会积极参保。政策性农业保险是政府保护“三农”的政策工具，政府以农业保险的名义，通过行政、法律和经济等手段行使国家对“三农”的间接保护，具有较强的社会保障功能。它能分散农业风险，促进农业防灾减灾，增强农业综合生产能力，保证了保险机构的正常盈利。政策性农业保险属于WTO规则的“绿箱”政策，一直以来都是各成员保护农业的重要手段。由此可以看出，商业性农业保险和政策性农业保险的区别就在于，政策性农业保险以政府调节和干预为主导，以社会利益和服务“三农”为主要目的；而商业性农业保险以市场调节为主导，以盈利和效益为首要目的。

农业保险起源于19世纪初德国私人保险公司，最初只为牲畜提供保险服务，而且纯私人部门提供的保险几乎全部是特定或指定的保险产品。政府从20世纪30年代末开始介入农业保险，如1938年的美国和1939年的日本，并在20世纪50年代之后的60多年里蔓延至欧洲和加拿大。只有在政府介入之后，如在不同程度上向农民提供保费补贴，向保险公司提供管理与运营（A&O）补贴，并向再保险公司提供止损和其他与亏损相关的担保等，才有了为农作物提供多重风险或所有风险的保险产品。

一、发达国家政策性农业保险的模式

发达国家实行政策性农业保险比较早，已经形成了一套较为完善的农业保险体系，可分为政府主导型、民办公助型和互助式保险3种主要模式。

（一）美国

美国是世界上农业最发达的国家之一，具有全球最大的农业保险市场。美国的农业保险模式是以国家专门保险机构为主经营政策性农业保险，经历了从私营到国营再到现在的公私合营双轨制的模式演进。从1939年开始实施政府农作物保险计划至今，已有80多年的历史。美国的农业保险有较完善的法律法规作为依托，利用优惠政策诱导商业性组织介入其中，最终实现了政府淡出、市场主导农业保险的局面。其农业保险模式具有以下3个特点。

1. 政府主导的商业运作双轨制经营模式

美国现阶段政策性农业保险实行政府主导的商业运作模式，以作为国家专门保险机构的联邦农作物保险公司为主导和政策性农业保险为主要特点。美国农业保险业务的运作分为联邦农作物保险公司、私营保险公司、保险代理人（农险查勘核损人）3个层次。农业保险业务由经政府审批的商业公司经营或代理，政府和联邦农作物保险公司不做直保业务，主要负责规则的制定，对私营公司的稽核与监督，提供再保险等。美国经营农业保险的财产险公司只有15家，占总数的1.5%，平均每个州不超过2家。美国农业保险采取自愿原则，但带有强制色彩。联邦政府规定不参加农作物保险计划的农民将得不到政府的其他福利计划，实质上是在自愿保险的基础上加入了强制性的因素。这样可以更有效地发挥农业保险的作用，避免逆选择。对于一般的农作物损失保险，农户可以自愿选择。

在政府主导和保险公司积极参与下，美国农业保险险种多达 300 个以上，超过 140 多种农产品被纳入保障范围，除了大宗农作物如大豆、玉米等，部分区域性的农产品如柑橘、豌豆等都在保障范围之内。经过半个多世纪的发展，美国的政策性农业保险已经相当完善，能够有效地进行风险分摊和管理。

2. 政府制定与完善农业保险相关的法律法规

1938 年，美国政府颁布了《联邦农作物保险法》，成立了联邦农作物保险公司（FCIC），并着手从小麦、棉花、亚麻、玉米等农作物开始试办“生长期一切险”保险。直到 1980 年新修订的《联邦农作物保险法》颁布，美国农作物保险才结束在较小地域范围和部分作物中的试验并在全国 50 个州全面推行，其间经历了 42 年。在“公私合营双轨制”阶段，经多次修改和完善后，于 1994 年颁布了《农作物保险改革法》，明确了农作物保险的目的、性质、开展办法、运营组织机构等，为农作物保险业务的开展奠定了法律基础。2000 年颁布的《农业风险保障法》进一步提高了农作物保费的补贴。美国现行的农作物保险制度是在《联邦农作物保险法》中确立的，随着时代的变迁不断进行修改和完善。

3. 联邦政府政策支持

农业保险风险大，赔付率高，需要政府在政策上予以支持。美国联邦政府对农作物保险的政策支持主要有费用补贴和提供再保险。费用补贴主要有两个方面：一是保费补贴。不同险种按不同比例补贴保费，并提供不同水平的保障供投保户自主选择。近年来，联邦政府农作物保险随着保障程度的增高，费率也有所升高，政府补贴后农户才能承担得起。二是经营管理费用补贴。政府向承办农作物保险的私营保险公司提供经营管理费用补贴，补贴费用额度视其业务量和其他条件而定，联邦农作物保险公司同时承担私营保险公司的各项费用，包括农作物保险推广和培训等费用。在风险分散方面，联邦政府通过联邦农作物保险公司向私营保险公司提供再保险支持，风险管理局按风险的高低建立了 3 种不同风险水平的再保险基金。

（二）法国

法国农业保险业不仅起步早（1840 年成立第一家地区性相互农业保险公司），而且非常完善和发达。法国政策性农业保险是以政府资助和各级保险公司互助经营为特征的民办公助模式来开展的，其主要特点如下：

1. 拥有比较健全的农业保险体系

法国农民为了保障切身利益，在20世纪前半叶相继成立了几万家互保机构，农业保险业迅速发展。法国政府对互保组织进行了较大规模的整合，成立了中央互助保险机构，其他众多农业保险机构在政府的扶持下迅速发展起来，并依据自身特点纷纷推出了相应的保险服务。为了扶持农业保险业，法国政府于1966年在大区范围内创立了各级再保险机构，并于1984年建立了农业灾害基金，对互保组织不能承担的风险损失负责。目前，法国的农业保险机构由农业相互保险集团和各级互助保险公司组成。互助保险公司分为高、中、低3个层次来经营政策性农业保险。中央保险公司负责省级农业保险公司的政策制定和再保险，省级保险公司为基层农业保险社提供再保险，基层农业保险社对乡镇提供直接保险业务。这种健全的保险体系在更大范围上分散了农业风险，提高了减灾止损的赔付能力，为法国政策性农业保险提供了巨大的推动力。

2. 实行低费率、高补贴政策

法国政府制定《农业保险法》，以法律的形式保障和实施对所有农业保险部门的资本运作免征一切税费的政策，并实行高补贴政策。政府对农业保险机构直接进行政策性财政补贴，以保障农业保险机构的正常运转，补贴额可以达到保费总额的20%~50%，由农业保险机构保障各级互助保险公司的正常运行和再保险业务的开展。政府设立国家农业灾害保证基金，对各级互助保险公司给予一定的财政补贴，对农业生产中的不可保风险进行补偿，包括农作物收成和牲畜养殖损失。这样政府就赋予了各级互助保险公司兼具融资、救济和福利等社会功能。另外，政府还对农民所分摊保费的剩余部分（50%~80%）进行支付。也就是说，农民只需交20%~50%的保费，就可以从政府那里得到50%~80%的高额保费补贴。政策性的高补贴为农业保险的发展提供了有力保障。

3. 建立风险分散机制

1982年7月13日，法国国家再保险公司成立，对保险机构提供再保险支持，对自然灾害造成的其他不可保风险进行补偿。政府建立农业保险专项风险基金，以备巨灾之用。政府鼓励和支持成立民间农业保险合作基金组织，可以对政府农业再保险机构和其他非官方的保险组织进行再保险，从而获得补贴，使农民兼具保险人和被保险人的身份，以求达到互助互济的目的。这种分散风险机制能够将政府、保险公司和农民的利益有机地结合起来，相互协调发展，将社会效益和经济效益融为一体。

（三）日本

20世纪20年代末，日本开始建立现代农业保险制度，实行政府支持的合作互助模式。其主要特点是立法先行，财政支持，注重体系建设。

1. 立法先行

立法先行是日本政策性农业保险成功推行的重要前提。1929年，日本政府出台《家畜保险法》，将部分家畜列入保险对象；1938年，发布《农业保险法》，针对一些农作物实施保险；1947年，开始实施《农业灾害补偿法》，扩大了农作物和畜禽保险相关险种及范围，并将补贴比例从保险费的15%提高到50%。目前，日本实行强制保险和自愿保险相结合的农业保险策略。这些法律制度为实施政策性农业保险奠定了基础，使政策性农业保险有法可依。

2. 政府财政大力投资

日本政府主要是对投保人、经营者和再保险组织进行财政补贴。无论是自愿保险还是强制保险，都享受政府补贴，费率越高，补贴率越高。例如，日本政府补贴农民水稻保费的50%~60%，补贴麦类保费的50%~70%，若遇特大灾害，政府将承担80%~100%的保险赔款。另外，政府承担互助组合联合会的全部经营管理费用和农民互助组合的部分经营管理费用。政府还采取连续数年无灾害损失时将一些保费返还给投保人的优惠政策来调动农户参保防灾积极性。

3. 注重农业保险体系建设

日本农业保险制度由3级组成。日本各级政府不直接经营农业保险，但是对农业保险进行指导和监督。政府鼓励成立民间互助性基层农业保险组织（如农业保险合作社或互助会社）来直接经营农业保险，由都、道、府、县基层农业保险组织联合会负责基层的各种农保业务，并为成员组织提供再保险，最后政府通过再保险特别会计处提供二级再保险。这样的经营体系有利于分散风险，同时减轻了政府财政负担。

二、国外扶持农业保险的政策措施

无论发达国家还是发展中国家，通常都对农业保险，特别是对农作物保险给予多方面的政策扶持，农作物保险中又重点扶持农作物生长期一切险保险。这些扶持政策的主要措施包括以下 8 个方面。

（一）制定法律法规，确立操作依据

开展农业保险是稳定农业和农村发展的一项重大决策，牵涉的利益面相当广泛，因此各国在可行性研究的基础上，首先颁布农业（或农作物）保险法或类似法规，对其目的目标、保障范围、保障水平、组织机构与运行方式、政府的作用、农民的参与方式、初始资本金筹集数额和方式、管理费和保险费分担原则、异常灾害条件下超过总准备金积累的赔款和处理方式、税收规定、各有关部门的配合、资金运用等方面进行规范，确立法律和政策依据，便于实际运作。

（二）政府出资建立初始资本和准备基金

凡政府直接和间接经营的农业保险计划都是由政府出资建立初始资本和准备基金，但出资方式和比例有所不同。例如，美国由财政部认捐联邦农作物保险公司一部分资本股份。

（三）管理费和保险费补贴

几乎所有开展农作物一切险保险的国家，都由政府负担全部或大部经营管理费，包括职员工资、福利、行政、事业和基本建设开支。对于畜禽死亡、疫疾保险，凡由政府农作物（或农业）保险机构经营的，其管理费也都同样由政府给予补贴。保险费由政府补贴也很普遍，特别是发达国家，但各国补贴份额不同，例如，美国补贴 30%，加拿大补贴 50%，日本补贴 50%～60%，瑞典补贴 66%，西班牙补贴 20%～50%，墨西哥补贴 60%，菲律宾补贴 56%，还有法国、智利、巴西等国。当然也有一些国家，主要是发展中国家，对农作物一切险保险不予补贴，如斯里兰卡、泰国、印度、孟加拉国等。西欧国家虽然农业保险不由政府直接或参与经营，也没有开展农作物一切险保险，但对特种灾害（雹灾）的保险，有的国家（如德国、比利时、意大利等）政府也补贴部分保险费。

（四）发生重大灾害后，准备金积累不足以支付赔款时的政府支持

农业保险的保险基金虽然是以过去多年农作物的损失率和畜禽死亡率为基础计算和建立的，但异常灾害难以预料，发生异常灾害而准备金积累不足以支付被保险农户赔款情况也并不少见。对于这种情况许多国家有关农业保

险法规都明确规定了政府的支持责任。例如，美国的《农作物保险法》规定，在这种情况下，“农作物保险公司有权向财政部发行票券或其他债券，以取得资金”。但“这些票券或债券必须以保险费收入或增发新股的资金来购回”。加拿大也类似，联邦政府可向各省农作物保险公司提供一定的低息或无息贷款以应付重大灾害损失，之后从各省公司经营盈余中逐年归还。在这种情况下的日本政府，会采取一部分由日本政府无偿提供赔款补助，一部分通过“共济基金”来周转解决。这个“共济基金”是由国家和农民各出资一半建立的。

（五）税收方面的优惠

农业保险本身是一种政策手段，在发达国家甚至被当作社会保障和福利措施，加之这种保险（尤其是农作物保险）自身经营的特点，一般难以商业化。因此，大多数国家对农业保险，主要是农作物一切险保险经营都实行免税政策。美国、加拿大都规定，对联邦农作物保险公司及其分支机构的所有收入和财产免征一切税赋。

（六）立法强制投保

农业灾害的发生往往范围很广，为有效地分散风险，许多国家特别是发展中国家往往对农业保险实行立法强制投保，以保证风险能在空间和时间上进行分散，这也充分体现了保险的互助性质。有的国家，如西班牙、希腊、瑞典等国对所有农作物一切险保险全部实行法定保险。有的国家对法定保险的标的也是有选择的，例如，日本对水稻、麦类、蚕茧和牛马等实行强制保险，而对果树、蔬菜等作物和小家畜实行自愿保险。智利、巴西、菲律宾、泰国等只对那些有生产贷款的农户实行强制保险，免得受灾后贷款收不回来。从险种方面来看，对农作物保险实行强制投保的国家多，而对饲养动物实行自愿投保的国家多。

（七）提供再保险

为了在更大范围内分散农业风险，凡全国推行农业保险的国家，都由政府或政府扶持的商业保险公司、再保险公司为农业保险提供再保险。日本的农业保险是由民间的市、町、村农业共济保险组合和都、道、府、县联合会组织经营的，但中央政府向联合会提供再保险。加拿大的农作物保险是由各省农作物保险公司独立经营的，但联邦政府（农业部）向各省公司提供再保险。美国的农作物再保险业务不仅由联邦农作物保险公司经营，而且经批准的 30 多家私营和联合股份保险、再保险公司也被允许经营。

（八）放宽资金运用限制

各个国家一般对国有金融机构的资金运用都有一些限制，但对农业保险机构的资金运用限制较少。日本允许各级农业共济组织在保证责任赔付的前提下，运用拥有的资本、准备金进行投资、放贷增值和进行自身建设，对增值资金也不征税。美国也允许联邦农作物保险公司运用准备金投资或购买债券，以期保值、增值，增加总准备金积累，提高赔付能力。

三、经验与启示

虽然发达国家政策性农业保险各具特色，但有不少共同之处，结合我国政策性农业保险发展现状，至少可以得到以下 4 点启示。

（一）加快农业保险立法进程

美国、法国、日本的经验表明，农业保险的正外部性（高风险、高成本和准公共产品性）决定了它不能完全依靠市场机制来运营，必须以健全的法律法规进行扶持性的经营。2002 年，我国重新修订了《农业法》和《保险法》，首次提出了政策性农业保险的概念，并确立了逐步建立和完善政策性农业保险制度的总体思路。2013 年 3 月 1 日开始施行的《农业保险条例》，由于约束性不强，实施细则过于笼统，存在着责任不清和依据不当等问题，在很大程度上抑制了政策性农业保险的发展。因此，有必要将《农业保险条例》上升到法律高度，制定《农业保险法》，强化政策性农业保险的法律约束与制度保障。

（二）加大政府财政投入，建立财政补贴机制

从美法日等发达国家的经验中可以看出，政府的大量投入对政策性农业保险的发展起着巨大的推动作用。

经过多年的农业保险试点，我国政府财政支持力度在加大，手段在多样化，各试点省区财政补贴亦在增加，但是当前我国缺乏农业保险财政补贴的长效机制，也没有建立巨灾补偿基金。所以，要从建设现代农业和促进农民持续增收的宏观层面来调整国民收入分配格局，合理调整和优化政策性财政补贴结构，加大各级财政对农业的投入力度，为政策性农业保险发展夯实资

金基础。要借鉴发达国家经验，尽快建立我国运营高效的农业保险补贴机制，为保险机构提供经营管理补贴、利税优惠和再保险等资金支持及政策保障，变“弱质农业”为“强质产业”。对农户采取强制参保和自愿参保相结合的办法，分区设定农业保险补贴标准，有条件的地区可以给予参保农户高额保费补贴，以降低其参保成本；也可以将农业保险纳入各地民生工程项目或者融入其他金融支农政策中，从根本上保障农户对农业保险的有效需求。

（三）建立农业风险分散机制和再保险机制

农业保险的目的就是分散风险，农业再保险的主要职能是分散农业保险人所承担的风险责任。当较大风险降临，超过保险人的承担能力时，需要建立多层次的农业风险分散制度，将农业风险分散于各个行为体中，以充分体现农业保险的共济性。发达国家通过这样的实际操作实现了分散风险。我国要在政府政策支持下，立足国内国际两个市场，引入风险转移制度，构建和完善农业再保险体系，逐步设立专业性再保险公司，平抑风险，良性发展。要坚持多元化多渠道的筹集原则，逐步建立我国巨灾保险基金，解除保险机构和农户的后顾之忧。

（四）探索和实施适宜的政策性农业保险模式

尽管美国、法国、日本等发达国家的政策性农业保险发展背景、政策和体系等方面有所不同，可是都在长期的发展中逐渐摸索出来了适合国情特点的农业保险模式，实行了政策性管理和商业性运营相结合的方式，降低了财政负担，提高了经营效益。由于我国国情复杂，采用某个单一的政策性农业保险模式不具普遍意义，要在借鉴发达国家成功模式的基础上，积极探索我国政策性农业保险模式。可以适时设立国家农业风险管理局或政策性农业保险监管机构，统筹全国政策性农业保险工作，不同地区要积极探索和实践适宜的农业保险模式，最终通过国家规范和整合，形成适宜的具有中国特色和地方特色的政策性农业保险模式。就目前我国的试点情况来看，构建国家、省市县和乡村“三级式”农业保险体系和信息共享机制具有现实意义。具体来说，就是商业保险机构通过乡村农民合作组织或农业龙头企业为基础的基层服务体系直接经营政策性农业保险，省市县再保险机构对商业保险机构负责，最后由国家农业风险管理机构对商业保险机构负责，进行二次再保险，共同推动我国政策性农业保险的顺利发展。

第七章　国外乡村振兴之乡村文化建设研究

第一节　法国

中法同是经济大国、农业大国，也是文化大国，乡村地区都拥有深厚的文化积淀。法国的乡村文化建设对我国尤其具有借鉴意义。

一、法国乡村文化遗产的保护框架和管理体系

法国乡村文化遗产的保护与管理具有明显的中央集权特征，通过中央和地方两级进行。在国家层面，由国家咨询机构“遗产和建筑国家委员会”（CNPA）保障；在地方层面，由文化部下属“地区建筑和遗产管理处”（STAP）垂直管理。法国国家建筑师（ABF）是国家统一培训的遗产事务管理人，他们常驻 STAP 并参与到遗产保护的各个环节中去，如保护规划制定、项目上游讨论沟通、建筑和拆除许可证颁布等。

（一）法律保护体系

法国乡村文化遗产的保护主要通过历史纪念物、景观地和卓越遗产地几个保护系统来实现，分别针对乡村建筑类遗产、乡村文化景观和历史村落。

1. 历史纪念物法

法国乡村建筑类遗产受《历史纪念物法》保护，有登录和列级两种保护等级。进入历史纪念物保护名单的纪念物及其周边的建控地带（半径 500 米范围内）受地方文化管理机构 STAP 的管控，任何改造都必须事先申请，并获得批准。自 2016 年《关于建筑和遗产的创作自由法》实施以来，建控地带不再是半径 500 米范围，而是由国家建筑师就建筑及其周边的环境情况具体划定。STAP 通过“建造许可证”或“项目事先申明”控制保护建筑物的整修及其建控地带内建筑物的外观以及历史景观，甚至广告和标志牌的干预。

此外，除纳入历史纪念物保护体系的建筑遗产外，被称为“小乡村遗产”的非保护类建筑（如马厩、洗衣房等）的保护和修缮，主要通过地方政府的政策引导和多方支持来实现。“地方建筑、城市规划和环境咨询委员会”（CAUE）是这些“小乡村遗产”的保护和咨询主体。它们负责地方乡土遗产保护文件的起草（如《乡土建筑维修设计导则》）和改造更新项目的免费咨询。另外，地方政府（大区或省）还可通过有针对性的保护项目的设立，以补助的形式提供保护资金并保证其维护。

2. 建筑与遗产价值规划制度

历史村落受“卓越遗产地”制度保护，适用《建筑与遗产价值规划》（PVAP），需符合《遗产法》相关规定并由文化部管理。地方政府在历史村落的申请中具有主导权，但其规划具体内容的审核和技术支持由国家相关机构把控，体现出中央集权特性（如保护范围的审核和管理文件种类的定夺需由国家机构 CNPA 决定）。PVAP 保护规划有其侧重点，如在保护范围划定中突出建筑和乡村景观的关系，并有专门针对乡村景观的保护和可持续发展的条款。卓越遗产地边界的划定代替历史建筑物的建设控制地带具有法律效力，其范围内所有建筑物的外部、内部工程或公共空间的改造，均需获得国家建筑师的批准。PVAP 属于公众利益的强制文件，作为《地方城市规划》的附属文件，两规合一，避免了多规划间不兼容，有利于历史村落核心价值的确认和总体发展方向的统一。

3. 景观地保护法

1906 年颁布的《历史文物建筑及具有艺术价值的自然景区保护法》（简称《景观保护法》）主要用来保护点状的自然景物，由环境部负责。从 20 世纪 30 年代起，乡村和城市景观也纳入保护范围，由环境部和文化部共同负责。景观地保护也分为登录和列级两类，前者主要对市镇规划提出保护性原则，后者则对区域内“所有可能引起景观性状和完整度改变的项目，如立面维修、树木修剪等”进行严格控制。1979 年，中央政府又推出了《大景观地保护计划》。一方面，对景观地“建设性破坏”的现象进行纠正；另一方面，也结合地方发展的需求，增加了景观地的文化推广和旅游设施提升等方面的内容。

乡村文化景观的保护遵从景观地保护制度（景观地也包括少数城市型景观，如巴黎塞纳河沿线城市景观），保护级别为登录和列级两类，适用《环境法》，由环境与生态部及文化部共同管理。其保护范围可能与卓越遗产地重合，重合范围以卓越遗产地保护规定为准。在其管理上，隶属 STAP 的法国国家建筑师和隶属环境与生态部下属机构“环境、整治和住宅大区管理局”（DREAL）的遗产地监察员分工协作，分别负责构筑物和自然、生态系统、生物多样性的保护和监督。

景观地的登录不强制编制保护规划，而是通过对其范围内所有可能引起景观性状和完整度改变的项目进行控制来实现。列级景观地内重要项目直接提交环境部长审批，其余则需省长批准。其保护也可通过列入“大景观地国家计划”的“复兴计划”或是“自然保护区计划”的框架保障来实现。

此外，乡村遗产的社会和人类价值也同样受到关注和保护。在国家层面，法国国家遗产总署下设的“研究和科学政策管理部”（DPRPS），将人类学研究纳入乡村遗产的保护体系，设有专门的“人类学研究项目”，该项目与“生态博物馆和社会博物馆”（FEMS）等保护组织以及“人类学和历史文化研究院”（LAHIC）等研究机构合作，共同负责遗产相关的人类学和非物质文化遗产（简称“非遗”）的研究和培训。部门同时负责非遗保护政策的制定、非遗清单的清查等。

4. 建筑、城市与景观遗产保护区制度

1983 年之前，历史纪念物和景观地等精品遗产的评定和管理都掌握在中央政府手中。1983 年的《地方分权法》把《土地使用规划》（POS）的编制权下放至地方政府，后者有权在文物建筑周边划定新的保护区（ZPPAUP，建筑、城市和风景遗产保护区），对精品遗产之外的地方遗产进行保护与开发。即 ZPPAUP 的保护范围更广，要求也更为细致，包括：对市镇建筑、自然景观和田园要素进行挖掘和整理；根据建筑、城市、景观的综合评判标准，科学划定保护区范围；对保护区内的所有建筑和景观要素制定保护导则，从材料、程度、技术、色彩、公共空间等方面对新建、改造和拆除等建设行为做出详细规定。ZPPAUP 对区内业主的建筑维修和房屋租赁提供补助和财税优惠。ZPPAUP 的主要受惠者是小城镇和乡村。至此，法国的遗产保护从精英化逐渐走向地方化和普及化。

（二）行业与地区合约

除法定规划外，乡村遗产的保护还依靠大量的行业和地区合约，其中最重要的是欧盟合约和品牌认证。

1. 欧盟合约

20世纪90年代以来，法国先后加入了欧盟两个关于乡村文化遗产的合约：一是《农业环境合约》（1992年）；二是《欧盟景观合约》（2000年）。这两个合约提出要对乡村地区的生物多样性、生态环境和农业景观进行保护。这为乡村文化遗产的保护提供了良好条件。

2. 品牌认证

品牌认证是法国对乡村文化遗产进行区划、保护和管理的常用手段。从20世纪70年代至今，法国设立了10余个与乡村遗产有关的品牌。根据授予单位的性质，这些品牌可以分为4类：①国际品牌，由联合国教科文组织认证的世界文化遗产。②部委品牌，由法国部委认证的品牌，如文化部设立的“历史与艺术之城”（1985年）、“20世纪遗产”（1999年）、“活态遗产传承人”（2006年），以及环境与生态部设立的“景观复兴地区”（1992年）和“大景观地”（2004年）。③民间社团品牌，如“特色小镇”（1976年）、“最美乡村”（1982年）、“手工艺小镇”（1992年）等。④私人基金会品牌，如“遗产基金会”的认证。

每个认证品牌除挂牌外，都有一个明确的目标与行动计划、完整的组织架构和参与群体。在享有扶持政策的同时，品牌组织必须承担遗产保护与推广任务。这些品牌认证组织是法国乡村文化遗产活化的重要推动力量。

（三）政策引导

在历史纪念物、卓越遗产地和景观地的保护框架外，法国文化、环境、国土整治、经济等部委，各地方政府或协会通过各类认证，促进了特定框架内有明确目标的乡村遗产保护项目，并提供了相应的技术和资金支持。

在国家层面上，“艺术与历史村落”认证具有广泛影响力。认证最早是在1985年由法国文化部设立，目标是以国家和地方政府合作的方式促进地方历史和传统生活方式的传承，动员更多的相关方加入到遗产的保护和推广中。中央和地方政府签订10年一次的合作协议，中央在前5年给予地方政府一定资金和技术支持；而作为反馈，地方政府需将“艺术与历史村落”项目纳入政府计划，即以设立“遗产教育处”“建筑和遗产阐释中心”（CIAP）等方式促进遗产的教育和推广。专门针对乡村遗产的还有国土整治部设立的以乡村复兴为目的的“卓越乡村”认证（PER，2005年）。此外，还有包括但不限于乡村遗产，旨在从传承地方手工业、保护生态景观、促进遗产旅游等多方面推进城乡保护的认证，如经济部的“活态遗产传承企业”认证（2006年）、环境与生态部的“景观复兴”认证（1992年）和以旅游为目的的“法国大景观地”认证（2004年）等。

地方层面的各种政策则更有针对性。法国国家法律赋予地方政府以促进保护框架外“小乡村遗产”保护的权利和义务。例如，南比利牛斯大区以遗产旅游为依托的农宅更新资助项目，获选项目除获得资金和技术支持以外，达到既定标准还能获“法国会所”称号，有助于此类小乡村遗产的保护和更新。

法国政府主要通过以下5个途径推进乡村文化保护：

1. 教育培训

文化遗产的保护首先要唤起公众对传统文化的认同感。法国乡村文化遗产的教育分为3个层次：①青少年教育。在全国中小学教学计划中加入文化遗产课程，并通过参观实践了解文化遗产。②职业教育。文化部和行业协会每年都会为地方政府公务员或议员进行遗产知识的培训，包括遗产保护法规、建档方法、博物馆管理、手工艺传统、遗产风险等内容。③专业人员培训。1998年，文化部成立了法国建筑、城市、景观遗产保护的专业培训中心，为遗产建筑师、规划师提供专业培训。

2. 清点诊断

清点诊断是法国遗产保护的基础性工作。与国家遗产相比，乡村遗产的类型更多样也更为分散，清点工作一方面记录遗产的位置、地形、建筑物属性、文字描述和照片等，另一方面也针对风土建筑和乡村景观的独特性，对遗产现状进行评估，提出修复建议。清点诊断的目的不仅是记录和评估遗产，更重要的是为遗产保护的各类参与者提供一份详细的工作手册。

3. 划定管理

划定保护区并制定管理措施是法国遗产保护的核心工作。首先在遗产清点报告的基础上，通过乡村景观要素与周边环境的关系分析，划定保护区；其次，提出保护原则和建设指导原则，明确管理权限，为保护区内具有建筑价值的房屋维修和立面整饬等工程，在国家建筑师认可的前提下提供专项补助。

4. 宣传推广

法国乡村文化遗产的宣传机构主要有4类：一是政府机构。文化部和地方政府每年都要组织和资助大量的文化遗产活动，并对从事遗产管理的人员进行再教育。二是博物馆。全法有乡村博物馆400多所，对各类乡村文化遗产进行收藏、研究和修改，并通过举办展览等向大众（特别是青少年）传播遗产知识。三是国家教育机构，将文化遗产纳入中小学通识教育课程。四是民间社团。在法国，以“文化遗产保护”为宗旨的社团数量惊人，在收藏、研究、保护、宣传、资助遗产保护中发挥着举足轻重的作用。

5. 开发旅游

从20世纪80年代地方分权开始，法国乡村文化遗产管理的重点逐渐从静态保护转向活态传承和地方复兴；90年代以来，法国市镇纷纷制订各自的旅游发展计划，包括：政府下设旅游办公室，负责信息发布、景点组织、讲解推广等工作；整治乡村河道公路等基础设施，提高餐饮住宿等服务设施的接待水平；向村民宣传文化遗产价值，鼓励出租多余房间；规范特色物产的生产与销售；清点本地文化遗产，对有艺术、历史价值的遗产点进行修缮，组织手工艺生产的体验游；与民间社团、旅游公司、周边乡镇共同编制跨区域的旅游发展计划；将地方节庆转化为有影响力的文化活动，吸引游客与投资。这些政策产生了积极效果，短短5年间（1999—2003年），法国乡村旅馆和酒店式公寓的床位分别增加了28%和45%，旅游接待收入占到农民总收入的25%。旅游业为地方带来财富的同时，也让村民更加珍视乡村文化遗产。

二、法国乡村文化遗产保护的多方参与

对于地方政府保护资金有限的历史村落，建立民间保护网络就显得尤为重要。地方遗产保护协会和普通民众是民间保护网络的重要参与者。

（一）保护协会——促进跨地区保护互助网络的形成

地方遗产保护协会的目标除了推动乡村遗产的保护外，还包括促进跨地区保护互助网络的形成、遗产资源的整合和旅游品牌的推广等方面。协会通过一定的评价标准设置准入门槛、颁发标签，并通过与乡村签订协议保证遗产的价值。

“乡村和特色小镇协会”是此类协会中非常重要的一个。协会于1975年创立于布列塔尼大区（Bretagne），最初主要是关注6000人以下的传统村落和小城镇遗产的地区性保护组织，后发展为跨大区和市镇的全国性保护网络。其特色主要在于与地方政府建立合作机制，以民众的力量引导政府决策。具

体来说，协会的目标主要有 4 点：①规定乡村和特色小镇遗产的甄选和干预标准。协会的《质量保证宪章》是国家层面法律条文保护的补充和延伸，规定了入选村镇需履行的近 30 项义务。②与政府合作，为规模小和资金匮乏的村镇提供资金、技术、保护网络的支持。通过整合遗产、文化、规划、住宅、旅游领域资源，支持市镇管理者更好地开展遗产保护活动。例如，帮助几个小规模的历史村镇联合聘请一位遗产建筑师进行日常遗产事务的技术支持等。③促进公众参与的遗产推广。市镇需更好地向大众普及遗产知识并进行遗产教育，建立相应制度，推广遗产价值展示，促进游客以自我探索的方式发现城市和乡村，并鼓励民众通过各种媒介发起和参与此类活动。④开展全国性的保护、创新和实验活动，以促进特色小镇品牌的认知和遗产旅游的推广。自 2005 年以来，两年一次的“乡村中的艺术”活动，邀请来自俄罗斯、中国、捷克、日本、美国等多个国家的艺术家在乡村居住并进行相关主题创作。

除此之外，类似的协会和认证还有很多，其侧重点各不相同。例如，在维护和提升乡村历史文化遗产的品质基础上，以发展旅游经济和提高知名度为目标的“最美乡村协会”（1982 年），促进传统手工业和旅游业发展的“手工艺小镇协会”（1992 年）等。这类机构认证的重要性，一方面在于其以网络的形式促进遗产保护；另一方面也在于其相比“保护区”这种远离民众日常语境的精英化概念，更加亲民和贴近生活，不仅具有广泛的认知度，还能更好地促进公众参与。

（二）居民参与——生态博物馆

“生态博物馆”的概念诞生于法国民间并于 20 世纪 70 年代风靡全球。法国《生态博物馆宪章》将生态博物馆定义为：“在一定地域，原住民参与，将继承该地域的环境和生活方式的自然和文化遗产作为整体，保障其研究、保存、展示、利用功能的文化机构。”1937 年，著名人类博物馆学家乔治・亨利・里维埃（Georges Henri Rivière）为保护传统生活方式，建立了法国国家艺术和人民传统博物馆，并提出将“环境和生活方式的自然和文化遗产作为整体”的保护理念，同时也强调居民在地区遗产化进程和遗产管理中发挥的主观能动性。

圣・克劳德矿区的克勒索-蒙锡生态博物馆是法国最具影响力，也是最早的生态博物馆之一。博物馆成立于 1978 年，目的是保护和见证勃艮第地区 16 世纪以来的地下采矿活动。当地民众以“地布兰泽矿厂和人类协会”（1975

年成立）为依托，与地方政府、研究人员一起，承担着博物馆的运营工作。该博物馆是个完整的小型保护机构，居民参与遗产的清点工作以及保护地域相关的标志性工业活动（冶金，煤炭开采，玻璃、陶瓷生产等）；同时，协会还联合科研人员进行相关的遗产研究，建立起丰富的馆藏、纪录片和资料档案，并定期组织展览、讲座，编写出版物等。在博物馆的运营中，以原矿产工人为主的志愿者定期带领游客参观矿区，现场演示采矿设备的运行，并分享他们的历史记忆。在整个过程中，协会联合居民的运营方式使得遗产保护更加深入人心。

第二节　英国

英国历史悠久，英伦文化特色鲜明。英国是最早进入城镇化和工业化社会的国家之一。英国在基础设施建设和生活便利度上，基本不存在城乡差别。但乡村的风景更迷人，文化积淀更深厚。英国的乡村是“生态宜居”的典范，在文化遗产保护理论与实践上始终走在世界前沿，对世界文化遗产保护产生了极其深远的影响。100 多年来，英国在保护体系的构建、法律法规的制定、保护监管机制的建立、保护修缮技术的发展、政府主导下的社会多方参与等诸多方面进行开创性探索，很多成功经验被广泛借鉴和推广。

一、英国对乡村文化的认知和保护历程

（一）英国对乡村文化的理解与认知

经文献查阅和研究可知，在乡村文化建设/保护方面英国是一个非常特殊的个例。英国是一个历史悠久、文化底蕴深厚的国家，有着众多的历史文化遗产。英国是最早开展文化遗产保护的国家，但在乡村文化建设/保护方面，英国却鲜有针对性的立法、政策或措施。究其原因主要是英国对文化遗产形态的理解与众不同。联合国将文化遗产划分为物质文化遗产和非物质文化遗产，但英国人认为文化遗产必须依托物质而存在，不存在非物质的文化遗产，因而，在此理念的支配下，英国一直以来只重视对物质文化遗产的保护，如古迹、古建筑等，而忽视对非物质文化遗产的保护。然而，乡村文化中更多的是非物质文化遗产。这就造成了英国相对冷清的乡村文化保护与其他国如火如荼的乡村文化保护的巨大反差。

受“文化遗产仅以物质遗产的形式存在”的主流观点的影响，否定非物质文化遗产保护的可能性和必要性。因此，到目前为止，英国对于“非物质文化遗产”保护还没有全国基本法立法或直接政策。英国既没有加入2003年国际《保护非物质文化遗产公约》，也没有加入《保护视听文化遗产的欧洲公约》。因此，英国至今未能建立涵盖全英的较为完整的非物质文化遗产名录，也没有一项非物质文化遗产入选世界非物质文化遗产代表作名录。这与英国的悠久历史以及物质文化保护领导者的地位极不相称。

但这并不意味着英国没有“非物质文化遗产”的保护措施。英国在传统手工艺和语言方面，出台了有关立法或政策予以保护和支持，而在具体措施上主要通过博物馆或申请项目来保护。英国1997年提出的创意产业就是以文化创意为主要内容的新型产业，之后出台的创意产业相关政策也从侧面促进了乡村非物质文化遗产的发扬与传承。各民间组织和团体也积极参与非物质文化遗产保护活动，推动社会风俗礼仪与节庆活动、表演艺术的传播等。在民众的呼吁下，英国对非物质文化遗产的保护意识正在提高。

（二）英国乡村文化保护的历程

英国对乡村文化的保护经历了一个从自发到自觉的过程。这场乡村文化运动经历了近一个世纪，在立法和政府与社会互动方面取得了成效。在成为世界工厂之后，英国出现了农村凋敝的现象，现代英国乡村文化的发展与保护正起源于这个时期。在随后的近百年时间里，由保护乡村的自然环境入手，从环保意识启蒙到理念推广，至各项政策实践和立法规范实施，英国现代乡村文化保护体系逐渐形成并发展。

1945年，英国城市和乡村计划部讨论发起了一项“正确使用乡村的宣传运动”。在关于乡村土地使用的官方报告中，明确指出农民是“国家景观的不自觉的监护人”，同时认为农业的繁荣取决于满足农村居民的生存发展以及国人乡村休闲与娱乐的双重需要。1949年，依据《国家公园和亲近乡村法案》建立了国家公园委员会，负责自然景观和野生动植物的保护，并提供就业，保障乡村的便利设施和推动乡村旅游。

1966年，政府公布了乡村休闲度假白皮书。1977年，公布了146个国家公园，188处野餐郊游地。20世纪80年代，关于乡村旅游方面的立法多达12部以上，这些法律明确了相关部门和相关主体的权责。政府部门同社会团体乃至企业合作，在全社会营造维护乡村文化的氛围，培养大众的责任意识；

通过各种宣传手段与教育途径宣传《乡村行为守则》，塑造大众的良好行为；对青少年从小进行亲近乡村文化的教育，引导他们思考乡村开发与管理、景观保护与休闲的关系。

直到20世纪80年代末，英国对于乡村的发展一直缺乏战略规划，政出多门，农业部、环境部、森林委员会、乡村委员会、自然保护地委员会和水务部门虽然都对乡村文化的发展与保护有责任，但各自为政，相互掣肘，涉及乡村的相关法案一再修改，缺乏综合协调部门。

1986年，政府出台了超越部门利益的野生动植物和乡村法案。同年颁布的《农业法》强调了农业部的环保责任。除了立法、科研的帮助外，政府还借助于拨款、补贴、税收等措施加大对农民进行环境保护的扶持，加强对农民的环保教育与培训，奖励其环境友好行为。

英国的现代乡村文化实质上是在经济增长、环境友好和社会可持续发展之间取得动态平衡的一种文化，是社会参与、立法规范、政府推动三者良性互动的结果。

二、英国乡村文化的类型

尽管英国没有对乡村文化进行分类，但根据周方（2013）对英国非物质文化遗产的分类标准，根据英国的乡村文化表现形式的不同，大致分为3种类型：传统习俗类、民间艺术类及传统技术类。

（一）传统习俗类

1. 设得兰群岛圣火节

圣火节（UpHelly-Aa）是设得兰群岛勒维克镇的传统习俗（类似于中国的火把节）。节日习俗源自1000年前来到苏格兰东部设得兰群岛的维京人（Vikings）。每年1月的最后一个星期四，设得兰群岛居民都会举行庆祝仪式。人们高举火把，载歌载舞地在街道上行进，而表演活动的高潮是点燃仿制的维京长船（long ship）。现代圣火节庆祝仪式形成于19世纪80年代，人们把圣火节与圣诞节和新年庆典结合在一起，仪式中点燃的船只也被换成了一种装饰有龙头的小船。此外，还增加了模仿维京人的表演活动，每年大约有1000人参与仪式表演。勒维克镇为此成立了圣火节节日委员会，经过多年的发展，将该节日庆典发展成为英国乃至整个欧洲最大的“火把节”（Fire Festival）。

2. 威尔士诗歌音乐比赛大会

为促进威尔士语的发展，威尔士每年都会举办诗歌音乐比赛大会（Eisteddfod），这是欧洲最古老也是规模最大的大型文化节之一，约有 15 万人参加。这一风俗节庆是由皇家诗词音乐的比赛演化而来，其历史可以追溯到 1860 年。大会在每年 8 月的第一个星期举行，历时 8 天。除大量的室外展示、展览和竞赛以外，还包括音乐、舞蹈、戏剧、文学和美术在内的所有威尔士艺术形式都参加角逐。威尔士人以威尔士语参加比赛。诗歌和散文奖项都由英国吟游诗集会赞助支持。比赛大会上人们身穿威尔士风格的服装，伴有花舞、小号和丰饶羊角（Horn of Plenty）助兴。

（二）民间艺术类

1. 英格兰莫里斯舞蹈

现存最早的对莫里斯舞蹈（Morris Dance）的文字记载可追溯到 1448 年，当时莫里斯舞蹈便已在英格兰人的日常生活中较为普遍地存在了，目前已成为英格兰最具代表性的民间舞蹈。

莫里斯舞蹈一般在夏季的农庄进行表演，表演之前会举行一个唤醒大地的传统仪式。舞者们一般身着白色服装，头戴装饰有缎带或花朵的草帽，小腿前侧绑有铃铛。铃铛和缎带据说具有趋吉避凶的功效。在传统上，舞者均为男性，但现代的很多表演队伍中也出现了女性舞者。

2. 苏格兰格子纹样

苏格兰格子纹样（Tartan）是指一种按照水平及垂直纺线十字交叉的规律所形成的不同颜色的方格纹样。它源自英国苏格兰高地，当地人用染色羊毛织成格子纹样的毛呢，用于制作日常穿着的苏格兰格子短裙。17 世纪末 18 世纪初期，苏格兰高地不同地区、岛屿、部落甚至家族的人们开始穿着不同纹样和颜色的格子以彼此区别。因此，格子纹样除了装饰功能之外，还被赋予了丰富的历史、文化内涵，承载了不同地区、部落或家族的深刻精神追求。时至今日，不少苏格兰男子在日常生活中，尤其是参加重要节日庆典或婚礼时，仍会根据自己所属的部落或家族，穿着特定颜色及图案的格子短裙。在苏格兰还设有格子花呢生产工坊，向公众开放，展示格子花呢的生产过程。

（三）传统技术类

如苏格兰威士忌（Scotch Whisky）生产技艺。苏格兰威士忌指产自苏格兰的麦芽威士忌或谷物威士忌。关于苏格兰威士忌生产的最早记录可追溯到1494年，反映出15世纪末期苏格兰已拥有设施良好的威士忌生产厂家。1823年，国会发布《货物税法案》，开始对苏格兰威士忌生产厂家发放许可证，以有效保护苏格兰威士忌的生产技艺。苏格兰威士忌的生产工艺传统而严格，如必须使用蒸馏工艺，且必须在苏格兰完成；其颜色、气味及口味必须源自原始材料，必须被装在不超过700升容积的橡木桶里酿造，酿造期不短于3年，其酒精含量不低于40°等。如今，“Scotch Whisky”已作为一项地理标志在包括中国在内的许多国家受到法律保护。英国成立了苏格兰威士忌联合会，负责对苏格兰威士忌的生产技艺保护、传承及维权。

三、英国乡村文化的保护途径

英国的文化遗产保护史可以划分为两个主要阶段。

第一阶段可以追溯到1800年左右，其主要特点是古迹为私人或组织所有，古迹保护以私人及组织保护为主。第二阶段从20世纪40年代起，政府开始大规模、广泛参与文化遗产保护工作，70年代渐达高峰。到目前为止，英国在组织架构上形成了一个由中央政府、地方政府和社会团体共同组建的文化遗产保护组织网络，它们在各自的位置上扮演着不同的角色，发挥着不同的职能。英国文化遗产保护的最高责任机构是文化、媒体与体育部，但真正负责具体实施工作的是其下设的两个非政府法人机构——英格兰遗产和英格兰皇家历史遗迹委员会。除此之外，英国还有许多民间组织从事着文化遗产保护工作。

（一）社会参与

英国对乡村文化保护的最大特色是社会参与度高，这不仅体现为参与保护的民间团体多，而且志愿者服务也非常普遍。

1. 民间保护团体

民间团体对英国的文化遗产保护及立法起到了巨大的推动作用。从1877年第一个古建筑保护团体成立到1975年，英国登记的保护团体达1250个，它们在不同方面不同程度上发挥了积极作用。比较著名的民间社团有国民信托（National Trust）、国家遗产纪念基金会（National Heritage Memorial Fund）、二十世纪学会（The Twentieth Century Society）、英格兰乡村保护委员会（Council for the Protection of Rural England）等。以国民信托为例，其最初主旨是保护国家遗产和历史建筑，在20世纪30年代将保护范围延伸至乡村房屋。至2010年，该组织拥有超过200座历史房屋，至少60座村落和村庄。英格兰乡村保护委员会则将自身视为乡村监护人，在其成立初期发起抵制破坏乡村景观的带状发展，随后致力于保护英格兰乡村景观并建设绿带。

这些民间组织的经费一部分来自文化、媒体与体育部“遗产补助基金”，一部分来自自己的经营所得，还有一部分来自“遗产彩票”收入。

2. 志愿者服务

在英国文化遗产的保护中，志愿者服务十分普遍。例如，苏格兰设得兰群岛圣火节，有专门的筹备委员会筹备每年的节日活动。再如，志愿者自发挽救Roxy电影院——英格兰最小的社区电影院之一，为萨默塞特郡及其他地区的人们提供服务。它由志愿者经营，为萨默塞特郡农村的电影和其他艺术提供了可访问且负担得起的场地。Roxy成功地利用众筹筹集了资金，得以保持电影院的生存能力并资助重要的维修工作。

3. 建立乡村生活博物馆

为挽救和保护受城市化进程影响而濒临消失的乡村文化，英国自19世纪以来便开始出现地景、建筑和民俗的博物馆化和遗产化迹象，成立了大量的博物馆和遗产保护机构。除英国乡村生活博物馆（Museum of English Rural Life，MERL）之外，在英国乡村各地也都散布着众多以乡村生活为主题的博物馆，多以民俗博物馆（folk museum）、乡村生活博物馆（museum of rural life）、乡村博物馆（countryside museum），或直接以所在乡镇或乡村社区为名。例如，英国北约克郡就至少有18座乡村博物馆。这些博物馆致力于收藏与保存乡村记忆，收集与乡村生产与生活有关的物品、照片，记录乡村习俗等，向人们展示乡村的本来面貌、记忆与故事。博物馆由政府、非营利组织、私人企业管理经营。这些乡村博物馆大多数成立于20世纪70年代以后，由地方政府或慈善信托资助，也会得到英国艺术理事会或英国国家彩票中遗产彩票基金的资助。博物馆工作人员以社区志愿者为主。这些乡村博物馆植根于“活的历史”，通过挽救那些能够反映不断消失的地区生活方式的典型藏品，鼓励当地居民欣赏那些值得铭记和令人感到骄傲的先辈们的历史及其生活方式，激励乡村居民产生地方自豪感和分享先辈的生活经验。这些基于乡村社区的小型博物馆极大地推动了地方经济的发展，具有经济、社会和文化的多重效益。英国许多的乡村博物馆不仅藏品丰富，有时还在传统节日举行各种各样的纪念活动或比赛，如奶酪博物馆举办奶酪制作大赛，蜡烛博物馆举办蜡烛制作大赛等，吸引当地居民或游客参与其中，体验乡村文化。

英国的乡村生活博物馆位于雷丁大学内，成立于1951年，是一个致力于捕获和记录英格兰农业和农村面貌改变的公益性博物馆。藏品包括档案、照片、电影和书籍等，免费向公众开放。博物馆利用其多样化的收藏品探索过去和现在的农民和手工艺者的技能和经验如何帮助塑造现代人的生活以及未来的生活。英国乡村生活博物馆由雷丁大学拥有和管理。博物馆2014年从遗产彩票基金会（HLF）获得了180万英镑的资助，用于画廊的重建。英国乡村生活博物馆也是英国艺术理事会2018—2022年国家档案馆的一部分。

（二）立法规范

英国是对乡村文化进行保护最早的国家之一，但其认识的提升与立法保护的范围却经历了一个漫长的过程。

1882年通过的《古迹保护法》是英国最早的文化遗产保护法案，但仅限于古迹。其主要贡献是为国家登录了68处以史前遗迹为主的古迹。规定在所有者同意的前提下，国家可以购买登录古迹，所有者可申请代管（保留所有权但无权改变古迹），毁坏古迹则会受到罚款或拘留。1931年通过的《古迹法案》，授权地方政府可以设立保护区以保护区域内的古迹及其周边环境。根据《英国遗产声明》（2017年），由地方当局指定的保护区帮助保护了全国各地历史遗迹的特殊和独特特征。现在英格兰有超过10000个这样的保护区，其中一半以上在农村地区。除此之外，英国与文化保护相关的法律还有：1933年的《城市环境法》，1944年的《城乡规划法》及其修正案，1953年的《古建筑及古迹法》，1962年的《地方政府古建筑法》，1990年的《登录建筑和保护区规划法》等。

在对乡村人文和自然景观的保护和管理方面，英国1949年颁布的《国家公园和享用乡村法》（*National Parks and Access to the Countryside Act*）把保护乡村历史和景观写入法律条文，并设立了专门管理机构——国家公园委员会。其后在1968年颁布的《村镇规划法》中扩大了国家公园委员会的功能，同时赋予地方政府在乡村保护方面的权利，并设立了乡村委员会，负责乡村建设过程中的基础设施和服务设施改善，以及对乡村自然和人文景观实施保护。20世纪六七十年代，英国颁布并实施了《英格兰和威尔士乡村保护法》，加大对乡村自然景观的保护力度，其中就包括乡村文化和传统文物的保护建设活动。

（三）政府推动

1. 发行文化遗产彩票

通过发行文化遗产彩票拓宽文化遗产保护的经费筹措渠道，也是英国文化遗产保护工作的一个重要特征。英国于 1994 年创建了国家文化遗产彩票，其收益中的 28%用于资助自然遗产、建筑、街道、博物馆、档案馆、收藏品等遗产项目的保护。自基金成立以来，遗产项目得到了超过 58 亿美元的资助，已经成为英国目前最大的文化遗产投资。

遍布英国威尔士各个地区的小型诗歌音乐比赛会，也得到了英国文化遗产彩票的资助，是“英国版本”大众性非物质文化遗产与社会生态系统和谐共生、彼此促进的完美范例。源自民间鼓励创作、朗诵与咏唱诗歌的小型地区性比赛，威尔士国际诗歌音乐节把这一威尔士民间的文化传统推向顶峰，成为在威尔士各地区巡回举办、兼顾多种非物质文化形式的年度国际性文化活动，它涵盖文学、诗歌、散文、朗诵、歌唱、舞蹈和器乐等多种文化内涵丰富的比赛，而威尔士政府也在力推威尔士诗歌音乐节在深度与广度上的国际化。

2. 文化遗产风险评估

在 100 多年的保护历程中，英国不断扩展文化遗产保护对象的类型，并评估其历史价值以及文化价值，依据遗产风险等级实施科学的保护措施。遗产风险是指那些使遗产濒临破败甚至消亡的风险因素，包括自然因素和人为因素，如风蚀、缺少科学的维护等。对风险的评估就是要识别出这些风险因素。

英格兰遗产委员会在 2008 年建立了遗产风险评估制度。主要目的有 3 个：一是全面掌握英格兰的历史文化遗产状况；二是跟踪记录正在衰败的遗产；三是依照评估结果，根据轻重缓急，及时准确进行修缮资金分配和管理支持。评估总体原则是依据遗产现状与遗产原来状态的差异，判别遗产所处风险的高低。在具体操作上，会从遗产属性出发，评判保存现状和延续性，分析可能存在的风险等不同因素，再通过综合的评估分析，最终划定风险等级。遗产风险评估的结果有 3 种应用形式：一是直接反映在英格兰遗产风险登记的信息中，形成一个不断更新的数据库，包括遗产名称、遗产类型、所属地区、保存状况、风险等级以及登记序号等。二是形成英格兰遗产风险评估年度报告，总结整体保护状态和问题，分类列举出正在遭受破坏的以及需要马上采取保护措施的遗产清单，向社会公布。三是引导英格兰遗产保护的具体政策。评估报告中列出了每处遗产解决问题的优先次序，为政府的资金支持和技术支持提供了决策依据。

3. 发展乡村旅游

“二战”后，随着城市化进程的加快，英国出现了较为严重的城市病，乡村成为民众向往之地，乡村旅游随之兴起，并成为乡村经济的重要驱动力。乡村旅游促进了乡村景观和传统文化资源以及地域特色的挖掘与保护。英国的乡村旅游一直处于小规模经营，没有大规模地开展，这种小规模、渐进式的发展模式没有造成过大的环境负担，因此，英国无论是乡村自然恬静的生活状态，还是自然山水都没有遭遇过度开发的问题，这一点也是其自成特色的重要原因。

4. 发展创意产业

20 世纪末，为寻找新的经济增长点，加大智力投入与文化资源开发，英国于 1997 年提出了“创意产业”的概念，并出台了一系列促进创意产业发展的政策，如《英国创意产业纲领文件》（1998 年）、《文化与创新：未来 10 年的规划》（2001 年）。20 多年来，英国的创意产业得到了快速发展。2017 年，英国创意产业产值突破 1000 亿英镑，对英国经济总量的贡献约为 14.6%，创意产业成为仅次于金融业的第二大支柱产业。一个重要原因就在于创意产业是以文化创意为核心的，它在为经济创造新增长点的同时也促进了乡村文化的开发与传承，如乡村传统手工艺产品商品化，乡村传统习俗、民俗节日成为旅游观光重要项目，乡村的传说与故事甚至语言成为电影或畅销书的素材。

5. 设立文化发展基金

为释放文化、遗产和创意产业投资在提高经济增长和生产率方面的作用，英国于 2018 年 6 月设立了文化发展基金，首期启动资金为 2000 万英镑。文化遗产保护被纳入该基金的目标，历史英格兰和遗产彩票基金被选为专家咨询小组的成员，以帮助评估申请。

四、英国乡村文化保护的特点

综上所述，英国乡村文化保护的特点如下：

一是分散性立法规划。英国没有统一的乡村文化保护立法，甚至没有非物质文化遗产保护立法，但各地区不乏根据地方特色、针对具体保护对象而量身定制的条件、措施，形式、方法多样。

二是多渠道资金支持。除直接的财政拨款外，还有社会捐款、项目资助和遗产彩票基金资助等。其中，遗产彩票基金资助是英国乡村文化保护的一大特色。

三是将乡村景观作为乡村文化的一部分加以保护，这也是英国乡村特色得以本真保留的重要原因。

四是自下而上的保护模式。追溯英国对乡村文化遗产保护的进程，不难发现其特有的“英国模式”，即历史文化遗产的有效保护经历了一个从下到上的过程。先是民众认识到保护文化遗产的重要性，自发地组织起团体，一方面抵制对文化遗产的破坏，另一方面对文化遗产进行保护的同时呼吁政府立法。接着是政府在民众的呼吁下，通过立法对文化遗产进行强制性保护，然后出台相关配套政策推进文化遗产保护。最后形成以民间保护为主、政府推动为辅的保护体系。

五是公众参与度高。这不仅体现在公众以所有者或管理者、志愿者的身份参与乡村文化的保护与传承，也体现为对青少年乡村文化的教育与熏陶，这对乡村文化的传承与发展大有裨益。

总之，英国乡村文化的保护既有赖于全体公民的责任意识，也有赖于知识阶层保护文物的专业精神，有赖于民间组织的力量，更有赖于在民间力量推动下的立法保护和制度性安排。

尽管如此，英国与其他国家一样也面临着乡村文化传承后继乏人的困境。乡村文化与农业生产有着密切的联系。尽管英国的城市化率基本稳定，但英国的农业人口仍然在不断减少。英国如今的乡村概念不同于中国的，更趋近于地理概念，多指环境趋近于自然，人口密度低的地区（一般情况下常住人口小于 1 万人），不一定与农业有密切的关系，而且居住者多数也并非农民。乡村文化的地域性决定了其对乡村生态环境的依赖性。非本地居民或非农业居民都很难将乡村文化传承下去。

第三节　日本的乡村文化保护与开发路径

日本对乡村文化的保护包含在对传统文化的保护当中。在经历了战争和城市化进程的冲击后，日本更加重视对乡村文化的保护与传承，主要从立法保护、政策推进和传承创新 3 个方面开展乡村文化建设，推进乡村文化振兴。

一、立法保护

日本对乡村文化的保护始于 19 世纪的明治初年。1871 年，《古器物保存法》是日本第一次以政府令的形式颁布文化遗产保护法。1897 年和 1919 年先后出台的《古社寺保存法》和《史迹名胜天然纪念物保护法》，为日本传统文化的保护奠定了坚实的法律基础。第二次世界大战后，日本实施了复兴民族文化的战略方针，综合了原有的《古社寺保存法》《史迹名胜天然纪念物保存法》《国宝保存法》3 个法规，于 1950 年颁布并实施了《文化财保护法》，后经几次重大修订，目前已成为一部十分完善的传统文化保护法典。

《文化财保护法》规定，文化财分为有形文化财、无形文化财、民俗文化财、地下文化财、纪念物、传统建筑物群等。其中，民俗文化财是指与衣食住、信仰、节日等相关的风俗习惯、民俗技能及在这些活动中所使用的衣服、器具、房屋及其他物品。文化财分为国家指定文化财、县指定文化财和市町指定文化财 3 种。文化财的认定主要有个别认定、综合认定和保护团体认定 3 种形式。所谓个别认定，是指对于某个技艺传承者的个人资格的认定；所谓综合认定，是指对那些具有多重文化事项之民俗活动的综合性认定；所谓保护团体认定，是指对那些由一个以上的文化财持有者的集团认定。

在保护文化财的过程中，除国家给予必要的物质奖励和精神奖励外，还十分强调各级地方政府、地方公共团体、民间组织甚至个人的参与，并明确规定各方的权利与义务。

1974 年，日本颁布实施了《传统手工艺品产业振兴法》，旨在振兴传统工艺品产业，增添国民生活丰富程度和情趣，促进地区经济发展。该法的主要内容包括：认定传统工艺品、制订振兴计划、经费补助、税收优惠、附着标志、设立振兴协会等。该法主要从行政手段层面对传统工艺的振兴给予扶持。

这些保护法令还规定由国家设立文化财保护委员会，各县区相关行政机构积极落实监督兼宣传等工作，加强保护传统文化艺术的力度。时至今日，正因为有了严密且科学的法律法规的约束和保护，日本的传统文化遗产才能几乎完整无缺地保存下来。

二、政策推进

日本乡村振兴的重要内容之一就是保护传统乡村文化。面对日益衰退的乡村文化传统，日本政府根据不同历史时期乡村的实际情况，因地制宜先后实施了一系列文化复兴的政策措施，包括乡村文化财保护制度、造村运动、“家乡创生”计划和“六次产业化”战略。

（一）乡村文化财产保护制度

1. 实施文化遗产认定制度

根据《文化财保护法》，对于无形文化财，为使其存在具体化，国家将无形文化财的体现者——该项技术的保有者（个人或团体）一并列入文化财而加以确认。被指定的保持者（保持人或保持团体），负有继承、普及和发展该项文化财的义务。1955 年以来，日本政府对戏剧、音乐等古典表演艺术和工艺技术的民间艺人进行指定，明确地将那些具有高度技能，能够传承某项文化财的人命名为“人间国宝”，每年给予这些人一定的资助，以激励他们创意工艺和提高技艺。这一制度的实施，不仅提高了民间艺人的社会地位，也提高了整个社会对于传统文化遗产的保护与传承意识。这种无形的激励机制，极大地促进了传统文化的传承，解决了传统艺术后继乏人的问题。

2. 引进文化遗产登录制度

由于文化遗产认定制度实行的是有局限性的重点保护政策，而且其要求过于严苛，无法适应越来越多的文化遗产需要保护的现状，1996 年日本引进了非物质文化遗产登录制度。所谓登录制度，就是将文化遗产进行注册和登记，以此来认定其资格，确定其历史文化价值，然后用一定的法律、法规加以约束，并通过媒介公布于众，进行大量的舆论宣传，来提高民众的保护意识。实践证明，登录制度是非物质文化遗产保护的一种行之有效的方法，已为世界各国所普遍采用。联合国教科文组织对“世界文化和自然遗产”采用的也是登录制度。

（二）实施造村运动

日本的造村运动（也称造町运动）始于 20 世纪 70 年代末，旨在以振兴产业为手段，促进地方经济的发展，振兴逐渐衰败的农村。在造村运动中最具知名度和影响力的做法就是由平松守彦于 1979 年提倡的“一村一品”运动，并最终成为一种在政府引导和扶持下，以行政区和地方特色产品为基础形成的区域经济发展模式。“一村一品”运动要求每个地方（县、乡、村）根据自身的条件和优势，发展一种或几种有特色的产品。特色产品不限于农产品，也包括特色旅游项目及文化资产项目，如文化设施或地方庆典活动等。随着造村运动的发展，其内容扩展到整个生活层面，包括景观与环境的改善、历史建筑的保存、基础设施的建设、健康与福利事业的发展等；运动的地域也由农村扩大到城市，成为全民运动。

在造村运动中，日本政府投巨资用于保护历史村落、古建筑、人文景观等，推进了乡村文化的传承和发展。造村运动使得农村传统文化被深入挖掘，村民文化自信得以提升，乡土文化焕发出自身魅力，对农村物质文化和非物质文化的保护起到了重要作用。造村运动不仅提升了农业、农村的价值，而且促进了产业发展与文化传承的结合。如今，日本乡村传统文化的保护和传承已成为一种常态。

（三）实施“家乡创生”计划

为改变农村人口流失、产业萎缩、村庄凋敝的趋势，日本从 20 世纪 80 年代开始实施乡村振兴计划。这些计划（或事业）在不同的发展阶段有不同的政策，日本政府根据乡村的具体情况以及政策的实施效果，适时调整乡村振兴计划，使之更适应乡村振兴的需要。

1. “家乡创生”事业

从 20 世纪 80 年代开始实施的“家乡创生”事业，也称“故乡创生”，字面意思为“乡村振兴”。具体做法是由中央政府给全国的市区町发放 1 亿日元用于当地的乡村振兴，地方政府提出创生计划，中央政府审批通过后方可实施。审批制度限制了地方主动性的发挥，同时由于缺乏有效的考核机制，家乡创生事业收效甚微。90 年代以后，日本政府认识到农民是乡村文化的主要保护者与传承者，于是改变过去家乡创生计划由中央政府审批的制度，鼓励当地村民发挥自主性和创新性，根据自己的意愿建设乡村，但要求每个乡村建设必须有传统特色，包括历史性产物和人文等，让居民和游客重温旧时的农村景观和传统文化。政府资助每个地方 1 亿日元，用于建设寺庙、古街、剧场、工艺馆、有特色的美术馆等文化设施，一方面保留了古貌，使农民有了文化活动场所；另一方面在很多乡村建筑建设过程中，乡村传统技艺得以保存和传播，乡村传统匠人精神得以传承。另外，各地政府也可利用这笔资助金举办丰富多彩的传统文化活动，使其成为凝结村民的一个纽带，吸引青年人积极返乡参与乡村文化的传承和弘扬，同时也带来了丰厚的经济效益。

2. 地方创生综合战略

家乡创生事业在一定程度上焕发了农村的活力。近年来，为更好地促进地方创生，日本政府于2014年公布了“地方创生综合战略”（相当于我国的“乡村振兴战略”），决定从信息、人才、财政3个方面对地方发展予以支持，地方创生交付金是财政扶持政策的重点。新设立的地方创生交付金制度实行竞争性分配、绩效目标管理、第三方论证评审等，既保证了中央部门在转移支付资金使用方向上的决定权，又在较大范围内赋予了地方选择实施具体项目的自主权，有利于调动地方政府的积极性。2014年11月日本国会通过了《城市·人口·工作创生法》、“区域创生相关法律修订”，以及支援地方特产普及的《土特产支援制度》。

（四）实施“六次产业化”战略

20世纪90年代日本的今村奈良臣首次提出了“六次产业”的概念，是指以第一产业的农业为基础，综合发展农产品加工的第二产业和农产品直销、饮食业、休闲农业等的第三产业，形成集生产、加工、销售、服务一体化的链条，通过规模经济和范围经济提升农业产业的综合价值。2008年，日本政府首次在其政策大纲——《农山渔村第六产业发展目标》中提及“第六产业”。2010年，日本农林水产省制定并颁布了《六次产业化·地产地消法》，促进农产品在生产地的加工、利用和消费，以推进“六次产业化”，标志着日本“六次产业化”战略的正式启动实施。同年，农林水产省相继出台了《农山渔村六次产业化政策实施纲要》《农山渔村六次产业化政策工作相关补助金交付纲要》《农业主导型六次产业化准备工作实施纲要》以及《农业主导型六次产业化准备工作补助对象事业以及补助对象事业费》等文件，明确了实施“六次产业化”战略的方案和具体支持措施。

“六次产业化”政策促进了一产向二产和三产的融合发展，重点支持了农产品加工业和乡村旅游业的发展，而乡村旅游业的发展既得益于乡村文化保护与开发，也反过来促进了乡村文化的保护与传承，使乡村文化得以活化。

三、传承创新

日本对于乡村文化既注重传承又注重创新。其中，“一村一品”的造村运动对乡村文化的传承与创新起到了关键作用。归纳起来，有以下 3 条路径。

（一）原生文化的活化

原生文化是指产生并存留在当地的文化。这种文化有较强的地域性，特色鲜明，对游客及外来人有着强烈的吸引力。但这种原生文化的价值往往被当地人忽略，其文化价值未能转化为经济价值。原生文化的活化就是通过把那些当地人习以为常的文化进行保护与旅游开发，使其焕发新的生命力，并为当地带来经济收益。日本岐阜县白川乡合掌村“合掌造”民居文化的活化和“插秧”农事文化的活化就是原生文化活化的典型。

1. 民居文化的活化

与中国的民居文化相似，日本在长期历史发展过程中，不同地区也逐渐形成了与当地气候、地形和习俗相适应的特色民居文化。

“合掌造”民居出现于约 300 年前，沿袭并创造出一系列独特的乡土文化保护措施。合掌村冬季常年积雪达 3 米厚，为防积雪和抵御严寒，“合掌造”民居的屋顶均呈 60°的急斜面，覆盖的茅草厚度达 70~80 厘米，屋顶状如双手合掌，村庄因此而得名。1965 年，村舍曾遭遇大火而损毁一半以上，灾后村民合力重建，至今各家各户仍保留着囤积茅草的习惯和古老的建房合作方式。谁家翻修房子，村民都会带着自家的茅草前去帮忙，一日即可完成，百人站在屋顶上共同劳作的场面壮观而温馨。1995 年，合掌村被列为世界文化遗产。目前，该村的“合掌造”有 113 栋，其中 109 栋被列入保护名单。

纷至沓来的游客，为合掌村带来了经济效益。为兼顾保护自然环境与开发景观资源，村民自发成立了“白川乡合掌村集落自然保护协会”，制定了《住民宪法》，规定了合掌村建筑、土地、耕田、山林、树木“不许贩卖、不许出租、不许毁坏”的三大原则。凡有要改造或新建住房，都必须事先提交房屋外形的建筑效果图和工程图，说明材料、色彩、外形和高度，得到协会批准后才能动工。协会还制定了《景观保护基准》，针对旅游景观开发中的改建、新建、新增广告牌、铺路、新增设施等都做了具体规定，如：用泥土、砂砾、自然石铺装，禁用硬质砖类铺装地面；管道、大箱体、空调设备等必须隐蔽或放置在街道的后面；户外广告物以不破坏整体景观为原则；水田、农田、旧道路、水路是山村的自然形态必须原状保护，不能随便改动等。因此，合掌村的整体风貌一直保存完好，如今合掌村已成为世界闻名的原生态美丽乡村。因民居文化而发展起来的旅游业带动了当地民宿和农产品的本地消费，促进了农旅结合和民宿业的发展。

为增加旅游项目，白川乡合掌村从传统文化中挖掘出具有本地乡土特色的“浊酒节”——以祈求神来保护村庄、道路安全为主题的传统节日。在巨大的酒盅前举行隆重仪式，从祝词到乐器演奏、假面歌舞、化装游行等内容以及服装道具都进行了系统设计。节日时合掌村家家户户张灯结彩，村民都参与到庆贺节日的活动中，节日的趣味性也就成为吸引游客观赏的重要因素。除大型节日庆典外，村民们还组织富有当地传统特色的民歌歌谣表演，把传统手工插秧——边唱秧歌边劳作的方式作为一种观光项目展示，游客亦可参与其中，体验劳动的快乐。

1973 年前后，合掌村开始经营民宿。在保持合掌村房屋建筑外形不变的基础上，对室内做了现代化改装，但仍然保留了一些可观赏的具有历史意义的生活用具和过去农村的乡土玩具，让旅客在舒适方便的住宿中能感受到农村生活环境的朴实与温馨。此外，当一些村民移居城市后，协会针对空屋进行“合掌造民家园”规划设计，使之成为展现当地古老农业生产和生活用具的民俗博物馆。每个“合掌造”房屋前后都种上了不同的花草植物，合掌建筑与日本园林相结合，构成了具有较高审美价值的乡村景观。

保护原生态建筑、传承互助文化、民宿农旅结合是合掌村乡村原生文化活化中环环相扣的三大措施。

2. 农事文化的活化

日本人的主食是大米，稻作文化深入人心。插秧是水稻种植的重要农事活动。自古以来，日本各地在插秧季节都会举行隆重的仪式，迎接谷神，祈求丰收。在 12 世纪初，这种仪式演变为当地的重要节日——插秧节。如今，在每年的插秧季节日本多地都会举办插秧节，各地的节日庆典内容不尽相同，但大体上都有迎接谷神和插秧的环节。日本三重县志摩市的插秧节、大阪住吉大社的插秧节和千叶县香取神宫的插秧节并称为日本的“三大插秧节”，久负盛名，被列入了日本重要非物质文化遗产名录。

插秧节又称“御植田节”，是日本南部山区千代田町一带的民间传统节日，志摩市在每年的 6 月举行。节日当天，鼓乐齐鸣，人们头戴遮面花冠帽，身着华丽的和服，跳起优美的民间舞蹈，以古老动人的仪式迎接谷神的降临。接着，是盛大的牛队游行。被装饰得五彩缤纷的牛群列队慢步穿过主要街市，牛背上撑起一面面代表各家各户的彩旗。志摩市插秧节上最大的看点是“取竹神事”，插秧之前，男人们赤膊在稻田中展开泥巴大战、学蛙跳，你追我赶，抢夺竹竿上的团扇，热闹非凡，围观的游客笑声不断。滑稽的泥巴战结束后，优雅的插秧仪式便开始了。村民们点燃田中一堆堆的稻秸，妇女们在一旁高声祷告谷神降临，共度插秧节。在鼓乐的伴奏下，耕牛开始拉犁耕田，人们击鼓助耕，妇女下田插秧。领头人扮作神，用歌声指挥。黄昏，村民插秧完毕，齐声送神：“谷神明年再来。”各家祭桌供奉年糕，人们虔诚地祈求神明保佑，再造丰年。

（二）原有资源的开发

原有资源的开发是指利用当地与农业有或没有关系的资源进行创意开发，形成当地特色的乡村文化，从而带来就业和经济效益。日本长野县的小布施町北斋文化的开发和大分县本匠村的雪子寿司的创新是原有资源开发的典型代表，其中小布施町是艺术文化开发的典型，本匠村是饮食文化开发的典型。

1. 艺术文化的开发

日本长野县小布施町是日本著名的浮世绘大家葛饰北斋晚年居住的地方，在这里他创作了许多经典作品。当地政府以北斋艺术为抓手，大力开发乡村文化，以文化复兴驱动乡村振兴。小布施町于 1976 年建成了北斋馆并正式对外开放，当年参访者就达到了 3 万余人，约是当地人口（约 1.1 万人）的 3 倍；时至今日，年客流量已达到 100 万人。在北斋馆的影响下，小布施町陆续建成了大大小小 10 多座美术馆，形成了浓厚的艺术文化氛围。小布施町也成为名副其实的艺术小镇。与此同时，定居小布施的居民数量也随之缓慢上升。

值得一提的是，文化复兴之后，小布施町的经济实力大增，同时在政府乡村振兴计划的支持下开展了乡村景观改造和美丽庭院设计，并挖掘当地的特色板栗资源，打造全国闻名的“栗子之乡”。至此，小布施町形成了“文化艺术+庭院景观+栗子之乡”3 个核心旅游业态要素，实现了以文化复兴驱动经济复苏，进而达到了乡村振兴的目的。

2. 饮食文化的开发

饮食文化是乡村文化的重要组成部分。日本在乡村文化振兴中也对饮食文化进行了开发。寿司是日本的传统美食，大分县本匠村的雪子寿司就是利用当地的原有资源（特色农产品）进行饮食文化开发的典型代表。

大分县本匠村是一个传统的以种植为主的村庄，没有多少可以开发和利用的资源，唯一的特色就是生产香菇。本匠村所产的干香菇无论是质量还是产量在日本都位居第一，市场占有率更是高达48%，在25届干香菇评比中有22次获奖，知名度很高。但干香菇仅仅是作为初级农产品销售，价值链短、利润率不高。

雪子寿司就是以香菇为主要原料开发的美食，它的创意开发起因于“建设丰之国学校”的一次免费培训。一位叫高桥文子的女子参加了这次培训，回村组织村民成立了“家乡本匠会”，准备宣传和销售本地的农产品。他们利用当地产的香菇、萝卜、大叶做成了寿司饭，取名“雪子寿司”，因获得全国饮食创意大赛第一名而名声大噪，成为本匠村乃至大分县名特产品，吸引了大量游客，带动了当地旅游业的发展，也为当地增加了就业岗位和丰厚的经济收益。

雪子寿司通过创意将本地的特色农产品进行加工，转化为商品；再经过进一步的品牌塑造，做成全国知名的品牌商品，使原有农产品的价值和效益得到了极大提升。

3. 花卉文化的开发

花卉文化是农业文化的重要组成部分。围绕着花卉进行文化开发，也是日本“一村一品”造村运动的主要做法之一。利用花卉资源进行文化开发的方式多种多样，如开展花卉的美食加工、精油提炼、化妆品加工等，除此之外，还有一种较为普遍的做法是开发花卉节庆，在花卉盛开时节举办赏花节，如樱花节、菊花节、梅花节、紫阳花节等。

在每年的2—3月，梅花盛开的季节，日本多地都会举办梅花节，如日本东京的汤岛天满宫、神奈川县的小田原市和横滨市。其中，汤岛天满宫的梅花节至2019年已举办了62届。梅花节期间还举行展示日本传统文化的大鼓、三味线、日本舞蹈、落语等表演活动。神奈川县的梅花节每年都举行野外茶会、写生会、俳句（由17音组成的短诗）大会，表演春年糕、狮子舞、骑马射箭、日本舞等。梅花节每年都吸引约百万名游客和市民前来游玩观赏。

（三）无中生有的创造

无中生有是指那些根本没有任何特色和资源可以进行创意开发的村庄，引入新的文化元素进行创造开发，从而形成当地的文化特色。日本新潟县越后妻有大地艺术节就是无中生有创造的典型代表。

1. 大地艺术节

越后妻有大地艺术节（祭）是由日本新潟县十日町市政府主办，创始于

2000年，每3年一届。大地艺术节由著名艺术策展大师北川富朗发起，意在从梯田、深山、暴雪等地域特色鲜明的“原风景”中，对自然场景、生活空间进行艺术创作，重构自然、艺术与人类的关系。艺术节以越后妻有760平方千米的土地为舞台，集合了世界上顶尖艺术家的作品，堪称“没有屋顶的美术馆”，是当今世界上规模最大、水准最高、影响力最广泛的国际性户外艺术节。每一届艺术节都有来自世界各地的数百个艺术家来到越后妻有，以山村和森林为舞台，与村里的居民以及来自世界各地的义工共同创造出数百件散落在村庄、田地、空屋、废弃学校等的艺术作品。每届艺术节都会有一些艺术作品被保存下来，形成当地环境的组成部分。2000年的第一届大地艺术节历时53天（从7月至9月），来自32个国家的艺术家的148件作品参加展示，到访观众达16.3万人，经济收入为127亿日元。2018年，第七届大地艺术节有44个国家和地区的300多位艺术家参与。创展18年来，聚集了100多个国家的艺术作品，覆盖200多个村落，参观人数达270万人次，累计拉动经济效益数千亿日元。

在艺术节期间，还同时举办地球环境研讨会、美术建筑夏令营、艺术剧场（演剧、舞蹈、音乐会）等活动。大地艺术节不仅在促进当地经济发展方面显现出很强的拉动效应，同时也促进了当地乡村面貌的改变、城乡交流以及国内、国际知名度的提升。

越后妻有大地艺术节以“原风景”为画布，集合了休闲、制造、文创等产业，以多元化旅游解决乡村发展问题，形成了“自我造血”机制，实现了乡村振兴，堪称无中生有创造文化的典范。日本大地艺术节创造了艺术振兴乡村的成功案例，“到乡下看展”成为樱花、动漫之外的日本新名片。

2. 雪屋节

秋田县位于日本本州岛东北部，无霜期短，冬季严寒，内陆地带常有积雪，是日本不多见的多雪地区。积雪期长达100天，积雪量为80~250厘米。利用积雪，秋田人建起了雪屋（日语称“KAMAKURA”），并将雪屋与焚烧正月里的装饰物敬献神佛的仪式和孩子们轰赶糟蹋田地的乌鸦的仪式相结合，创造了雪屋节。每年2月，在横手市都会搭建起许多大小不一的雪屋。在大型的雪屋内设有祭坛，供奉着美酒与年糕祭祀水神，以求水神赐予好水。雪屋中的孩子们热情地邀请过往的行人进入雪屋品尝甜酒、年糕、点心并聊天。除了大型雪屋外，也有为数众多的微型雪屋。这些雪屋在夜晚被点亮，点点灯光在寂静的夜色中显得格外浪漫，别有一番情趣。

第四节　韩国的乡村文化及其建设路径

韩国与日本一样，受中国传统文化的影响很深。日本的乡村文化在中国传统文化的基础上进行了传承和创新，形成了一整套与日本国情相适应的乡村文化保护体系。韩国与日本近邻，历史上曾经是日本的殖民地，因此，韩国的乡村文化及其保护与传承在法律、政策、方法与模式上都与日本十分接近。

一、立法保护

1962 年 1 月，韩国颁布了《文化财保护法》，历经几次修改，形成了现行有效法律。自 2000 年 7 月 1 日起正式实施的最新《文化财保护法》中将文化遗产划分为有形文化财、无形文化财、纪念物、民俗资料 4 类，并在保护目的、保护理念、保护规则、保障制度等方面做了详细规定。①有形文化财包括有价值的建筑物、典籍、笔迹、古籍、绘画、雕刻、工艺品等。②无形文化财是指具有历史、艺术或学术价值的戏剧、音乐、舞蹈、工艺技术等。③纪念物指的是具有重大历史、艺术和科学价值的寺址、圣地、遗物埋藏地等历史遗迹或动物区繁殖地、植物、矿产等特别的自然现象。④民俗资料指的是衣食住、职业、信仰、每年例行的活动等方面的风俗、习惯以及这方面所使用的服饰、器具、房屋等。

韩国文化遗产的保存、管理以及利用，以维持原状为基本原则。根据该法律，韩国于 1962 年设立了隶属文化财厅的“文化财委员会”，负责对文化财的保存管理及其使用事项的调查审议。

二、统筹推进

（一）出台配套法规

为配合《文化财保护法》的实施，韩国政府制定了《文化财保护法试行令》和《文化财保护法试行规则》，随着保护工作的不断深入，在修改《文化财保护法》的同时，《文化财保护法试行令》和《文化财保护法试行规则》

也相应分别修订了29次和26次。可见韩国对文化遗产保护工作的重视。

（二）建立有效管理体系

1. 成立专门管理机构

"文化财委员会"是韩国文化保护的最高权力机构，并以此为核心建立了一套行之有效的管理体系，从上到下依次为：总统—文化观光部—文化财厅—文化财委员会—各地政府。文化财委员会由专家学者组成，除专职专家外，还在全国聘请了180多位文化财专门委员，参与文化财的保护指导和评审工作。该委员会负责相关文化遗产的定级、申报、审定、资助和监督。

2. 开展文化财普查

《文化财保护法》颁布以后，韩国开展了全国范围内的文化遗产普查。

3. 文化财定级管理

韩国在文化财普查的基础上，对文化财进行分类定级。按价值大小将文化财分为若干等级。

①国家指定文化财：是指经文化遗产财审议、文化财厅厅长根据《文化财保护法》的有关规定批准而指定的重要文化遗产。分为国宝、宝物、国家非物质文化财、史迹、名胜、天然纪念物及国家民俗文化财等7种类型。②市道指定文化财：未列入国家指定文化财名单的文化财中，特别是市长、各广域市市长及道知事认定有保护价值并根据地方自治团体（市/道）有关条例指定的文化财。分为物质文化财、非物质文化财、纪念物及民俗文化财4种类型。③文化财资料：未列入市、道指定文化财名单的文化财中，从乡土文化保护的角度认定有必要保护并根据市、道有关条例指定的文化财。④国家登录文化财：未列入指定文化财名单，但具有较高保护价值的近现代的建筑或值得纪念的设施形态的文化财。⑤非指定文化财：根据《文化财保护法》或市、道有关条例，未列入指定文化遗产名单的，具有保存价值的文化财。

韩国中央政府对不同等级文化财的保护给予不同比例的财政资助，对国家级文化财给予100%的保护管理经费，对省市级文化财给予50%的经费保障，其他级别的文化财保护经费由所在地区筹集资助。

4. 文化遗产申报与认定

为保护韩国的农业农村文化遗产，韩国还积极申报全球重要农业文化遗产系统（GIAHS）。到目前为止，韩国被列为GIAHS的有4处，分别是青山岛板石梯田农作系统（2014年）、济州岛石墙农业系统（2014年）、花开传统河东茶农业系统（2017年）、锦山传统人参种植系统（2018年）。

除申报GIAHS之外，韩国农业、食品和农村事务部（MAFRA）还于2012年开始推出了“韩国重要农业文化遗产”（KIAHS）计划。截至2020年4月，共认定15项韩国重要农业文化遗产（KIAHS）和7项韩国重要渔业文化遗产（KIFHS）。

（三）建立健全相关制度

1. 传承人制度

韩国借鉴日本“人间国宝”制度，针对非物质文化遗产传承专门建立了“人类活的珍宝制度”。对列为“国家级文化财”的非物质文化遗产传承人中具有重要传统技能、民间文化艺能或者掌握传统工艺制作、加工的文化遗产传承人的杰出代表由国家命名为“重要文化财保有者”，并明确其职责和义务。同时，韩国对“重要文化财保有者”设立专项补贴，包括文化传承补贴（按实际需要支付）和生活补贴（定额补贴，每人100万韩元/月），以及医疗保障等。

2. 文化遗产公示制度

韩国规定了文化遗产评级、审议公示制度。文化遗产申报评级通过审议后，最终确立国家重点文化遗产名录，公示期为一年，接受社会民众的监督并听取各方意见，如果没有被公众接受，则需要重新进行调研论证。

（四）乡村文化保护实践

1. 建设民俗博物馆

为保护濒临消失的乡村文化，韩国于1972年设立“民俗博物馆组建筹备委员会”，开设了“韩国民俗博物馆”，以集中体现具有悠久历史的韩国民族风俗和文化生活。1979年，韩国民俗博物馆成为国立中央博物馆的下属单位。全馆共陈列出4300余件民俗文物，另有2万余件藏品。在韩国国立民俗馆里可以看到韩国的衣、食、住、行、农业、手工业、婚丧、祭祀、娱乐等各种民俗场景和实物。博物馆除收集、保管、研究韩国民族传统文化外，还通过复原、展示、现场传授等方式教授韩国民俗，并定期或不定期举办特展、特讲、学术研讨会、工艺教程等多种活动，向大众推广民俗文化。该馆现年均接待国内外游客180多万人。此外，韩国还开办了许多专项民俗博物馆，如丝绸刺绣博物馆、钱币博物馆、农业博物馆、泡菜博物馆、瓷器博物馆等，对那些具有韩国特色的东西进行实物陈列和实际制作展示。

2. 建设民俗村

韩国在《文化财保护法》中界定了“民俗资料”的概念，包括风俗习惯、祭祀、民间器具、建筑、衣物等，这些要素集中在一起保护比较完好的村庄就称为“民俗村”。韩国自20世纪60年代以来，在全国各地打造了数十个民俗村，与民俗博物馆的展示和保存功能不同，民俗村的主要功能在于让国民直观地了解民俗文化的生态和活态传承情况。

韩国在首尔郊区打造了一个“国家民俗村”，是仿19世纪中叶韩国各地民间建筑风貌修建的大型人造景观，有260间传统建筑物，3万多件从各地征集来的传统家庭用具。在布局上，有官邸、富宅、民舍、佛教寺院、传统的交易市集，以及各式桥梁、船只、水磨房、表演场等，从中可以体察到不同季节、各类情景下韩国居民的生活。民俗村中的各类表演以原初形态和真实性为原则。露天场上每日定时有精彩的民俗节目表演，如民俗舞蹈、杂技和乡村鼓乐等。除了这种人造的民俗村之外，韩国还很注重对传统乡村文化保存较密集和完整区域的保护与开发。对这类民俗村进行认定和编号，如济州岛城邑民俗村、良洞民俗村、安东河回民俗村、庆州民俗村、月城民俗村、顺天民俗村等。游客在民俗村能够最直观地感受到韩国传统乡村文化的鲜活状态。

3. 新村运动

新村运动是20世纪70年代由韩国政府发起的以建设新农村、新国家为目标，以“勤勉、自助、协同、奉献”为精神理念，以脱贫致富为动力，以农民的亲身实践、政府扶持为主要形式的新农村建设活动。新村运动极大地改善了农村生活条件和生态环境，重塑了农村道德风尚，同时也挖掘并保护了韩国的乡村传统文化。新村运动不仅改善了乡村文化保存的外部条件，也为乡村文化的开发提供了强大的经济动力。

4. 推进融复合产业

韩国在借鉴日本“六次产业”发展经验的基础上，提出要发展农村融复合产业。2015年，韩国农林畜产食品部颁布了《农村融复合产业培育及支援法》，旨在搞活农村经济和促进农业发展，增加农民收入。主要途径是利用农村地区的有形和无形资源，通过农业与服务业复合性的结合，创造高附加值的新业态。

韩国农村产业融合发展特别注重农村地区资源优势、生态特征、历史文化、基础设施等产业发展条件，依托当地农村资源禀赋，因地制宜创新农村产业融合发展的模式，其典型做法就是建设“农村融复合产业区”。它是以地区特色资源为中心，把农业生产与农产品加工、流通、旅游等产业进行相互渗透，形成网络，延长产业链，提高附加值的一个大系统。韩国农业部对农村融复合产业区建设给予了大力支持，包括构建参与主体之间信息共享平台、市场调查、收集资料、新产品品质管理，促进系统开发、共同营销及宣传等网络的形成。另外，在各广域市设立“六次产业”支持中心，通过与不同支持机构之间的协调与合作为地区农村产业融合发展提供帮助。

经过几年的发展，韩国催生了农业与旅游相结合的乡村旅游业，该产业的发展带动了乡村文化的挖掘、保护、开发与传承，使乡村传统文化得以活化，焕发了新的生命力。

三、传承创新

（一）节庆文化开发

1. 安东国际假面舞节

安东国际假面舞节是韩国庆尚北道安东市自 1997 年开始、每年定期（9 月第 4 个周五起连续 10 日）举行的以假面具和假面舞为主题的大型节庆。节庆主要内容为假面剧表演、国际假面舞表演大赛、国际假面创意展、假面节服饰创意展、假面舞写生大会、假面狂欢大游行、假面创作大会、当地民俗游戏体验等。场所也固定在韩国安东市洛东江边假面舞公园、河回村。

假面舞是韩国的传统民俗舞蹈，从最初的宫廷表演逐渐演变为大众民间文化。人们戴上造型奇特的人形或动物面具，结合歌、舞、戏剧等多种元素，以讽刺诙谐的方式表演。表演者配合传统乐器的伴奏，做出柔美且带有韵律的舞蹈动作。假面舞的魅力之一是演员与观众合二为一，互动频繁，场内气氛热闹无比，欢笑声与掌声不绝于耳。在庆典期间，游客既可以观看到安东河回别神假面舞等 13 种被指定为“无形文化遗产”的韩国假面舞，还可欣赏到乌兹别克斯坦、马来西亚、日本、菲律宾、拉脱维亚、斯里兰卡、俄罗斯、中国台湾、泰国、印度尼西亚、以色列、玻利维亚等国和地区的民俗假面舞，也可以戴上面具与来自世界各地的假面舞者和游客一起加入假面狂欢大游行。

在假面舞节期间同时举办安东民俗节（2019 年为第 48 届），重现韩国乡村传统文化，重温历史和过去。这些传统文化活动有：青少年民俗大赛、草绳工艺大赛、龚愍王献茶礼、苎田锄草歌、民俗象棋大会、踩铜桥、男子车战游戏、女子集体游戏“鲁国公主过人桥”、女子内房歌辞唱竞赛、民俗摔跤大会、体现儒家“老有所养”精神的“安东养老宴”，以及传统婚礼、丧礼、酒礼、农谣、经典朗诵大会等。

除了观看假面舞、假面游行、传统活动、各类展示，游客还可以亲自参与各种体验活动，如亲手制作假面、挑选节庆装、试穿韩服、学跳假面舞、品尝美食等，深度体验韩国乡村文化与假面文化。

2. 闻庆传统茶碗节

庆尚北道闻庆市有着“韩国传统茶钵之乡”的美誉，有着 900 年的制陶历史。1999 年，举办了第一届闻庆传统茶碗节，庆典是以茶碗（茶具）为主题而展开的。每年一度的闻庆传统茶碗节是韩国茶具与茶艺非物质文化遗产的集中展示。在节日期间，游客在茶碗节上不仅可以看到古朴典雅而又精美绝伦的韩国传统茶具，还可以看到世界各国的茶具，观看世界各国的茶艺表演，也可以品尝到世界各地出产的茶。茶碗节的庆典活动围绕与茶碗相关的文化而展开，主要有 3 类：一是展示活动；二是体验活动；三是文娱表演。庆典期间举办的系列特色活动有制陶工艺展示、粉末茶投茶比赛、茶道文化展示、手工茶烘焙展示、茶碗名品竞拍、先祖陶工献茶礼、闻庆文化表演、茶碗节摄影大赛等；举办的与陶瓷或茶碗相关的展览会包括韩国陶艺作品展、闻庆传统陶瓷展、陶艺名匠特别展、茶道书籍展、儿童沙器匠展、世界陶瓷交流展等。庆典期间游客可以参与的体验活动有朝鲜服饰体验、传统茶道体验、沙器窑点火体验、制陶体验、茶碗表面上色与图案绘制、茶具镶嵌工艺体验、茶叶烘焙体验、茶礼体验、茶碗叠塔等。韩国著名的演艺明星们也会前来为节日助兴，为来自世界各地的游客奉献精彩的文娱表演。

（二）民俗文化开发

1. 河回民俗村

河回村是韩国庆尚北道安东市的古村落，始建于 14—15 世纪，是丰山柳氏家族 600 多年的集中居住村，因洛东江在此回绕而得名。村内有建筑 458 栋，保留了朝鲜时代（1392—1910 年）的建筑风俗。其建筑包括村落首领家族的宅第、其他家族成员的木框架结构房屋、亭台、学堂、儒家书院，以及原平民居住的单层泥墙、茅草屋顶的住宅群，因此有“活的朝鲜建筑博物馆”之称。2010 年，安东河回村与庆州良洞村以“韩国历史村落”的代表被评为世界文化遗产。

河回村最著名的民俗有“船游绳火游戏”和“河回别神假面剧”。“船游绳火游戏”原是河回村文人喜爱的传统焰火游戏，文人们一边在洛东江边欣赏焰火一边在游船上吟诗作乐。“河回别神假面剧”则是庶人们喜欢的一种由别神巫术和假面舞组成的游戏。通过假面舞表演祈求神佑平安与丰年。这两种传统游戏现已成为河回村的传统文化代表，并被评定为韩国重要无形文化遗产。

2. 良洞民俗村

村庄位于韩国庆州市北侧雪苍山境内，是朝鲜时代传统文化与自然景观相结合的典范，是韩国规模最大的村落，由月城孙氏和骊江李氏建立，距今已有 500 余年的历史，是韩国罕见的贵族村。村庄内的国宝、民俗资料丰富，现存有数百年历史且保存状态良好的瓦房 54 座、茅草屋 110 座。因村庄的文化遗产数量多、规模大、历史悠久、自然环境优美，整个村庄 1984 年被指定为国家文化财产（重要民俗资料第 189 号）。此外，村内还有古籍《通鉴续编》发现地（国宝第 283 号）、无笙堂（宝物第 411 号）、香坛（宝物第 412 号）、观稼亭（宝物第 442 号）、孙昭影帧（宝物第 1216 号）、书百堂（重要民俗资料第 23 号）等 13 处重要民俗资料，《孙昭先生分财记》（庆北第 14 号有形文化财）等道政府指定的 5 处文化财，以及景山书堂（乡土文化财）等市政府指定的 8 处乡土文化财。比较特别的是，村里大部分房屋目前都有当地居民居住。良洞村的非物质文化遗产是在观稼亭举行端午节祭祀，门族会议和正月十五的祭祀活动等。在这里游客不仅可以尽览朝鲜时代中期的民居构造，也可以体验韩国农村原汁原味的民俗。

（三）精神面貌塑造

韩国的新村运动实际上也是一场精神意识的重塑运动，这是新村运动取得成功的关键因素。提升农民精神面貌是韩国农村文化建设的重点。建立和谐、文明的公民社会是韩国农村文化建设的最大成就。在韩国农村，村村都建立有“村民会馆”，通过讲课、讨论、现身说法、发放宣传品、培训等形式，向农民灌输正直、诚实的价值观，培养农民勤奋、自强、团结、奉献的主人公意识，倡导勤俭节约的生活方式。例如，农民每半月搞一次“大清扫活动”，在这一天农民一大早就起床做清洁，洒扫庭院、整理村道。村民坚持从小事做起，养成勤劳的习惯，保持积极向上的精神面貌，自发参与到新村运动中来，从而建成平等、和谐、诚信、文明的公民社会。

第五节　国外乡村文化建设的经验与启示

一、中外乡村文化保护与建设的比较

从英国、法国、日本、韩国对乡村文化的保护特点来看，亚洲国家和欧洲国家有着相同之处，也存在着较大不同。

（一）对乡村文化保护的认识都有一个提升的过程

各国对乡村文化的保护都有一个认识提升的过程。基本上都是首先认识到乡村文化中的有形文化的需要保护，如建筑物、遗址等，而且这种有形文化包括但不限于存在于乡村的有形文化，而是全国范围内的有形文化。在有形文化保护的基础上，加上城市化进程对乡村文化的冲击，人们逐渐又认识到了无形文化保护的紧迫性，而乡村文化多属于无形文化。在对无形文化的保护方面基本上都采用了 3 种主要途径：一是传承人的保护与培育；二是分级分类保护；三是文化开发。

（二）将乡村文化遗产保护作为乡村文化保护的重点

乡村文化遗产是乡村文化的组成部分，也是乡村文化中的重点。各国都不约而同地将乡村文化遗产保护作为乡村文化保护的重点工作。例如，法国对乡村文化遗产进行不同级别的品牌认证；韩国建立了从中央到地方的乡村文化遗产认定标准，通过认证、登录等方式予以确认、分类、编码，分门别类地制定不同的保护措施；法国和英国都定期对乡村文化遗产进行评估，根据遗产的重要等级、濒危程度给予不同的保护力度。

（三）乡村文化保护的起步时期不同

欧洲国家的乡村文化保护起步早于亚洲国家，这与其工业化和城市化的进程高度相关。英国、法国、日本、韩国都是在工业化和城市化进程中出现了农村衰败、乡村文化濒临消失的危机，因此针对乡村文化的保护也

应运而生。

（四）乡村文化保护的推进方向不同

日本和韩国（亚洲国家的代表）对乡村文化的保护推进是自上而下的，先是由政府立法并出台政策，然后是民间兴起文化保护组织，与政府一起承担起乡村文化保护的责任。欧洲则正好相反，其对乡村文化的保护推进是自下而上的，先是由民间自发成立文化保护组织，之后敦促政府立法并出台相关政策，形成政府与社会团体共同保护乡村文化的组织体系。虽然推进方面不同，但最终都形成了政府、社会团体与普通民众共同保护乡村文化的局面。

（五）乡村文化保护与开发的重点不同

亚洲国家对乡村文化的开发以分类认定为主要手段，所以民俗村的保护形式较为常见，而在乡村文化的开发中，又以节庆开发最为突出。欧洲国家对乡村文化的保护多以乡村生活馆的形式出现，对乡村文化的开发则弱于保护。因此，总体上来看，欧洲国家对乡村文化重保护，轻开发；而亚洲国家则保护与开发并重，甚至开发略重于保护。

（六）乡村文化保护的主体不同

亚洲国家乡村文化保护的主体是中央政府，包括立法规范、政策推进、评级、认证、风险评估等，而且政府财政资金也是文化保护的主要经费来源；地方政府处于配合地位，民间社团则只是一种补充力量。欧洲国家乡村文化保护的主体是民间社团和地方政府，中央政府只是处于规范、协调和管理的地位；乡村文化保护的主要资金来源于彩票收入和社会捐赠。

二、经验与启示

（一）英国的启示

鼓励社会力量和资金参与乡村文化保护项目。英国乡村文化保护的主要力量是社会团体。这些团体在保护乡村文化时具有高度的自觉性，有着严苛的保护规范与保护措施，有大量的志愿者参与其中，工作的主动性强，保护成效突出。

树立生态链保护的理念。乡村文化的保护不能脱离其原有的生存环境，把它和特定的环境割裂开来不利于保护与传承。可以借鉴生态博物馆的概念，对乡村文化进行就地保存、保护与传承。

重视公众参与和互动。乡村文化来自普通民众的生产与生活，其保护与传承也离不开公众的理解、参与和互动。传承乡村文化的最好方式就是公众的参与。

（二）法国的启示

注重发挥地方政府的能动性。在乡村文化建设中，法国中央政府一方面不断减少上层控制，下放权力，以激发地方政府的积极性；另一方面仍通过中央机构和审批制度把握具体方向。这种“中央—地方政府”的紧密配合，既减轻了中央的负担，也保证了地方乡村遗产保护的有序进行。

促进多方参与乡村文化保护。法国不论是在以生态博物馆形式推进的居民参与上，还是在以保护协会促进保护网络的形成上，都调动了社会力量的参与，形成了政府、民间组织和民众共同参与的保护机制。

（三）日本的启示

深入开发节庆文化。日本各级政府积极举办并鼓励各民间团体举办丰富多彩的节庆文化活动，传承和弘扬传统乡村文化。以日本神奈川县为例，全年的各类节庆和活动将近 100 个，其中与农业有关的节庆有樱花节、菊花节、梅花节、豆腐节、鲜花节、萤火虫节、迎春节等。这些节庆活动的举办增强了村民的凝聚力和文化认同感，带动了乡村旅游业的发展和本地农产品的销售，增加了农民的就业岗位，也为乡村带来了较大的经济效益。

注重乡村传统文化的传承。在乡村文化振兴过程中，日本政府始终重视传统文化的传承与发扬。作为以大米为主食的国家，日本稻作文化源远流长，各地在插秧时节都会举办隆重的仪式。为了传承这一传统稻作文化，日本开发了各具特色的插秧节，遵循古老的迎谷神仪式，表演传统的清理苗床和插秧方式。再比如俳句——日本的一种古典短诗，是以中国古代汉诗绝句的诗歌形式经过日本化发展而来，现已成为日本传统文化中的精华。日本很注重俳句在现代社会中的传承，在很多节庆当中都会举办俳句大会，如樱花节、梅花节、菊花节、紫阳花节等，通过比赛和交流达到对传统文化的传播和传承。除此之外，日本政府在乡村文化振兴中还大力倡导工匠精神，成就了寿司之神、天妇罗之神等美食文化的传承人与创新人。工匠精神既来源于乡村文化的自信，也焕发出乡村文化的魅力。

在乡村文化振兴中注重发挥农协的作用。日本农协主要有指导（生产和生活）、经济（购买和销售）、信用和厚生共济 4 大职能。除指导农业生产外，农协还指导农民生活，帮助提升农民精神文化素养，主要包括组织农村进行传统民俗庆典、祭典和各种文体活动，丰富村民精神生活；指导农民对农村基础设施和居住环境进行修整，改造成观光场所；利用当地农村古迹资源、独特的农村文化，发展观光农业、学习农业和体验农业等新型产业。农协设立了“农协生活活动推进会”，领导日本农村的文化建设。农协还通过开展饮食文化教育、农业体验活动等，提高消费者对地域农产品、农产加工品和传统饮食文化的认同感。

（四）韩国的启示

立足自身特色，做出国际品牌。与我国相比，韩国的乡村文化遗产并不算多，但却各具特色；其历史也不算太长，但韩国在乡村文化开发中，能立足自身特色，由小见大、由近及远，逐步做成具有国际影响力的乡村文化品牌。例如，安东国际假面舞节和闻庆传统茶碗节，分别立足当地的假面制作与茶碗制作文化，开发了文化节庆活动。节庆活动的范围也从当地扩大到了全国，并引入了国际元素，成功打造成了具有国际影响力的乡村文化节庆活动。这不仅使当地的传统乡村技艺得以传承和发扬光大，还为当地带来了可观的经济收入。

政府支持与推动。韩国文化体育观光部从全国选定规模较大、有特色和影响力的乡村文化节庆，制作专门的网页，用多种语言进行宣传，进一步扩大节庆的影响力。例如，2019 年韩国文化体育观光部就选择了 40 多个经政府认证的文化观光节进行宣传。这些节庆被认为是众多地域节庆中最具潜力的项目，其中包括 5 个国际性节庆、3 个代表性节庆、7 个最佳节庆、10 个优秀节庆和 21 个最具潜力节庆。

坚持村庄的原貌保存。不论是河回村还是良洞村，韩国在传统古村落保护中始终坚持原貌保存，不但是村庄房屋建筑的原貌保存，而且连村庄村民也沿袭着古代的习俗，村民原汁原味的生活，让这些古村落宛若从远古穿越一般，让游客有一种时光倒转、来到世外桃源的错觉。即便是新建房屋也要和村庄的整体特征保持一致。但尽管房屋外貌如旧，屋内设施却非常现代化，这也体现了传承与创新的统一；民俗村与自然环境合而为一，又体现了人与自然的和谐统一。

三、对策与建议

（一）完善乡村文化保护体系

加快乡村文化保护立法：乡村文化有其自身的脆弱性，且在很大程度上是不可修复的，因此对全球化、城市化带来的乡村文化冲击应给予足够的重视；同时，由于乡村文化保护与经济发展常常存在矛盾，因而还要注重增强乡村文化保护的强制性，通过立法的形式加强乡村文化建设。

出台乡村文化保护规划编制标准：历史文化名村保护规划编制标准，要突出乡村文化遗产的本地特性。这一点，江苏省走在了全国前列。2014 年，江苏省住房和城乡建设厅下发《江苏省历史文化名村（保护）规划编制导则》，以自然村为单位，统筹名村保护规划和村庄建设规划，并在村庄的历史文化研究、乡村文化景观保护等方面提出具体要求，该导则已在数十个名村规划中予以实践，可资借鉴。

建立乡村文化的生态保护理念：乡村文化不能脱离当地的地理环境、人文环境和社会环境。乡村文化保护要关注文化价值、关注可持续发展、关注人，让其在特定地域内形成人与自然、文化和景观的和谐发展。只有这样，乡村文化保护与传承才能得以真正实现。可以借鉴韩国、法国、英国生态博物馆、民俗村的建设理念和乡村文化景观的保护理念，在我国开展乡村文化保护区建设。在保护区规划中要充分重视乡村景观、乡村文化、风土建筑等关系；在乡村遗产的认定和价值评估中，关注集体记忆的传承、记忆地点和族群社区的保护。

（二）重建乡村文化共同体

重建乡村文化共同体的主要途径包括传承乡土文化、重塑乡邻关系、建设乡愁家园。

传承乡土文化：乡土文化包含传统建筑、自然环境、民间手艺、民俗文化、讲堂文化等。传承乡土文化需要对乡村文化进行挖掘，在对乡土文化有清晰认识的基础上，政府再给予资金支持和平台支持，通过建设乡村文化公共服务体系和公共服务设施，丰富村民们的精神文化生活，做好文化的传承传播工作。在乡村文化的建设过程中，还要正确处理乡土文化和外来文化的关系，拒绝盲目开展“文化下乡”活动，让“文化下乡”与乡村传统文化统一起来，不能让外来文化喧宾夺主。

重塑乡邻关系：农村是熟人社会，乡邻观念浓厚。但在快速发展的社会变革中，农村社会人与人之间出现了功利化和疏离化的趋势。因此，要消解农村社会发展过程中出现的乡邻关系淡化现象，就必须重塑邻里关系，让情感纽带把村民重新联结成一个整体，进而从心理层面建设文化共同体。

建设乡愁家园：乡愁是一种情感寄托，具有很强的个性化特征。因此，在乡村振兴中要“留住乡愁”，其前提是加强乡村文化保护。可以通过切实保护传统村镇文化遗产和风貌、保留文化基因、传承文化记忆、打造文化品牌与特色景观等方式，满足城镇化居民对于家乡情感、生活情感、历史情感、文化情感等的精神需求。

（三）培育乡村文化传承人

鼓励青年人返乡入乡：乡村文化建设乃至乡村振兴关键在人。没有人尤其是没有青壮年，就不会有乡村振兴。鼓励和吸引青年人留在农村或返回农村，首先要考虑青年人追求什么、需要什么。从物质和精神上满足返乡入乡青年人员的需求，使其成为乡村文化建设的中坚力量。

评定乡村文化传承人：与“谁来种地”的问题一样，乡村文化传承同样面临着后继乏人的困境。一方面，可以借鉴韩国和日本评定“人间国宝”的做法，评定特色乡村文化的“传承人”，给予其一定经费支持，支持其不断坚守和提高技艺，鼓励其进行乡村文化、技艺的宣传与开展培训；另一方面，在中小学教育中增加乡村文化体验课程，让青少年去体验、领悟乡村文化的价值，培养下一代人的文化自信和文化自豪感，使其自觉接受和传承乡村传统文化。

完善乡村公共文化设施：文化传承需要有文化设施作载体，要建设和完善乡村公共文化设施。对于人口较多、村民居住分散的行政村，尤其是包括多个自然村的山区村庄，不仅要在行政村建设文化活动中心，也要在自然村修建文化活动室，规模可以不同，但每个村子都要有文化活动场所，使村民可以就近进行休闲、娱乐、人际交往和开展文化活动，从而增强村庄的凝聚力和人们的认同感。

（四）构建乡村文化保护的多方参与机制

乡村文化建设需要增强中央政府的协调性，发挥地方政府的能动性，调动民间团体的主动性，激发农村居民的积极性，要加快构建中央政府、地方政府、社会团体、民众等多方参与的保护机制。

增强中央政府的协调性：乡村文化保护与开发涉及农业农村部、财政部、科技部、自然资源部等多个部门，中央政府要做好顶层设计，协调建立多部门联动机制，统筹推进乡村文化建设。

发挥地方政府的能动性：我国幅员辽阔，民族众多，乡村文化丰富多样，国家统一制定的乡村文化保护措施未必能与地方文化、经济水平和土地利用规划相协调；国家重点关注的是精品文化项目，对地方特色文化资源重视不足，而这正是地方发展的重要资源。这就使得国家推行的强制法规“重保护、轻利用”对地方复兴的贡献有限。因此，在乡村文化建设中要注重发挥地方政府的能动性，给地方更多的自主权，因地制宜地出台相关政策与措施，走与当地情况相适应的乡村文化建设之路。

调动民间团体的主动性：民间团体是法国和英国乡村文化保护的一股重要力量，借鉴其经验，我国应通过各级各类文化遗产基金会扶持乡村文化保护团体的发展，壮大乡村文化保护的社会力量，鼓励民间团体参与乡村文化的保护与开发。以项目申报的形式对乡村文化保护的紧迫性和重要性进行评估，给予其经费支持，并对其开发收入减免税负。发挥财政资金的引导性作用，促进民间团体多渠道筹措资金投入乡村文化保护与建设。

激发农村居民的积极性：乡村文化是农村居民生活的一部分，没有农民的理解与参与，乡村文化的保护与开发就成了无源之水。我国民众参与乡村文化保护与建设的意识较为淡薄，要借鉴韩国新村运动经验，通过政策引领、精神重塑、舆论宣传等方式，调动农村居民参与文化保护、开发与传承的积极性。首先，应加强宣传、教育和推广，让村民更好地了解自己所在村落的价值和保护要素。其次，以产业为依托，构建价值共同体，使村民成为乡村文化保护、发展、推广的主力军。最后，鼓励村民参与到农田形态、村庄聚落等乡村景观的建设，地方优势资源和饮食文化的特色物产发掘，农耕技术、房屋建造技术等中华农耕文明的保护中。

参考文献

[1] Fukuchi T. Liberalization effect in financially repressed economy: the case of indonesia, 1982—1990 [J]. The Developing Economies 2010, 33 (3): 296-300.

[2] G. C. Rótolo, S. Montico, C. A. Francis. How land allocation and technology innovation affect the sustainability of agriculture in Argentina Pampas: An expanded life cycle analysis [J]. Agricultural Systems, 2015, 141 (12): 79-93.

[3] Thomas B Long, Vincent Blok, Ingrid Coninx. Barriers to the adoption and diffusion of technological innovations for climate-smart agriculture in Europe: Evidence from the Netherlands, France, Switzerland and Italy [J]. Journal of Cleaner Production, 2016, 112 (20): 9-21.

[4] Ashlee-ann E. Pigford, Gordon M. Hickey, Laurens Klerkx. Beyond agricultural innovation systems? Exploring an agricultural innovation ecosystems approach for niche design and development in sustainability transitions [J]. Agricultural Systems, 2018 (164): 116-121.

[5] Ewa Mazur-Wierzbicka. Progress in implementing the sustainable development concept into socioeconomic development in poland compared to other member states [J]. Folia Oeconomica Stetinensia, 2016, 15 (1): 139-150.

[6] Dieter Roth, Maik Schwabe. Method for assessing the proportion of ecologically, culturally and provincially significant areas (OELF) in agrarian spaces used as a criterion for environmental friendly agriculture [J]. Agriculture, Ecosystems and Environment, 2003, 98 (1-3): 435-441.

[7] Harangzo G. Environmental management practices in the manufacturing sector [J]. Journal of East European Management Studies, 2010, 4 (2): 312-348.

[8] Joseph. A. Schumprter. The theory of economic development [M]. Oxford: Oxford University Press, 1912.

[9] Roling, Niels. From causes to reasons: The human dimension of agricul-

tural sustainability [J]. International Journal of Agriculture Sustainability, 2003 (1): 73-88.

[10] Haki P, Erwin B, Adewale A. Do decentralized innovation systems promote agricultural technology adoption? Experimental evidence from Africa [J]. Food Policy, 2014, 44 (2): 227-236.

[11] Jaffe A B, Pamler K. Environmental regulation and innovation: A plane data study [J]. Review of Economics and Statistics, 1997, 79 (4): 18-26.

[12] Bruce D A . Social contract for biotechnology: Shared visions for risky technologies [J]. Journal of Agricultural and Environmental Ethics, 2002, 15 (3): 279-289.

[13] Sudi Apak, Erhan Atay. Global competitiveness in the EU through green innovation technologies and knowledge production [J]. Procedia-Social and Behavioral Sciences, 2015, 181 (11): 207-217.

[14] Du Bisheng, Liu Qing, Li Guiping. Coordinating leader - follower supply chain with sustainable green technology innovation on their fairness concerns [J]. International Journal of Environmental Research and Public Health, 2017, 14 (11): 1357.

[15] Kathy S, Michael C, Stephen G , et al. Evolution of an agricultural innovation: The n-trak soil nitrogen test adopt and discontinue, or reject? [J]. Technology in Society , 2001, 23 (1) : 93-108.

[16] Susmita D, Craig M, David W. Is environmentally friendly agriculture less profitable for farmers? Evidenceon integrated pest management in bangladesh [J]. Review of Agricultural Economics, 2007, 29 (1): 103-118.

[17] Travis J L, Daniel A S. Agricultural technologies for climate change in developing countries: Policy options for innovation and technology diffusion [J]. Food Policy, 2011, 37 (1) : 114-123.

[18] Haki P, Erwin B. Do decentralized innovation systems promote agricultural technology adoption? Experimental evidence from Africa [J]. Food Policy, 2014, 44: 1-10.

[19] Yuichiro Tani, Shizuka Hashimoto, Mototsugu Ochiai. What makes rural, traditional, cultures more sustainable? Implications from conservation efforts in mountainous rural communities of Japan [J]. Landscape Research, 2016, 41

(8): 892-905.

[20] Vincent H. Smith, Joseph W Glauber. Agricultural insurance in developed countries: Where have we been and where are we going? [J]. Applied Economic Perspectives and Policy, 2012, 34 (3).

[21] Scott K, Rowe F, Pollock V. Creating the good life? A wellbeing perspective on cultural value in rural development [J]. Journal of Rural Studies, 2018, (59).

[22] Lee Jeong-Hwan, Yoon Won-Keun, Choi Sik-In, Ku Jin-Hyuk. Conservation of korean rural heritage through the use of ecomuseums [J]. Journal of Resources and Ecology, 2016, 7 (3): 163-169.

[23] Sahim Abdalla Juma. 经济发展与环境保护的关系 [D]. 合肥: 中国科学技术大学, 2019.

[24] 白岐海. 试论在宏观经济调控中货币政策的作用 [J]. 金融经济, 2007 (24): 21-22.

[25] 曹崇福. 金融杠杆与风险分担: 支农再贷款操作效应的实证研究 [J]. 金融研究, 2007 (2): 174-182.

[26] 陈雨露, 马勇. 中国农村金融论纲 [M]. 北京: 中国金融出版社, 2010.

[27] 陈元. 开发性金融与逆经济周期调节 [J]. 财贸经济, 2010 (12).

[28] 黄承梁. 习近平新时代生态文明建设思想的核心价值 [J]. 行政管理改革, 2018 (2): 22-27.

[29] 叶兴庆. 新时代中国乡村振兴战略论纲 [J]. 改革, 2018 (1): 65-73.

[30] 蕾切尔·卡逊. 寂静的春天 [M]. 许亮, 译. 北京: 北京理工大学出版社, 2015.

[31] 楚尔鸣, 石华军. 宏观调控的新视域: 货币政策定力探析 [J]. 经济学动态, 2014 (1): 82-88.

[32] 高齐圣, 王秋苏. 我国财政支农支出的减贫效应分析: 基于 VAR 模型和 SVAR 模型的检验 [J]. 系统工程, 2019, 37 (1): 35-43.

[33] 龚斌磊, 张书睿. 省际竞争对中国农业的影响 [J]. 浙江大学学报 (人文社会科学版), 2019, 49 (2): 14-31.

[34] 王金南. 环境友好型社会的内涵与实现途径 [J]. 环境保护, 2006

(5)：42-45.

［35］郭杰，王宇澄，曾博涵．国家产业政策、地方政府行为与实际税率：理论分析和经验证据［J］．金融研究，2019（4）：56-74.

［36］黄细兵．环境相对友好指数的测度及综合调控机制研究［D］．合肥：中国科学技术大学，2010.

［37］李仕兵，赵定涛．区域环境友好度评价的灰色关联投影模型及应用［J］．科学学与科学技术管理，2007（8）：107-117.

［38］黄志斌，姚灿，王新．绿色发展理论基本概念及其相互关系辨析［J］．自然辩证法研究，2015，31（8）：108-113.

［39］何代欣，张枫炎．中国减税降费的作用与关键环节［J］．经济纵横，2019（2）：49-55.

［40］西奥多·W. 舒尔茨．改造传统农业［M］．梁小民，译．北京：商务印书馆，1999.

［41］裘孟荣，袁飞．论农业技术创新与扩散的宏观管理［J］．农业技术经济，1996（1）：21-24.

［42］顾海英．农业技术创新的界定［J］．科学管理研究，1997，15（5）：31-35.

［43］李俊生，姚东旻．财政学需要什么样的理论基础？兼评市场失灵理论的“失灵”［J］．经济研究，2018，53（9）：20-36.

［44］史焱文，李二玲，李小健．农业创新系统研究脉络及启示［J］．经济地理，2014，34（3）：10-16.

［45］李志海．小议积极财政政策风险的控制与防范［J］．中小企业管理与科技（上旬刊），2011（4）：71.

［46］刘成奎，任飞容，王宙翔．公共产品供给真的能减少中国农村瞬时贫困吗？［J］．中国人口·资源与环境，2018，（1）：102-112.

［47］马蔡琛．中性财政政策下的税制改革新思路［J］．经济研究参考，2005（15）：19-20.

［48］冉光和，温涛，李敬．中国农村经济发展的金融约束效应研究［J］．中国软科学，2008（7）：27-37.

［49］宋海粟．谈现阶段稳健的财政政策［J］．合作经济与科技，2008（20）：122.

［50］宋新中．试论扩张性、紧缩性和中性财政政策［J］．中央财经大学

学报，1986（5）：37-42，52.

［51］汪仁洁．货币政策的阶段性特征和定向调控选择［J］．改革，2014（7）：15-24.

［52］尹志超，谢海芳，魏昭．涉农贷款、货币政策和违约风险［J］．中国农村经济，2014（3）：14-26.

［53］朱正，陶岚．论新定向调控货币政策的推进前景及细化路径［J］．云南社会科学，2015（1）：58-62.

［54］王昌海．论我国经济发达地区农村经济绿色发展转型：以北京地区为例［J］．技术经济，2021，40（4）：87-93.

［55］邝劲松．经济发展逻辑的嬗变与创新：从以 GDP 为中心转向以人为中心［J］．社会科学，2019（9）：51-60.

［56］李强，王琰．环境规制与经济增长质量的 U 型关系：理论机理与实证检验［J］．江海学刊，2019（4）：102-108.

［57］张立，尤瑜．中国环境经济政策的演进过程与治理逻辑［J］．华东经济管理，2019，33（7）：34-43.

［58］孙秋鹏．经济高质量发展对环境保护和生态文明建设的推动作用［J］．当代经济管理，2019，41（11）：9-14.

［59］王培培，陈林云．绿色发展理念的内在逻辑及其践行路径：以经济发展与保护环境之间的关系为视角［J］．思想理论教育导刊，2019（5）：95-98.

［60］程启军．改革开放 40 年：理解环境问题的经济因素［J］．江淮论坛，2018（6）：22-26.

［61］袁晓玲，邸勍，李政大．改革开放 40 年中国经济发展与环境质量的关系分析［J］．西安交通大学学报（社会科学版），2018，38（6）：113-118.

［62］王拓涵，王纪平．中国经济增长与环境可持续性协调发展的双赢之路［J］．河北学刊，2014，34（6）：111-113.

［63］张安录．美国农地保护的政策措施［J］．世界农业，2000（1）：8-10.

［64］刘新卫．日本表土剥离的利用和完善措施［J］．国土资源，2008（9）：52-55.

［65］谭永忠，韩春丽，吴次芳，等．国外剥离表土种植利用模式及对中

国的启示［J］. 农业工程学报，2013，29（23）：194-201.

［66］唐顺彦，杨忠学. 英国与日本的土地管制制度比较［J］. 世界农业，2001（5）：19-20.

［67］徐琪峰. 国外典型国家耕地保护经验及启示［J］. 黄河科技大学学报，2016，18（3）：70-75.

［68］薛建良，郭新宇. 欧盟主要国家农地流转与土地规模经营的经验与启示［J］. 农业部管理干部学院学报，2015（2）：18-22.

［69］国家发展改革委宏观院和农经司课题组. 推进我国农村一二三产业融合发展问题研究［J］. 经济研究参考，2016（4）：3-28.

［70］方忠权，郭艺贤. 法国的乡村旅游及其启示［J］. 广州大学学报（社会科学版），2008（3）：32-36.

［71］娄在凤. 法国乡村休闲旅游发展的背景、特征及经验［J］. 世界农业，2015（5）：147-150.

［72］马潇. 法国乡村旅游及对我国的启示［J］. 上海农村经济，2019（1）：33-35.

［73］祝捷，黄佩佩，蔡雪雄. 法国、日本农村产业融合发展的启示与借鉴［J］. 亚太经济，2017（5）：110-114.

［74］陈曦，欧晓明，韩江波. 农业产业融合形态与生态治理：日韩案例及其启示［J］. 现代经济探讨，2018（6）：112-118.

［75］李乾. 国外支持农村一二三产业融合发展的政策启示［J］. 当代经济管理，2017，39（6）：93-97.

［76］叶娟惠. 环境规制与中国经济高质量发展的非线性关系检验［J］. 统计与决策，2021，37（7）：102-108.

［77］周立，李彦岩，王彩虹，等. 乡村振兴战略中的产业融合和六次产业发展［J］. 新疆师范大学学报（哲学社会科学版），2018，39（3）：16-24.

［78］刘国斌，王丽娜. 日韩农村产业融合发展的经验及启示［J］. 哈尔滨商业大学学报（社会科学版），2016（6）：46-52.

［79］刘丹青. 英国：乡村旅游业的先行者［J］. 经济社会史评论，2018（2）：72-80+127.

［80］李爱军. 农业发达国家农村一二三产业融合主要措施及启示［J］. 怀化学院学报，2019，38（4）：30-36.

［81］刘继芬. 德国对核心农户的扶持政策［J］. 世界农业，2005（8）：

31-33.

［82］傅道忠．国外农业补贴的主要做法与借鉴［J］．湖北财税，2003（6）：47-48.

［83］杜明奎．国外农业支持保护制度对我国的启示［J］．管理现代化，2011（1）：62-64.

［84］寇晨欢，冷志杰，贾晓菁．政策性农业保险构建的国外实践及启示：基于立法—机制—补贴的路径［J］．世界农业，2018（7）：83-89.

［85］辛建生，岳宏志．生态环境和谐视角下我国经济高质量发展的可持续性探讨［J］．时代经贸，2021，18（2）：24-27.

［86］乔博．发达国家政策性农业保险的经验及启示［J］．农业经济，2015（11）：96-98.

［87］庹国柱．美国、加拿大农业保险政策和监管的经验借鉴［J］．保险职业学院学报，2014，28（1）：64-66.

［88］庹国柱．国外发展农业保险的模式、背景和政策［J］．中国农村观察，1996（2）：26-31，64.

［89］夏益国．美国联邦农作物保险：制度演进与运行机制［J］．农业经济问题，2013，34（6）：104-109.

［90］肖晶，周慧秋．国外农业保险的模式特点和经验借鉴［J］．黑龙江畜牧兽医，2015（22）：40-43.

［91］程翠云．"两山"理论背景下生态保护与经济发展双赢路径选择［J］．中华环境，2021（Z1）：77-79.

［92］原伟鹏，孙慧，闫敏．双重环境规制能否助力经济高质量与碳减排双赢发展？基于中国式分权制度治理视角［J］．云南财经大学学报，2021，37（3）：67-86.

［93］王林川，刘丽，吴慈生．新经济环境下国家高新区高质量发展评价研究：以10个国家高新区为例［J］．科技管理研究，2021，41（3）：33-39.

［94］解柯杨．重建乡村文化共同体：从乡土、乡邻、乡贤、乡愁看乡村振兴［J］．人文天下，2018（10）：74-76.

［95］胡剑南．乡村振兴战略背景下的乡村文化研究［J］．重庆社会科学，2019（5）：120-128.

［96］李博达．日本农协农村文化建设对我国供销社的借鉴意义刍议［J］．南方农机，2017，48（14）：6-7.

[97] 陈淼．动态纪实影像助力乡村文化振兴策略研究［J］．西部广播电视，2019（2）：74-75.

[98] 薛莲，黄永明．环境规制能否助推区域经济高质量发展：来自长江经济带的经验证据［J］．江汉论坛，2021（3）：37-44.

[99] 杨辰，周俭．乡村文化遗产保护开发的历程、方法与实践：基于中法经验的比较［J］．城市规划学刊，2016（6）：109-116.

[100] 胡敏，张帆．英格兰遗产风险评估制度及其启示［J］．国际城市规划，2016，31（3）：49-55.

[101] 周方．英国非物质文化遗产立法研究及其启示［J］．西安交通大学学报（社会科学版），2013，33（6）：96-101，106.

[102] 肖宏宇．英国乡村文化的发展与保护［N］．学习时报，2013-04-22（009）．

[103] 朱志荣．历久不衰的威尔士音乐和文化节［J］．江海侨声，1999（1）：19.

[104] 苑利．《文化遗产报告——世界文化遗产保护运动的理论与实践》出版［J］．民间文化论坛，2005（5）：103.

[105] 刘薇，张溪．绿色创新效率下经济与生态环境协调发展研究：以北京市为例［J］．价格理论与实践，2020（3）：26-29，102.

[106] 杨丽霞．英国文化遗产保护管理制度发展简史（上）［J］．中国文物科学研究，2011（4）：84-87.

[107] 龙花楼，胡智超，邹健．英国乡村发展政策演变及启示［J］．地理研究，2010，29（8）：1369-1378.

[108] 黄明凤，石榴．环境规制对西部地区绿色经济效率的影响研究：基于环境规制政策工具的视角［J］．石河子大学学报（哲学社会科学版），2020，34（5）：17-25.

[109] 龙运荣．从意大利和英国管理模式看我国文化遗产保护的新思路［J］．湖北社会科学，2010（7）：108-110.

[110] 范长征．英国非物质文化遗产的全民参与模式对我国的启示［J］．兰台世界，2015（23）：20-21.

[111] 郭玉军，司文．英国非物质文化遗产保护特色及其启示［J］．文化遗产，2015（4）：1-12，157.

[112] 李冈原．文化遗产保护视野中的“英国模式”探源［J］．杭州文

博，2014（1）：26-28.

［113］虞志淳．英国乡村发展特色解析［J］．小城镇建设，2019，37（3）：12-17.

［114］刘莉，程茜，陈丽．日本传统文化的保护与传承及其启示［J］．科技风，2014（20）：227，244.

［115］陈磊，曲文俏．解读日本的造村运动［J］．当代亚太，2006（6）：29-35.

［116］孙正基．乡村振兴—灵魂之火的复燃与传承：浙江与日本乡村文化的对比分析［J］．中国集体经济，2019（24）：4-7.

［117］吴鹏．日本地方创生交付金对完善天津市财政转移支付的启示［J］．天津经济，2018（1）：43- 45.

［118］日本发展“六次产业”的主要做法与启示［J］．山东经济战略研究，2015（11）：44-47.

［119］万婷婷．法国乡村文化遗产保护体系研究及其启示［J］．东南文化，2019（4）：12-17.

［120］苑利．韩国文化遗产保护运动的历史与基本特征［J］．民间文化论坛，2004（6）：64-69.

［121］侯彦全，姜亚彬，李安康，等．国外新农村建设模式的分析研究及其启示［J］．农村经济与科技，2011，22（5）：95-97.

［122］金光春，胡胜德，杨树果，等．韩国“农村融复合产业”培育及支援法律制度分析［J］．世界农业，2017（8）：118-122.

［123］崔鲜花，朴英爱．韩国农村产业融合发展模式、动力及其对中国的镜鉴［J］．当代经济研究，2019（11）：85-93.

［124］刘志宏，李钟国．西南民族村落与韩国传统村庄保护和建设的比较研究：以广西洞井古村寨、韩国良洞传统村落为研究案例［J］．西南民族大学学报（人文社科版），2015，36（11）：43-48.

［125］周伟光．韩国及相关国家农村文化建设借鉴［J］．传承，2007（8）：68-69.

［126］邱灵．推进农村产业融合发展　日本“六次产业化”的做法及启示［J］．中国经贸导刊，2016（34）：35-37.

［127］焦雯珺，崔文超，闵庆文，张永勋．农业文化遗产及其保护研究综述［J］．资源科学，2021，43（4）：823-837.